21世纪普通高等院校系列教材

新编国际商法

XINBIAN GUOJI SHANGFA

主 编 彭景 卓武扬

西南财经大学出版社
中国·成都

图书在版编目(CIP)数据

新编国际商法/彭景,卓武扬主编.—成都:西南财经大学出版社,2020.9
ISBN 978-7-5504-4446-1

Ⅰ.①新… Ⅱ.①彭…②卓… Ⅲ.①国际商法—教材 Ⅳ.①D996.1

中国版本图书馆 CIP 数据核字(2020)第 116762 号

新编国际商法

主编 彭景 卓武扬

策划编辑:李邓超

责任编辑:李特军

封面设计:杨红鹰 张姗姗

责任印制:朱曼丽

出版发行	西南财经大学出版社(四川省成都市光华村街 55 号)
网　　址	http://www.bookcj.com
电子邮件	bookcj@foxmail.com
邮政编码	610074
电　　话	028-87353785
照　　排	四川胜翔数码印务设计有限公司
印　　刷	四川五洲彩印有限责任公司
成品尺寸	185mm×260mm
印　　张	16.25
字　　数	382 千字
版　　次	2020 年 9 月第 1 版
印　　次	2020 年 9 月第 1 次印刷
印　　数	1— 1500 册
书　　号	ISBN 978-7-5504-4446-1
定　　价	45.00 元

21世纪普通高等院校系列规划教材

编　委　会

总序

为推进中国高等教育事业可持续发展，经国务院批准，教育部、财政部启动实施了“高等学校本科教学质量与教学改革工程”（下面简称“本科质量工程”），《国家中长期教育改革和发展规划纲要（2010—2020）》也强调全面实施“高等学校本科教学质量与教学改革工程”的重要性。这是落实“把高等教育的工作重点放在提高质量上”的战略部署，是在新时期实施的一项意义重大的本科教学改革举措。“本科质量工程”以提高高等学校本科教学质量为目标，以推进改革和实现优质资源共享为手段，按照“分类指导、鼓励特色、重在改革”的原则，对推进课程建设、优化专业结构、改革培养模式、提高培养质量发挥了重要的作用。为满足本科层次经济类、管理类教学改革与发展的需求，培养具有国际视野、批判精神、创新意识和精湛业务能力的高素质应用型和复合型人才，迫切需要普通本科院校经管类学院开展深度合作，加强信息交流。在此背景下，我们协调和组织部分高等院校特别是四川的高校，通过定期召开普通本科院校经济管理学院院长联席会议，就学术前沿、教育教学改革、人才培养、学科建设、师资建设和社会科学研究等方面的问题进行广泛交流、研讨和合作。

为了切实推进“本科质量工程”，2008年的第一次联席会议将“精品课程、教材建设与资源共享”作为讨论、落实的重点。与会人员对普通本科的教材内容建设问题进行了深入探讨并认为，在高等教育进入大众化教育的新时期，各普通高校使用的教材与其分类人才培养模式脱节，除少数“985”高校定位于培养拔尖创新型和学术型人才外，大多数高校定位于培养复合型和应用型经管人才，而现有的经管类教材存在理论性较深、实践性不强、针对性不够等问题，需要编写一套满足复合型和应用型人才培养要求的高质量的普通本科教材，以促进人才培养和课程体系的合理构建，推动教学内容和教学方法的改革创新，形成指向明确、定位清晰和特色鲜明的课程体系，奋力推进经济管理类高等教育质量的稳步提高。与会人员一致认为，共同打造符合高教改革潮流、深刻把握普通本科教育内涵特征、满足教学需求的系列规划教材，非常必要。鉴于此，本编委会与西南财经大学出版社合作，组织了30余所普通本科院校的经济学类、管理学类的学院教师共同编写本系列规划教材。

本系列规划教材编写的指导思想是：在适度的基础知识与理论体系覆盖下，针对普通本科院校学生的特点，夯实基础，强化实训。编写时，一是注重教材的科学性和前沿性，二是注重教材的基础性，三是注重教材的实践性，力争使本系列教材做到“教师易教、学生乐学、方便实用”。

本系列规划教材以立体化、系列化和精品化为特色。一是除纸质教材外，还配备课件、视频、案例、习题等数字化教学资源；二是力争做到“基础课横向广覆盖，专业课纵向成系统”；三是力争把每种教材都打造成精品，让多数教材能成为省级精品课教材、部分教材成为国家级精品课教材。

为了编好本系列教材，我们在西南财经大学出版社的协调下，经过多次磋商和讨论，成立了首届编委会。首届编委会主任委员由西华大学管理学院院长章道云教授担任。2017 年，由于相关学院院长职务变动，编委会的构成也做了相应调整。调整后的编委会由西南财经大学副校长张邦富教授任名誉主任，蒋远胜教授任主任，李成文教授、张华教授、周佩教授、赵鹏程教授、董洪清教授、傅江景教授任副主任，20 余所院校经济管理及相关学院院长或教授任编委会委员。

在编委会的组织、协调下，该系列教材由各院校具有丰富教学经验并有教授或副教授职称的教师担任主编，由各书主编拟订大纲，经编委会审核后再编写。同时，每一种教材均吸收多所院校的教师参加编写，以集众家之长。自 2008 年启动以来，经过近十年的打造，该系列现已出版公共基础、工商管理、财务与会计、旅游管理、电子商务、国际商务、专业实训、金融经济、综合类九大系列近百种教材。该系列教材出版后，社会反响好，师生认可度高。截至 2017 年年底，已有 30 多种图书获评四川省“十二五”规划教材，多个品种成为省级精品课程教材，教材在西南地区甚至全国普通高校的影响力也在不断增强。

当前，中国特色社会主义进入了新时代，我们要建设教育强国，习近平总书记在党的十九大报告中对高等教育提出明确要求，加快一流大学和一流学科（简称“双一流”）建设，实现高等教育内涵式发展。“双一流”建设的核心是提升学校自身的办学水平，关键是提高人才培养质量和学科建设水平，同时办学声誉得到国际社会的认可。为此，高等学校要更新教育思想观念，遵循教育教学规律，坚持内涵式发展，进一步深化本科人才培养模式改革。而教材是体现高校教学内容和方法的知识载体，是高等院校教学中最基本的工具，也是高校人才培养的基础，因此，高校必须加强教材建设。

为适应“双一流”建设的需要，全面提升高校人才培养质量，构建学术型人才和应用型人才分类、通识教育和专业教育结合的培养制度，满足普通本科院校教师和学生需求，需要对已出版的教材进行升级换代。一是结合教学需要对现有教材进行精心打造。具体而言，贯穿厚基础、重双创的理念，突出创新性、应用性、操作性的特色，反映新知识、新技术和新成果的学科前沿；利用数字技术平台，加快数字化教材建设，打造立体化的优质教学资源库，嵌入可供学生自主学习和个性化学习的网络资源模块。二是根据学科发展的需要，不断补充新的教材，特别是规划旅游类、实训类、应用型教材。

我们希望，通过编委会、主编和编写人员及使用教材的师生的共同努力，将此系列教材打造成适应新时期普通本科院校需要的高质量教材。在此，我们对各经济管理学院领导的大力支持、各位作者的智力成果以及西南财经大学出版社员工的辛勤劳动表示衷心的感谢！

21 世纪普通高等院校系列规划教材编委会

2018 年 5 月

▶▶ 前言

本书立足于本专科人才培养要求，以国际商法基础知识和应用能力的培养为定位进行编写。本书在总结国际商法教学改革的基础上，结合司法实践的经验，重点阐述了国际商法导论（第一章）、国际商事主体法（第一章至第四章）、国际商事行为法（第五章至第十章）、国际知识产权法（第十一章）、国际商事仲裁（第十二章）五个方面的内容。通过本课程的学习，学生能掌握国际商法的理论知识，增强法律意识，并能够运用自己所学的法律知识观察、分析、处理有关实际问题。

目前市场上关于国际商法的教材不胜枚举，其中不乏优秀教材，而这些也正是本教材编写的重要参考。但相较而言，本书无论在内容的选择还是编写体例上也有自己的独特之处。具体如下：

1. 内容充实、通俗易懂

本书更契合非法学专业学生的学习需求，也比较适合没有法律基础的相关人士的阅读和学习。首先，本书在内容选择上不仅包括传统国际商法的内容，也适当增加了我国涉外商事活动相关法律的介绍。其次，本书在表述方式上尽可能采用了清晰而又通俗易懂的语言，并融入教学和研究中的一些成果，以图、表等方式对关联知识点进行比较和补充，更易于学生准确把握国际商法的基本知识点。

2. 体系合理、实践性强

本书立足课程教学“必需、够用、实用”的基本要求，各章内容包括了五个模块：“本章提要”起到总领该章内容的作用；“本章思考”起到复习检测的作用；“资料卡”起到补充拓展的作用；“温故知新”起到及时温习的作用；“案例分析”起到巩固运用的作用。各个模块共同作用，能激发学生的学习兴趣，增强其法律意识，培养其法律思维。

本书的编写分工：彭景（西华大学），编写第一至第九章以及第十一章；卓武扬（上海第二工业大学），编写第十章；冯茜（绵阳游仙区人民法院）编写第十二章。

本书在编写过程中，参阅了大量文献，借鉴了众多专家、学者的学术观点，同时得到了西南财经大学出版社的大力支持和帮助，在此表示深深的感谢。

随着全球经济一体化，国际贸易的飞速发展，国际商法也在不断发展、完善，书中难免还存在诸多不足和疏漏之处，殷切希望学界同仁和广大读者提出宝贵意见，不吝赐教！

编者

2020 年 6 月

目录

第一章 国际商法导论

■本章要点

1. 国际商法的含义与发展
2. 国际商法的渊源
3. 我国商事法律规范的立法现状
4. 大陆法系的特征与形成
5. 英美法系的特征与形成
6. 两大法系的比较与发展趋势

第一节 国际商法概述

一、国际商法的含义

国际商法（international commercial law），通常是指调整国际商事交易主体在其交易过程中所形成的各类商事法律关系的法律规范的总称。值得一提的是，国际商法是一个不断发展的概念，因此为了进一步理解该概念，尚需明确以下三点：

（1）国际商法源于传统商法，但其调整范围更为丰富。传统的商法以货物买卖为中心，主要包括公司法、票据法、海商法、保险法等，但随着国际经济贸易的发展和商事交易的多样化、复杂化，在国际贸易方面出现了许多新的领域，比如国际技术转让、知识产权转让、国际投资、国际融资、国际服务贸易等。本书出于对课程安排的考虑，并未涵盖当前所有的国际商事活动。

（2）国际商法中的主体。国际商法中的"国际"不再只指"国家与国家之间"，而是"跨越国界"（transnational）。目前从事国际商事交易的主体主要是私法主体，如公司、企业，而不是公法主体。其中由于经济全球化的原因，跨国公司在国际商事交易活动中的地位和作用在不断增加，成为主体中的核心组成部分。

（3）国际商法的调整方法是直接调整法。国际商法直接规定国际商事主体在国际商事关系中的权利与义务，这一点是国际商法与国际私法的重要区别。

二、国际商法的产生与发展

国际商法与商法虽然不同，但在历史发展上却有着紧密联系，可以说都是伴随着商品经济的产生和发展而逐渐发展起来的，大致经历了四个发展阶段。

1. 古罗马法阶段

早在古罗马时期，就出现了具有商法性质的法律规范，罗马法在市民法之外发展出了调整罗马公民与非罗马公民之间以及非罗马公民相互之间的贸易和其他关系的万民法。但当时的商法并未独立出来，商事性质的法律规范包含在罗马法私法的内容之中。

2.“商人习惯法”阶段

根据多数法学专家的观点，真正作为一项专门法律的国际商法是产生于欧洲中世纪的“商人习惯法”（law merchant）。11~15 世纪，随着欧洲地中海沿岸城市的国家商事交往活动迅速增多，当时的封建法和寺院法越来越成为国际贸易发展的障碍。在这种情形下，意大利的佛罗伦萨等地首先出现了保护商人利益的商人行会组织——merchant guild，组织中的商人从封建领主那里买来了自治权，开始自己设置特殊法庭，采用各种商事习惯来解决商事纠纷，逐渐形成了能够适应商事活动的规制，“商人习惯法”因而得名。后来随着航海贸易的发展逐步扩大到西班牙、法国、荷兰、德国及英国等地。经过几百年的沿用与发展，在中世纪地中海沿岸形成了较为系统的国际商事规则，现代商法的许多制度也源于这些规制，如诚实信用原则、商事合伙制度、商事代理制度、保险制度、海商制度等。

3. 国际商法本土化阶段

17 世纪以后，随着欧洲中央集权国家日益强大，国家主权也被极大地强化了。各国开始注重商事立法，纷纷采用各种形式将商法纳入本国的国内法，在这一阶段，商法具有国家的强制性特点，失去了原有的跨国性。例如，法国路易十四于 1673 年颁布的《商事条例》和 1681 年颁布的《海事条例》，成为欧洲最早的商事单行立法，为各大陆法国家的商法典制定奠定了基础。拿破仑于 1807 年颁布的《法国商法典》是近代资本主义国家的第一部商法典，并为荷兰、比利时、希腊、土耳其、西班牙、葡萄牙等国相继效仿。1897 年德国颁布的《德国商法典》也对许多国家有较大的影响。

值得注意的是，由于各国在处理涉外商事案件时，仍在一定程度上参考并适用“商人习惯法”，因此使其仍具有一定的国际性特征，并为这些国家商法典的制定以及现代国际商法的产生奠定了基础。

4. 现代国际商法的迅速发展阶段

第二次世界大战以后，特别是 20 世纪 60 年代以后，国际商法的发展进入了新的历史阶段。在这一阶段，国际商法的国际性和统一性的价值和意义重新得到确认，其原因主要是在这一时期，各国之间的经贸关系日益密切，经济全球化的趋势日益明显，各国之间的相互依赖程度大大增强，在客观上要求建立一套调整国际经济贸易关系的统一的商法。另一方面，由于各国在经贸往来中也逐渐形成了一些普遍遵循的贸易惯例和习惯做法，使得各国的贸易做法日趋接近，从而为商法的统一创造了有利条件，并不断取得突破性进展。比如：国际商会（ICC）制定的《国际贸易术语解释通则》《跟单信用证统一惯例》，联合国国际贸易法委员会（UNCITRAL）主持制定的《联合国国际货物销售合同公约》（1980 年），《联合国国际贸易法委员会仲裁规则》（1976 年），国际统一私法协会（UNIDROIT）主持制定的《国际商事合同通则》（1994 年）等，都是这一时期国际贸易法统一的突出成就。这些法规重新回归了国际商法的本质属性，即跨国性与统一性。

三、国际商法与其他相关法律部门的关系

1. 国际商法与国际公法

（1）区别。国际公法调整国家、国际组织之间的政治、军事、外交、经济关系，其主体是国家、国际组织、类似国家的政治实体，法律渊源主要表现为国际条约、国际惯例等实体法规范，其传统内容包括和平法、争议法、战争法、中立法四大部分，第二次世界大战以后又增加了条约法、外交使节法、海洋法等分支部门。国际商法调整国际经济和商事交易关系，其主体是自然人、法人等商事组织，其法律渊源除了国际条约、国际惯例等实体规范，还包括各国国内法规范、程序法规范、冲突法规范等。

（2）联系。国际商法是国际法的一个法律部门，因此国际公法的一些基本原则（国家主权、国家及其财产豁免、条约必守等）也调整国际商事法律关系。国际条约及习惯法规制中调整商事行为的规范应属国际商法范畴。

2. 国际商法与国际私法

（1）区别。国际私法的典型特征是其调整方法主要为间接调整，仅仅指出适用什么样的法律，而不直接规定必须如何解决某一问题，因此国际私法又称为“冲突法”。在内容上，国际私法主要调整涉外民事关系，主要包括统一实体法规范、国际民事诉讼和仲裁等程序性规范。而国际商法则以直接调整方法为主，其内容以实体规范为主，既包括国际实体规范，也包括国内实体规范。

（2）联系。二者的主体均为自然人、法人或其他经济组织，均调整涉外法律关系，具有较强的私法特征。

3. 国际商法与国际经济法

（1）区别。国际经济法是国际公法的分支，其主体是国家、国际组织及其具有独立国际法律人格的其他实体；调整主体之间公法层面的国际经济关系；法律渊源由关于国际经济交往的国际条约、习惯法规则等国际法规范、各国涉外经济法规等国内法规范构成；强调国家、国际社会对国际经济活动的干预，属于强行性法律规范，具有公法特征。国际商法的主体则是从事商事交易的自然人、法人等商事组织；调整商事主体之间私法层面的商事交易行为；法律渊源以国际商事条约及习惯法规则、主要国家的国内商事法律为主；强调意思自治，属于任意性法律规范。

（2）联系。二者均调整国际经济交往关系，联系密切，互为补充，并非泾渭分明。

第二节 国际商法的渊源

一、国际商法渊源的概念

国际商法的渊源是指国际商法赖以产生和发展的依据及其表现形式。一般认为，其渊源包括三种形式：国际（商事）条约、国际（商事）惯例及各国的相关立法。

二、国际商法的渊源

（一）国际（商事）条约

国际商法的主要渊源之一就是各国缔结的有关国际商业与贸易的条约或公约。这类条约或公约的缔约主体是国家或类似于国家的政治实体，国家与自然人、法人及其他实体间就商事活动达成的协议。

作为国际商法渊源的国际条约主要包括两类：一是国际商事公约，二是含有商事条款的一般国际条约。从数量上来看，以前者为主，其内容广泛且通常参加方较为普遍，包括国际商事实体法、国际商事程序法以及国际商事冲突法。

资料卡 1.1

作为国际商法渊源的主要国际公约

1. 调整国际货物买卖关系的国际公约

1964 年《国际货物买卖合同成立统一法公约》

1964 年《国际货物买卖统一法公约》

1974 年《联合国国际货物买卖时效期期限公约》

1980 年《联合国国际货物买卖销售合同公约》

1985 年《国际货物买卖合同适用法律公约》

2. 调整国际货物运输关系的国际公约

1924 年《统一提单的若干法律规则的国际公约》（海牙规则）

1968 年《关于修改统一提单的若干法律规则的国际公约的议定书》（维斯比规则）

1978 年《联合国海上货物运输公约》（汉堡规则）

1929 年《统一国际航空运输某些规则的公约》（华沙公约）

1955 年《海牙议定书》

1980 年《联合国国际货物多时联运公约》

3. 调整国际贸易支付的国际公约

1930 年《日内瓦统一汇票本票法公约》

1931 年《日内瓦统一支票法公约》

1987 年《联合国国际汇票和国际本票公约》

4. 调整产品责任的国际公约

1977 年《关于产品责任的法律适用公约》

5. 调整代理关系的国际公约

1983 年《国际货物销售代理公约》

6. 调整知识产权的国际公约

1883 年《保护工业产权巴黎公约》

1886 年《保护文学和艺术作品伯尔尼公约》

1891 年《商标国际注册马德里协定》

1952 年《世界版权公约》

1970 年《专利合作条约》

1994 年《与贸易有关的知识产权协定》

1996 年《世界知识产权组织版权条约》

7. 调整商事争议的国际公约

1923 年《日内瓦仲裁条款协定书》

1927 年《关于执行外国仲裁裁决的公约》

1958 年《承认与执行外国仲裁裁决公约》

1985 年《国际商事仲裁示范法》

（二）国际商事惯例

国际商事惯例是在国际交往中经过反复使用逐渐形成的，并为各国普遍承认和遵守的交易行为规范。值得一提的是，国际商事惯例最初是以不成文的形式出现，但现在许多重要的国际商事惯例已经由一些国际组织编纂成文，为交往提供了极大的便利。

与国际条约不同的是，国际商事惯例不当然具有法律约束力，国际商事交易当事人可以依据"意思自治"原则全部或部分地选择适用。但是，当事人一经选择适用，则构成对当事人具有约束力的法律规范，受诉法院或仲裁机构可据此解释当事人之间的合同，或作为解决其纠纷的准据法。

资料卡 1.2

作为国际商法渊源的主要国际商事惯例

颁布时间	国际商事惯例名称
2000 年、2010 年	《国际贸易术语解释通则》
2007 年	《跟单信用证统一惯例》修订本（UCP600）
2004 年	《国际商事合同通则》
1932 年	《华沙——牛津规则》
1975 年	《联合运输单证统一规则》

（三）关于国际商事交易的国内法规范

由于国际商事交往关系的多样性和复杂性，以及相关国际条约和惯例的滞后性，仅凭现有的国际条约和惯例仍不足以满足实践中的需求，在处理某些国际商事纠纷时，还需借助法律冲突规则的指引，适用有关国家的国内法加以解决。可以说，各国有关商事交易的国内法是国际商法在国际法渊源方面的重要补充。

资料卡 1.3

我国颁布的主要商事法律规范

	颁布时间	法律名称
总则性	1986 年	《中华人民共和国民法通则》
商事主体	1993 年	《中华人民共和国公司法》
	1997 年	《中华人民共和国合伙企业法》
	1999 年	《中华人民共和国个人独资企业法》
	2019 年	《中华人民共和国外商投资法》
商事交易行为	1992 年	《中华人民共和国海商法》
	1993 年	《中华人民共和国反不正当竞争法》
	1993 年	《中华人民共和国产品质量法》
	1995 年	《中华人民共和国票据法》
知识产权	1984 年	《中华人民共和国专利法》
	1982 年	《中华人民共和国商标法》
	1990 年	《中华人民共和国作权法》
商事救济	1991 年	《中华人民共和国民事诉讼法》
	1994 年	《中华人民共和国仲裁法》

温故知新

下列选项中属于国际商法渊源的有（　　）。

A. 各国缔结的有关国际商业与贸易的条约或公约是国际商法的重要渊源

B. 国际商事惯例虽然不具有强制的法律效力，但也是国际商法的渊源之一

C. 各国有关商事的国内立法是国际商法渊源的一个重要补充

D. 法院的商事判例

【参考答案】ABC

第三节　大陆法系和英美法系概述

国际商法发源于欧洲，其内容深受大陆尖系和英美法系两大法系的影响。因此要研究国际商法，有必要先了解两大法系。学者们一般认为，当代世界主要法系有大陆法系，英美法系和社会主义法系（以苏联、东欧社会主义国家为代表）。前两个法系是在西方国家形成、发展起来的，具有浓厚的商品经济或市场经济的特征，对现代国际商法影响很大。

一、大陆法系

大陆法系（Civil Law System），又称罗马法系、民法法系、成文法系，是指以罗马法为基础，以法国民法典和德国民法典为典型代表，包括许多模仿它们而制定的其他国家的法律的总称。

（一）大陆法系的分布

大陆法系形成于13世纪的西欧，欧洲大陆国家多属于该法系，如瑞士、意大利、比利时、卢森堡、荷兰、西班牙、葡萄牙等，除西欧外，还有曾是法国、德国、葡萄牙、荷兰等国殖民地的国家及其他原因受其影响的国家和地区。如非洲的埃塞俄比亚、南非、津巴布韦等；亚洲的日本、泰国、土耳其、中国（除香港外）等；加拿大的魁北克省、美国的路易斯安那州、英国的苏格兰等。

（二）大陆法系的形成与发展

大陆法系直接源于罗马法。罗马法是指罗马奴隶制国家从公元前6世纪罗马国家形成到东罗马帝国灭亡时期的全部法律。今天人们考察到的罗马法主要是公元前5世纪罗马最早的成文法——《十二铜表法》和公元6世纪东罗马帝国皇帝查士丁尼编纂的《国法大全》，具体包括四部法律汇编，即《学说汇编》《法学阶梯》《查士丁尼法典》《新律》。该法集罗马法之大成，既包括公法也包括私法，但主要内容是私法，对欧洲后来乃至整个西方世界法律产生了无与伦比的影响。

13世纪由于罗马法的复兴，大陆法系得以形成。这一时期，罗马法的研究者主要把研究的重点放在探求和讲授罗马法的原意上，对《国法大全》的各种文本进行解释，他们被称为“注释派”。14世纪后，学者们将研究的重点转向罗马法的系统化工程上，他们用罗马法的原始文本作为发展新兴的商法和国际私法的依据，摒弃罗马法原始文献中的杂乱无章和实用主义，这时的罗马法研究被称为“后注释派”。17世纪后，古典自然法学派从人的理性出发，主张法是理性的体现和产物。他们认为，罗马法中蕴涵的法律原则都是符合理性的，强调成文法的作用，提倡编纂法典。这些主张对于欧洲大陆各国接受罗马法产生了巨大影响。

资本主义生产方式确立后，各国迫切需要有能适应其经济发展要求的法律规则，而适合商品经济需要的罗马法可以满足这一要求。1804年法国颁布了民法典，即拿破仑法典，这部法典大量吸收了罗马法成分，尤其是物权和债权部分。1896年，德国也以罗马法为蓝本编纂了民法典。法国民法典和德国民法典的颁布实施，为其他一些欧洲国家树立的榜样。其他国家相继以这两部民法典为模本进行本国的立法体系确立工作。在欧洲以外，一些与欧洲大陆国家有千丝万缕联系的国家也建立了类似的法律体系。综上所述，可以说大陆法系是在罗马法的直接影响下而形成的。

（三）大陆法系的特点

（1）强调法律的成文化，在法律结构上强调系统化、条理化、法典化和逻辑性。大陆法系不仅继承了罗马法成文法典的传统，而且采纳了罗马法的体系、概念和术语。

（2）大陆法系各国将法律区分为公法与私法。根据罗马法乌尔比安的观点，“公法是与罗马国家有关的法律，私法是与个人利益有关的法律。”大陆法系各国继承了罗马法的这种分类方法，并进行了法律细分。如将公法分为宪法、行政法、刑法、诉讼法与国际公法；私法则分为民法与商法等。各国在这些法律领域中使用的法律制度和法律概念基本相同。

(3) 在法律形式上，大陆法系国家或地区一般不存在判例法。大陆法系各国或地区都相继进行了大规模的立法活动，对重要的部门制定法典，这些法典一般比较完整、清晰、逻辑严密，同时辅之以单行法规，构成了较为完整的成文法体系。

(4) 在法官的作用上，否定“法官造法”。一般而言，大陆法系国家或地区的立法与司法分工明确，强调制定法的权威，制定法的效力优先于其他法律渊源，因而要求法官遵从法律明文规定办理案件，不得擅自创造法律违反立法者的本意。

(5) 在法律推理形式和方法上，采取演绎法。由于大陆法系国家或地区中的司法权受到重大限制，法律只能由立法机关制定，法官的功能局限于根据既定的法律规则判案，因此法官审案表现出三段论式的逻辑过程：认定案件事实，寻找适用的法律条款，联系二者推论出必然的结果。

二、英美法系

英美法系（Anglo-American Law System），是指英国中世纪以来的法律，特别是以英国普通法为基础发展起来的法律制度体系。在英国历史上，普通法是与衡平法、教会法和制度法相对应的概念，由于其中的普通法对整个法律制度的影响最大，因此英美法系又被称为普通法系（Commom Law System）。

美国法律作为一个整体来说，属于普通法系，但从 19 世纪后期开始独立发展，并已经对世界的法律产生了很大影响，因此形成了普通法系的另一个分支。

（一）英美法系的分布

英美法系形成于英国，并随着英国殖民地的扩大而逐步扩展到其他历史上曾受其统治的区域，主要包括加拿大、澳大利亚、新西兰、爱尔兰、印度、巴基斯坦、马来西亚、新加坡等地。南非原属大陆法系国家，后来被英国控制，其法律体系是大陆法系和英美法系的结合物；菲律宾原属西班牙殖民地，后来又受美国控制，因而其法律系统也走向了两大法系的结合。

（二）英美法的形成与发展

1. 英国法的历史沿革

英美法系形成于英国，一般以 1066 年诺曼底公爵威廉征服英格兰为开端。诺曼底公爵为了推行中央集权制度，设置了御前会议这个重要机构，该机构是由国王亲信、主教和贵族参加的议事机构，主要协助国王处理立法、行政和司法等方面的事务。渐渐地，处理司法事务的机构独立出来，到亨利三世时期，御前会议已经建立了三个王室高等法院，处理直接涉及王室利益的重大案件。由于诺曼人以前没有自己的法律，因此他们的法律就是通过这些法院的判决而逐步形成，遂成为判例法的基础。这些判决对地方法院的判决具有约束力，并随着王室法院管辖范围和影响的扩大对全国的法律形成了重大影响。如此，这种判例法就形成了适用于英国的普通法。

14 世纪时，英国在普通法之外又产生了另一种独特的法律形式——衡平法。随着时间的推移和社会生活的变化，普通法院的令状制度和诉讼程序出现了僵化的趋势，无法适应工商业发展的需要。因此，很多人转而请求枢密院和国会主持正义，许多纠纷转而由枢密院中负责司法事务的大臣来处理。随着案件数量不断增加，该机构最终独立出来，成为和王室法院并列的衡平法院，其在审理案件时适用完全不同的法律规则，由此发展起来的法律称为“衡平法”。衡平法也表现为判例法的形式，但在救济方法、诉讼程序、法律术语等方面均与普通法有所不同。从14世纪后半叶到19世纪后半叶，二者相互独立，直到1875年英国颁布法院组织法，普通法院与衡平法院合并，普通法与衡平法从冲突走向妥协并最终统一适用。同时，制定法也大量出现，代表了立法机构的地位得到提高。

2. 美国法的历史沿革

1607—1776年是美国的殖民地时期。17世纪时，英国法对北美殖民地的影响比较小，当时适用的法律主要是殖民地当地的习惯。到了18世纪，随着英国加强对北美殖民地的控制，英国开始通过强制手段推行英国的法律，英国法在北美得到广泛传播。

1776年美国独立，开始发展自己的法律。到了19世纪，美国的普通法传统最终确立，究其原因是美国人是英国的移民，语言和传统的力量使然。但是，美国法律也表现出不同于英国法的一些特点，其制定法占有更大的比例，地位也更为重要。同时，美国法也简化了诉讼程序，取消了普通法院和衡平法院的区分。美国法律自此脱离英国法，逐渐成为英美法系中一个具有代表性的分支。

（三）英美法系的特点

（1）在法律渊源上以判例为主。判例法一般是指各国高级法院的判决中所确立的法律原则或规则。值得一提的是，判例法也是成文法，由于这些规则是法官在审理案件时创立的，因此，又称为“法官法”（judge-made law）。判例法通常在处理先例的问题上可以有三种做法：①遵循先例。下级法院应当遵循上级法院的判例，上诉法院也要遵循自己以前的判例。②推翻先例。美国的联邦最高法院和各州最高法院有权推翻自己以前做出的判决。但为了维护法律的稳定，法院很难对过去同一法院做出的决议宣布无效。在美国历史上，联邦最高法院推翻先例的情况也只有8次，其难度可见一斑。③回避先例。这一做法主要适用于下级法院不愿适用某一先例但又不愿公开推翻时，可以前后两个案例在重要事实上存在区别为由而回避这一先例。这与大陆法系国家法官要严格以法典为依据来判案存在重大区别。

案例1.1

普莱西诉弗格森案[①]

案情：1892年6月7日，具有1/8黑人血统的荷马·普莱西（Homer A. Plessy）故意登上东路易斯安那铁路的一辆专为白人服务的列车，根据路易斯安那州1890年通过的相关法律，白人和有色种族必须乘坐平等但隔离的车厢。根据该条法律，普莱西被认定为“有色种族”，并遭到逮捕和关押。于是他将路易斯安那州政府告上法庭，指责其侵犯了自己根据美国宪法第十三、第十四两条修正案而享有的权利。但是法官约翰·霍华德·弗格森（John Howard Ferguson）裁决州政府有权在州境内执行该法，普莱西最终败诉，以违反隔离法为名被判处罚金300美元。普莱西接着向路易斯安那州最高法院控告弗格森法官的裁决，但该法院维持了弗格森的原判。

1896年，普莱西上诉至美国最高法院。5月18日，最高法院以7∶1的多数裁决：路易斯安那州的法律并不违反宪法第13和第14修正案，因为“隔离但平等”并不意

① 资料来源：http://fxy.cupl.edu.cn/upload/download/keyan.

味着对黑人的歧视，而只是确认白人和黑人之间由于肤色不同而形成差别。

评析：普莱西诉弗格森案是美国联邦最高法院违宪审查史上比较著名的“平等权”案件。毫无疑问，美国联邦最高法院在该案中所持的观点存在着历史局限性。“平等权”作为一项宪法权利，应当表现在社会生活的各个领域。平等权不仅意味着每个公民的人格平等、身份平等、机会平等以及政府依据法律对每一个公民加以平等保护，还应当包括立法要求对每一个公民的平等对待，对不同的人群不应当根据其性别、年龄、种族等的不同加以不适当的分类。平等权不仅要体现在制度上平等地对待每一个人，而且也应当为每一个公民个人提供一个崇尚平等的社会环境。政府有责任采取措施来消除各种影响平等权实现的社会因素，彻底消除造成不平等的社会根源。所以，社会平等是制度平等的根本保证，没有社会平等就没有制度平等。事实上，到20世纪中叶，随着社会平等意识的不断增长，美国联邦最高法院在布朗诉托皮卡地方教育委员会（Brown v. Board of Education of Topeka）一案的判决中，完全否定了美国联邦最高法院在普莱西诉弗格森一案中所持的保守立场，彻底地抛弃了“隔离但平等”的思想，从而反映了美国联邦最高法院在保护公民平等权方面的历史进步性。

（2）英美法系没有系统性、逻辑性很强的法律分类，法律分类以实用为主。形成这种情况的原因比较复杂，主要有以下几点：①英美法系从一开始就十分重视令状和诉讼等程序问题，缺乏逻辑性和系统性，阻碍了对法律分类的科学研究；②英美法系强调判例法和法院的作用，偏重实践经验，对抽象的概括和理论探讨相对来说重视不够；③英美法系在法院的设置上曾分为普通法院和衡平法院，这种分类方法在处理涉及公共事务的案件和普通私人案件时没有明显区分，因此难以形成公法和私法的观念；④在英美法系的发展过程中，起主要推动作用的是法官和律师，这就决定了他们更加关心具体案件的处理结果，而相对忽视了抽象理论意义上的法律分类。

（3）英美法更重视程序法。英国法有一句格言：“救济先于权利”（remedies precede rights）。所谓救济是指通过一定的诉讼程序给予当事人法律保护，这属于程序法范畴；权利则是指当事人的实体权利，属于实体法范畴。这句格言的意思是说，如果权利缺乏适当的救济方法，权利也就不存在，即当事人先有程序权利，而后才有实体权利。英美法系将程序正义摆在突出的地位，认为程序制度的公正与否对于法律的运行有特别重要的影响，因此，英美法系中的程序法特别发达，相比而言，大陆法系国家更加重视实体权利的完善。

（4）法官的地位很高。在英美法系中，法官的任务不仅是解释和适用法律，还可以制定法律，即法官可以造法。英美法系国家中，法律职业是以律师为基础的，法官，尤其是联邦法院的法官一般都来自律师，而且律师在政治上非常活跃。因此，法官和律师的社会地位很高，对法律和社会发展的影响也很大。

（5）在法律的思维方式和运作方式上，英美法系采用的是归纳法。这一方法的模式可以表述为：①运用归纳方法对先例中的法律事实进行归纳；②运用归纳方法对那些待判案例的法律事实进行归纳；③将两个案例中的法律事实划分为实质性事实和非实质性事实；④运用比较的方法分析两个案例中的实质性事实是否相同或相似；⑤找出前例中所包含的规则或原则；⑥如果两个案例中的实质性要件相同或相似，根据遵循先例的原则，前例中包含的规则或原则可以适用于待判案例。

资料卡 1.4

大陆法系与英美法系的区别

	大陆法系	英美法系
法的渊源	制定法	制定法、判例法
法律核心理念	理性主义	经验主义
法典编撰	法典形式，强调高度的系统化、逻辑化和概括性，是法院判案的直接依据	单行法律和法规，其运用还要依靠法院的判例解释
诉讼程序	纠问制，以法官为中心，奉行职权主义	对抗制，法官处于中立地位，实行当事人主义
法律的思维方式	演绎法	归纳法

三、两大法系的融合

虽然大陆法系与英美法系存在诸多区别，但这些不同并非绝对对立的，而是在冲突中出现了互相吸收、互相融合的趋势。很长时间以来，众多的学者曾对两大法系孰优孰劣做过大量的论证，但两大法系发展到今天，二者的界限已变得模糊，开始趋向融合。一方面，英美法系国家的成文法日益增多，判例法有所减少，有些判例所反映的法律原则，通过立法变成了成文法；另一方面，大陆法系国家虽仍以制定法为主，但在旧法已经不适用或者没有法律明文规定的情况下，开始逐渐以判例制度作为辅助，对有代表性的判例定期汇编成集公开发行，上级法院的判例对下级法院拥有一定的约束力或影响力。

在国际商法方面，两大法系的融合更为明显，随着各国商事交易的日益密切与频繁，各国相互依赖的程度也逐渐加深，这迫切需要各国国内商法走向统一化与和谐化，这样可以有效减少国际贸易的障碍，增加经贸往来的效率，从而为全球经济贸易的健康发展提供法律支持，这也正是国际商法的生命力和价值所在。目前各国国内的商法开始相互影响和吸收，突出的一个表现是兼容大陆法和英美法规则的国际公约或条约已经不在少数，国际商事实体法律规则正在逐步走向统一。

资料卡 1.5

世界五大法系

法学家普遍认为，对世界各国的法律有重大影响的主要有五大法系：大陆法系、英美法系、中华法系、印度法系、伊斯兰法系。其中印度法系和中华法系已经解体，现存的共三大法系。这里将对中华法系、印度法系和伊斯兰法系进行简单介绍。

1. 中华法系

中华法系形成于秦朝（公元前 221 年—公元前 207 年），到隋唐时期（公元 581 年—公元 618 年）成熟。最初的国家与法产生于夏朝，以后经商朝到西周时期逐渐完备。经过春秋战国时期法律制度的大变革，成文法在各国颁布，到秦朝时中华法系有了雏形。到隋唐时，法律思想和法律制度都很成熟，且自成体系。代表性的法典就是保存至今的《唐律疏议》，这是中华法系完备的标志。唐朝以后，宋元明清各朝都以此为蓝本创制自己朝代的法律制度。到清朝末年，在修律的过程中，中华法系宣告解体，同时建立了中国近代法制的雏形。中华法系在历史上不但影响了中国古代社会，而且对古代日本、朝鲜和越南的法制也产生了重要影响。中华法系的特点有：第一，法律以君主意志为主；第二，礼教是法律的最高原则；第三，诸法合体，行政司法合一；第四，刑法发达，民法薄弱。

2. 印度法系

印度法系是公元5—7世纪以前古代印度奴隶制法及以其为基础的古代缅甸、锡兰（今斯里兰卡）、暹罗（今泰国）、菲律宾等国法律的统称。

古代印度居住着不同种族、不同风俗习惯和不同宗教信仰的人民，其各自法律的共同点是都与宗教、道德规范和哲学联系密切。印度古代法大体可分为佛教分支和婆罗门教分支，相互兴替。古印度法也往往被称为印度教法，其中流行最广、后世研究最多、最具有代表性的是《摩奴法典》。后人假托这是由天神之子摩奴制定的，实际是约在公元前2世纪至公元2世纪之间陆续编成的，共12章，采用诗歌体裁，包括宗教、道德、法律规范以及哲学等内容。

如今上述各国，包括印度在内，均已不再采用印度古代法。印度法系已成为历史名词，但在习惯中还保留有一些遗迹。

3. 伊斯兰法系

伊斯兰法系，又称阿拉伯法系，是中世纪信奉伊斯兰教的阿拉伯各国和其他一些伊斯兰国家法律的总称，是指公元7~9世纪形成的阿拉伯哈里发国家的法律，包括伊斯兰宗教、社会、家庭等各方面的法规。

《古兰经》是伊斯兰法的基本渊源，也是伊斯兰法的核心和最高准绳。其兼具宗教和道德规范的性质，是每个伊斯兰教徒都应遵守的基本生活准则。圣训是对《古兰经》的解释和补充，是仅次于《古兰经》的伊斯兰法的基本渊源。

随着伊斯兰国家中资本主义的发展和社会的变革，昔日伊斯兰教法的特殊地位已不复存在。在大多数伊斯兰国家中，世俗法律基本取代伊斯兰法。但由于伊斯兰教仍是占统治地位的意识形态之一，因而在各伊斯兰国家里，伊斯兰法依然具有不同程度的约束力。

本章思考

1. 理解下列术语：

国际商法　　国际商事条例　　国际贸易惯例　　大陆法系

英美法系　　成文法　　判例法

2. 简述国际商法的含义与特点。

3. 简述国际商法与国际公法、国际私法、国际经济法的区别。

4. 试述英美法中“救济先于权利”原则的含义。

5. 试述大陆法系与英美法系的不同。

第二章 合伙企业法与个人独资企业法

■本章要点

1. 企业与法人两个术语的联系
2. 合伙企业的特征与成立条件
3. 合伙人与第三人之间的权利义务关系
4. 有限合伙企业的基本法律规范
5. 个人独资企业的特征与成立条件

第一节　概述

一、企业的概念与分类

（一）企业的概念和特征

企业，是指依法成立的，以营利为目的的，从事生产经营活动的独立核算的社会经济组织。企业有如下特征：

（1）企业是依法设立的社会经济组织。企业通过依法设立，取得相应的法律主体资格，获得国家法律的认可和保护。

（2）企业是自主经营、独立核算、自负盈亏，具有独立性的社会经济组织。

（3）企业是以营利为目的从事生产经营活动的社会经济组织。

在法律上，企业与公司的概念是有所不同的。广义的企业包括公司这类法人企业，同时还包括其他不具备法人资格的经营实体，即非法人企业，比如个人独资企业，合伙企业等，而狭义的企业往往只指非法人企业。本章采用就是狭义的企业内涵。

（二）企业的分类

按照不同的标准，我们可对企业进行不同的分类：

(1) 按照企业所有制形式的不同，我们可以将企业分为全民所有制企业、集体所有制企业、混合所有制企业。

(2) 按照企业组织形式的不同，我们可以将企业分为个人企业、合伙企业、公司等。

(3) 按照企业法律地位的不同，我们可以将企业分为法人企业、非法人企业。所谓法人企业，是指具有法人资格的企业，如依照《中华人民共和国公司法》(以下简称《公司法》) 组建的公司。非法人企业，是指不具有法人资格的企业，如依照《中华人民共和国个人独资企业法》(以下简称《个人独资企业法》) 组建的个人独资企业。

(4) 按照企业投资者的不同，我们可以将企业分为内资企业、外资企业。外资企业又包括中外合资经营企业、中外合作经营企业、外资企业等。

二、企业法人制度

(一) 法人的概念与条件

法人制度是我国民法、经济法体系的重要组成部分。不了解我国的法人制度，就无法深入了解我国企业法律制度，也就无法全面了解整个市场经济的运行机制。

1. 法人的概念

法人是相对于自然人而言的，它是社会组织在法律上的人格化。《中华人民共和国民法典》对法人做出了如下解释："法人是具有民事权利能力和民事行为能力，依法独立享有民事权利和承担民事义务的组织。"

2. 法人应当具备的条件

(1) 依法成立。首先，法人成立的目的必须符合国家法律的规定，不能损害国家、社会、集体和个人的利益；其次，法人成立的程序要合法，否则，便不具有民事权利能力和民事行为能力，不能独立进行民事活动。

(2) 有必要的财产或者经费。这是法人进行经济活动的物质基础，是承担经济责任、履行经济义务的物质保障，因此这类财产或经费必须是由法人自主经营、独立支配的。

(3) 有自己的名称、组织机构和场所。法人的名称在一定程度上可以表明法人的性质、业务范围，是法人具有独立主体地位的体现。在民事活动中，法人只能以自己的名义而不是领导机构、负责人或者其他人的名义享有权利，承担义务。

法人应当有一定的组织机构即法人治理结构，以担负起对内对外组织、经营、管理等各项事宜。

固定的场所既是法人具有独立财产和生产设施的标志，也是进行业务活动必须具备的物质条件。场所包括住所，法人以它的主要办事机构所在地为住所。

(4) 能够独立承担民事责任。设立法人的目的是独立地进行民事活动，通过行使权利和履行业务来满足发展生产、开展业务活动的需要。因此，能否独立地承担民事责任，就成为衡量某一社会组织能否具有法人资格的条件之一。能够独立地承担民事责任要求法人只能也必须以自己所拥有的全部法人财产对其债务独立地承担责任。除法律另有规定外，法人的投资主体不对法人债务承担责任。这既保护了民事主体的合法权益，又有利于稳定社会经济秩序。

（二）法人的民事权利能力和民事行为能力

法人的民事权利能力，是指法人依法参与民事活动，享有民事权利，承担民事义务的资格。这是法人享有权利，承担义务的前提条件。法人的行为能力，是指法人通过自身的行为，为自己取得民事权利，设定民事义务的能力。

与自然人所不同的是，法人的民事权利能力和民事行为能力都是自法人成立时产生，自法人消灭时终止的。

法人的民事权利能力取决于它的宗旨和法律许可的经营范围，而法人的民事行为能力的范围则取决于法人民事权利能力的范围。也就是说，不同的法人，由于其资金、生产规模、业务经营的不同，享有的民事权利和承担的民事义务的范围也不同。

（三）法人的分类

研究法人的分类，目的在于了解各种法人的本质特征和区别，以便对其进行有效的法律调整。我国《民法通则》按照法人的功能、设立方法，以及财产来源的不同，将我国的法人分为企业法人和非企业法人两大类。

1. 企业法人

企业法人是从事生产经营活动以获取利润为目的的法人。公司、全民所有制企业、集体所有制企业、“三资”企业等都是企业法人；而合伙企业、个人独资企业虽然也是企业但不具有法人资格。

2. 非企业法人

与企业法人不同，非企业法人是非生产性、非营利性的法人。非企业法人又可以分为机关法人、事业单位法人和社会团体法人。

机关法人是依法直接设立、获得法人资格的国家机关。认定机关是否是法人，应看其是否具有独立的财政预算经费和是否行使国家权力。《民法通则》规定：“有独立经费的机关从成立之日起，具有法人资格。”机关法人不同于企业法人，不能从事生存经营活动。只有当国家机关以平等主体的身份参与民事活动时，才是以法人的身份依法享有民事权利，承担民事义务。因此，我们必须将其民事行为与国家机关依照法律的规定行使职权的行政行为相区别。

事业单位法人是被赋予民事主体资格的事业单位。事业单位，是指国家财政拨款从事公益事业的社会组织。需要注意的是，在体制改革过程中，有些事业单位开始自负盈亏或者实行企业化管理，目前判断某一组织是否具有法人资格就不能以国家财政是否拨款为标准了。

社会团体法人是具有民事权利能力和民事行为能力，依法独立享有民事权利和承担民事义务的社会组织。它是以谋求社团成员的共同利益为宗旨的，主要包括各种政治团体（如各民主党派）、人民群众团体（如工会、妇联、共青团）、社会公益团体（如残疾人基金会）、文学艺术团体（如作家协会）、学术研究团体（如数学学会）、宗教团体（如佛教协会）。

事业单位和社会团体等在实现和完成本身的任务过程中，必然要同其他组织或个人发生民事法律关系，享有民事权利，承担民事责任。因此，赋予其以法人资格，对促进社会公益事业、科学技术、文艺创作等均具有重要意义。《民法通则》规定：“具有法人条件的事业单位、社会团体，依法不需要办理法人登记的，从成立之日起，具有法人资格；依法需要办理法人登记的，经核准登记，取得法人资格。”

三、企业法的概念

企业法，是指调整企业在设立、变更、终止，以及企业在生产经营活动中发生的社会关系的法律规范的总称。

中华人民共和国成立以来，主要是按照企业的所有制形式制定和划分各种企业法，形成了具有中国特色的企业法体系。企业法律制度主要包括：调整企业法人的《中华人民共和国公司法》、调整外商在我国投资的《中华人民共和国外商投资法》以及适应市场经济发展需要颁布的《中华人民共和国合伙企业法》《中华人民共和国个人独资企业法》等法律、法规。

第二节　合伙企业法

一、概述

（一）合伙企业的概念和特征

1. 合伙企业的概念

合伙企业，是指自然人、法人和其他组织依法在中国境内设立的由各合伙人订立合伙协议，共同出资、合伙经营、共享收益、共担风险，并对合伙企业债务承担无限连带责任的营利性组织。

2. 合伙企业的特征

一般而言，合伙企业具有以下特征：

（1）合伙企业是建立在合伙协议基础上的一种企业。合伙协议必须是合伙人共同意思表示一致的结果，规定了合伙人在合伙中的权利和义务。即使合伙企业设立一定的组织机构负责日常的业务，其内部关系仍然主要适用合伙协议的有关规定。值得注意的是，这一特征与享有法人资格的公司不同，公司是以章程作为共同行为的标准。

在发达的市场经济国家，协议可以是口头的，也可以是书面的，但是我国的《合伙企业法》中则要求协议是书面形式。

（2）合伙企业是“人的组合”，合伙人的死亡、破产、退出等都影响到合伙企业的存续和发展。

（3）合伙企业的内部关系是合伙关系，即全体合伙人共同出资、合伙经营、共享收益、共担风险。若合伙人相互之间无共同经营之目的和行为，则纵使有某种利益上的联系，也非合伙。

（4）合伙企业一般不具有法人资格，对企业债务承担无限连带责任。一方面，债权人有权请求任何一位合伙人履行合伙的全部债务，承担连带清偿责任；另一方面，合伙人以个人所有的全部财产作为合伙债务的担保，承担无限清偿责任，并不以出资为限。这一特征是合伙企业与法人企业的主要区别。值得注意的是，虽然现行的合伙企业法中允许“有限合伙企业”的存在，但从法律责任看，仍要求其至少应当有1人为普通合伙人。因此，总的来看，有限合伙企业并未突破合伙企业要求对外承担无限责任的实质。

（二）合伙企业的分类

在不同国家，合伙的法定类型不尽相同，一般都包括普通合伙和有限合伙，除此以外，英国目前的制定法还包括有限责任合伙，美国的许多州还承认有限责任合伙、有限责任有限合伙等类型的合伙企业。

我国的合伙企业分为普通合伙企业和有限合伙企业，普通合伙企业中还包括了特殊的普通合伙企业。合伙企业的分类见资料卡 2. 1。

资料卡 2. 1

合伙企业的分类与特征

类型	基本特征
普通合伙企业	由普通合伙人组成，合伙人对合伙企业债务承担无限连带责任
特殊的普通合伙企业	以专业知识和专门技能为客户提供有偿服务的专业服务机构
有限合伙企业	由普通合伙人和有限合伙人组成，普通合伙人对合伙企业债务承担无限连带责任，有限合伙人以其认缴的出资额为限对合伙企业债务承担责任

（三）合伙企业法及其适用

1997 年 2 月 23 日，第八届全国人大代表大会常务委员会第 24 次会议通过了《中华人民共和国合伙企业法》（以下简称《合伙企业法》），自 1997 年 8 月 1 日起施行。2006 年 8 月 27 日，第十届全国人大常委会通过了修订后的《合伙企业法》，自 2007 年 6 月 1 日起施行。修订后的《合伙企业法》为满足市场经济发展的需要，突破了原法中合伙企业形式单一的不足，构造了两种合伙企业的类型，以供民事主体选择设立：一是普通合伙企业；二是有限合伙企业。

关于《合伙企业法》的适用，需要指出的是，《合伙企业法》仅适用于该法规定的合伙企业。《合伙企业法》不适用于具备企业形态的契约型合伙。合伙企业与契约型合伙的主要区别在于：第一，合伙企业具有较为长期稳定的营业，而契约型合伙的营业往往是临时性的；第二，合伙企业必须有自己的名称，而契约型合伙则不一定有名称；第三，设立合伙企业必须向企业登记机关申请登记，而契约型合伙则只需订立合伙合同即为成立。

二、普通合伙企业

（一）普通合伙企业的设立条件

根据《合伙企业法》第十四条的规定，设立普通合伙企业，应当具备以下条件：

（1）有两个以上合伙人，合伙人为自然人的，应当具备完全民事行为能力。

法律、行政法规禁止从事营利性活动的人，不得成为合伙企业的合伙人，包括国家公务员、法官、检察官和人民警察。

（2）有书面合伙协议。

合伙协议依法由全体合伙人协商一致，以书面形式订立。合伙协议应当载明下列事项：①合伙企业的名称和主要经营场所的地点；②合伙目的和合伙经营范围；③合伙人的姓名或者名称、住所；④合伙人的出资方式、数额和缴付期限；⑤利润分配、亏损分担方式；⑥合伙事务的执行；⑦入伙与退伙；⑧争议解决办法；⑨合伙企业的解散与清算；⑩违约责任。合伙人按照合伙协议享有权利，履行义务。合伙协议是确定合伙人相互间权利义务的具有法律约束力的协议。合伙协议经全体合伙人签名、盖章后生效。如果要修改或者补充合伙协议，应当经全体合伙人一致同意；但是，合伙协议另有约定的除外。合伙协议未约定或者约定不明确的事项，由合伙人协商决定；协商不成的，依照《合伙企业法》和其他有关法律、行政法规的规定处理。

（3）有合伙人认缴或者实际缴付的出资。

合伙人可以用来出资的形式很多，但不同形式的出资要求也不同。根据《合伙企业法》第十六条规定，合伙人可以用货币、实物、知识产权、土地使用权或者其他财产权利出资，也可以用劳务出资。具体要求如下：合伙人以实物、知识产权、土地使用权或者其他财产权利出资，需要评估作价的，可以由全体合伙人协商确定，也可以由全体合伙人委托法定评估机构评估；合伙人以劳务出资的，其评估办法由全体合伙人协商确定，并在合伙协议中载明；以非货币财产出资的，依照法律、行政法规的规定，需要办理财产权转移手续的，应当依法办理。

根据《合伙企业法》第三十四条规定，合伙人按照合伙协议的约定或者经全体合伙人决定，可以增加或者减少对合伙企业的出资。

（4）有合伙企业的名称和生产经营场所。

合伙企业名称中应当标明“普通合伙”字样。合伙企业只有拥有自己的名称，才能以自己的名义参与民事法律关系，享有民事权利，承担民事义务并参与诉讼，成为诉讼当事人。

（5）法律、行政法规规定的其他条件。

温故知新

下列对普通合伙企业设立的论述，符合法律规定的是（　　）。

A. 公民张某与自己年仅13周岁的儿子成立一个合伙企业

B. 合伙人必须一次全部缴付出资，不可以约定分期出资

C. 公民甲、乙、丙、丁出资设立一个普通合伙企业，甲可以以劳务出资

D. 合伙企业名称中没有标明“普通”或是“有限”字样的话，就视为是普通合伙企业

【参考答案】：C

（二）合伙企业设立与变更登记

合伙人申请设立合伙企业，应当向企业登记机关提交登记申请书、合伙协议书、合伙人身份证明等文件。需要注意的是，如果合伙企业的经营范围中有属于法律、行政法规规定在登记前须经批准的项目的，该项经营业务应当依法经过批准，并在登记时提交批准文件。

申请人提交的登记申请材料齐全、符合法定形式，企业登记机关能够当场登记的，应予当场登记，发给营业执照，营业执照的签发日期，即为合伙企业成立日期。除上述规定情形外，企业登记机关应当自受理申请之日起20日内，做出是否登记的决定。如果决定登记的，发给营业执照；决定不登记的，应当给予书面答复，并说明理由。合伙企业在领取营业执照前，合伙人不得以合伙企业名义从事合伙业务。

合伙企业设立分支机构，应当向分支机构所在地的企业登记机关申请登记，领取

营业执照。

合伙企业登记事项发生变更的，执行合伙事务的合伙人应当自做出变更决定或者发生变更事由之日起15日内，向企业登记机关申请办理变更登记。

（三）合伙企业的财产

1. 合伙企业财产的构成

合伙企业存续期间，合伙人的出资和所有以合伙企业名义取得的收益均为合伙企业的财产。

合伙企业的财产由全体合伙人依照《合伙企业法》共同管理和使用。除法律另有规定外，合伙企业进行清算前，合伙人不得请求分割合伙企业的财产。合伙人在合伙企业清算前私自转移或者处分合伙企业财产的，合伙企业不得以此对抗不知情的善意第三人。

2. 合伙企业财产的转让

合伙企业财产的转让可以分为对外转让和对内转让。

（1）对外转让。合伙企业存续期间，除合伙协议另有约定外，合伙人向合伙人以外的人转让其在合伙企业中的全部或者部分财产份额时，须经其他合伙人一致同意。

（2）对内转让。合伙人之间转让在合伙企业中的全部或者部分财产份额时，应当通知其他合伙人。

（3）优先购买权。合伙人向合伙人以外的人转让其在合伙企业中的财产份额的，在同等条件下，其他合伙人有优先购买权。但是，合伙协议另有约定的除外。

（4）受让人对财产的处理。合伙人以外的人依法受让合伙人在合伙企业中的财产份额的，经修改合伙协议即成为合伙企业的合伙人，依照《合伙企业法》和修改后的合伙协议享有权利，履行义务。

3. 合伙企业财产的出质

普通合伙人以其在合伙企业中的财产份额出质的，须经其他合伙人一致同意；未经其他合伙人一致同意，其行为无效，由此给善意第三人造成损失的，由行为人依法承担赔偿责任。

（四）合伙企业的内部关系

1. 合伙企业事务的执行

（1）共同执行。这是指全体合伙人共同执行合伙企业事务。根据《合伙企业法》第二十六条规定，各合伙人对执行合伙企业事务享有同等的权利。合伙协议约定或者经全体合伙人决定，合伙人分别执行企业事务的，执行事务合伙人可以对其他合伙人执行的事务提出异议。提出异议时，应暂停该项事务的执行。如果发生争议，可由全体合伙人共同决定。

（2）委托执行。这是指根据合伙协议的约定或合伙人的决定，委托一名或者数名合伙人对外代表合伙企业执行合伙企业事务，由此产生的收益归合伙企业，所产生的费用和亏损由合伙企业承担。在一般情况下，其他合伙人不再执行合伙企业事务，但有权监督执行事务的合伙人，检查其执行合伙企业事务的情况。

受委托执行合伙事务的合伙人不按照合伙协议或者全体合伙人的决定执行事务的，其他合伙人可以决定撤销该委托。执行事务的合伙人应当定期向其他合伙人报告事务执行情况以及合伙企业的经营和财务状况。

合伙企业可以聘任经营管理人员，被聘任的合伙企业的经营管理人员应当在合伙企业授权范围内履行职务。被聘任的合伙企业的经营管理人员，超越合伙企业授权范围履行职务，或者在履行职务过程中因故意或者重大过失给合伙企业造成损失的，依法承担赔偿责任。

（3）必须经全体合伙人同意的事务。根据《合伙企业法》第三十一条规定，除合伙协议另有约定外，合伙企业的下列事项应当经全体合伙人一致同意：①改变合伙企业的名称；②改变合伙企业的经营范围、主要经营场所的地点；③处分合伙企业的不动产；④转让或者处分合伙企业的知识产权和其他财产权利；⑤以合伙企业名义为他人提供担保；⑥聘任合伙人以外的人担任合伙企业的经营管理人员。

温故知新

除合伙协议另有约定外，普通合伙企业存续期间，下列行为中，不必经全体合伙人一致同意的是（　　）。

A. 合伙人之间转让其在合伙企业中的财产份额

B. 以合伙企业名义为他人提供担保

C. 聘任合伙人以外的人担任合伙企业的经营管理人员

D. 处分合伙企业的不动产

【参考答案】A

2. 合伙企业的利润分配和亏损分担

合伙企业的利润分配、亏损分担，按照合伙协议的约定办理；合伙协议未约定或者约定不明确的，由合伙人协商决定；协商不成的，由合伙人按照实缴出资比例分配、分担；无法确定出资比例的，由合伙人平均分配、分担。

值得注意的是，合伙协议不得约定将全部利润分配给部分合伙人或者由部分合伙人承担全部亏损。

（五）合伙企业与第三人的关系

1. 合伙人执行合伙事务的对外代表权效力

执行合伙企业事务的合伙人，对外代表合伙企业，在合伙企业经营范围内以合伙企业的名义对外实施的一切经营活动都对合伙企业发生法律效力。由此而产生的收益应当归全体合伙人所有，成为合伙企业的财产；由此负担的债务和责任，也应当由全体合伙人承担，构成合伙企业的债务。依据合伙协议或者合伙人的特别约定，合伙人执行合伙事务和对外代表合伙企业的权利往往受到一定的限制。《合伙企业法》第三十七条规定："合伙企业对合伙人执行合伙企业事务以及对外代表合伙企业权利的限制，不得对抗不知情的善意第三人。"即执行合伙事务的合伙人如果超越内部限制范围代表合伙企业与第三人为经营行为，其他合伙人可以对知晓或者应当知晓该限制的第三人提出抗辩，否认该行为对合伙企业发生效力；但对于不知情的善意的第三人不能提出抗辩，该行为仍然要对合伙企业发生效力。

2. 合伙企业债务清偿

合伙企业债务的清偿可以分为两个方面：一是对外承担无限连带责任，二是对内具有追偿权。合伙企业对其债务，应当以其全部财产进行清偿。合伙企业不能清偿到期债务的，合伙人承担无限连带责任。合伙人由于承担连带责任，所清偿数额超过合伙人内部约定或依法律规定的其亏损分担比例的，有权向其他合伙人追偿。

3. 合伙企业债务与合伙人个人债务的清偿

在合伙企业存续期间，可能发生个别合伙人因不能偿还其个人债务而被追索的情况。由于合伙人在合伙企业中拥有财产利益，合伙人个人的债权人可以向合伙企业提出清偿请求。

为了保护合伙企业和其他合伙人的合法权益，同时也保护债权人的合法权益，《合伙企业法》第四十一条规定：合伙人发生与合伙企业无关的债务，相关债权人不得以其债权抵销其对合伙企业的债务；也不得代位行使合伙人在合伙企业中的权利。《合伙企业法》第四十二条规定：合伙人的自有财产不足清偿其与合伙企业无关的债务的，该合伙人可以以其从合伙企业中分取的收益用于清偿；债权人也可以依法请求人民法院强制执行该合伙人在合伙企业中的财产份额用于清偿。人民法院强制执行合伙人的财产份额时，应当通知全体合伙人，其他合伙人有优先购买权；其他合伙人未购买，又不同意将该财产份额转让给他人的，依照《合伙企业法》第五十一条的规定为该合伙人办理退伙结算，或者办理削减该合伙人相应财产份额的结算。

（六）入伙与退伙

1. 入伙

入伙是指在合伙企业存续期间，合伙人以外的第三人通过一定程序加入合伙企业，从而取得合伙人资格的行为。

新合伙人入伙时，除合伙协议另有约定外，应当经全体合伙人同意，并依法订立书面入伙协议。订立入伙协议时，原合伙人应当向新合伙人告知原合伙企业的经营状况和财务状况。入伙的新合伙人与原合伙人享有同等权利，承担同等责任。入伙协议另有约定的，从其约定。需要注意的是，入伙的新合伙人对入伙前合伙企业的债务承担连带责任。

2. 退伙

退伙是指合伙人退出合伙企业，从而丧失合伙人资格的行为。退伙分为两种：一是自愿退伙，二是法定退伙。

（1）自愿退伙。这是指合伙人基于自愿退出合伙企业。《合伙企业法》第四十五条规定，合伙协议约定经营期限的，在合伙企业存续期间，有下列情形之一的，合伙人可以退伙：①合伙协议约定的退伙事由出现；②经全体合伙人一致同意；③发生合伙人难以继续参加合伙企业的事由；④其他合伙人严重违反合伙协议约定的义务。

《合伙企业法》第四十六规定：合伙协议未约定经营期限的，合伙人在不给合伙企业事务执行造成不利影响的情况下，可以退伙，但应当提前30日通知其他合伙人。

《合伙企业法》第四十七条规定：合伙人违反第四十五条、第四十六条规定，擅自退伙的，应当赔偿由此给合伙企业造成的损失。

（2）法定退伙。这是指合伙人基于法定事由而退伙。法定退伙分为当然退伙与除名退伙。

《合伙企业法》第四十八条规定，合伙人有下列情形之一的，当然退伙：①作为合伙人的自然人死亡或者被依法宣告死亡；②个人丧失偿债能力；③作为合伙人的法人或者其他组织依法被吊销营业执照、责令关闭、撤销，或者被宣告破产；④法律规定或者合伙协议约定合伙人必须具有相关资格而丧失该资格；⑤合伙人在合伙企业中的全部财产份额被人民法院强制执行。合伙人被依法认定为无民事行为能力人或者限制民事行为能力人的，经其他合伙人一致同意，可以依法转为有限合伙人，普通合伙企业依法转为有限合伙企业。其他合伙人未能一致同意的，该无民事行为能力或者限制民事行为能力的合伙人退伙。退伙事由实际发生之日为退伙生效日。

温故知新

合伙人甲在某一普通合伙企业经营期间因交通事故而死亡，其子乙尚未成年，则下列说法中正确的是（　　）。

A. 乙因此成为该合伙企业的合伙人

B. 经全体合伙人一致同意，从继承开始之日起，乙取得该合伙企业的合伙人资格，但只能作为有限合伙人

C. 全体合伙人未一致同意将合伙企业转为有限合伙企业的，应当将甲的财产份额退还给乙

D. 如果合伙协议约定所有的合伙人必须具有完全行为能力，则乙不能取得合伙人资格，但可以要求合伙企业退还甲的财产份额

【参考答案】：BCD

根据《合伙企业法》第四十九条规定，合伙人有下列情形之一的，经其他合伙人一致同意，可以决议将其除名：①未履行出资义务；②因故意或者重大过失给合伙企业造成损失；③执行合伙事务时有不正当行为；④发生合伙协议约定的事由。对合伙人的除名决议应当书面通知被除名人。被除名人接到除名通知之日，除名生效，被除名人退伙。被除名人对除名决议有异议的，可以自接到除名通知之日起30日内，向人民法院起诉。

（3）退伙的财产处理。合伙人退伙，其他合伙人应当与该退伙人按照退伙时的合伙企业财产状况进行结算，退还退伙人的财产份额。退伙人对给合伙企业造成的损失负有赔偿责任的，相应扣减其应当赔偿的数额。退伙时有未了结合伙企业事务的，待了结后进行结算。退伙人在合伙企业中财产份额的退还办法，由合伙协议约定或者由全体合伙人决定，可以退还货币，也可以退还实物。

退伙人对基于其退伙前的原因发生的合伙企业债务，承担无限连带责任。合伙人退伙时，合伙企业财产少于合伙企业债务的，退伙人应当依照合伙人内部约定或依照法律规定的其亏损分担比例分担亏损。

（七）特殊的普通合伙企业

根据《合伙企业法》第五十五条规定，特殊的普通合伙企业是指以专业知识和专门技能为客户提供有偿服务的专业服务机构。比如律师事务所、会计师事务所等专业服务机构。设立这一新经营模式的原因在于这类专业服务机构，虽采用合伙的模式，但各合伙人之间往往各自开展业务，彼此之间相对比较独立，采用特殊普通合伙模式后，可以保护无责的合伙人的利益，保证经营的稳定性。资料卡2.2为特殊的普通合伙企业的特殊性表现。

资料卡 2.2

特殊的普通合伙企业的特殊性表现

特殊性表现	具体内容
名称	应当在其名称中标明“特殊普通合伙”字样
责任形式	一人或数人因故意或者重大过失造成合伙企业债务的，应当承担无限责任或者无限连带责任，其他合伙人以其在合伙企业中的财产份额为限承担责任；非因故意或者重大过失造成的合伙企业债务以及合伙企业的其他债务的，全体合伙人承担无限连带责任
对债权人的保护	建立特殊的保护制度，如执业风险基金、办理职业保险等

特殊的普通合伙企业实质上仍然是普通合伙企业，因此特殊的普通合伙企业的其他方面均适用《合伙企业法》对普通合伙企业的规定。

依照《合伙企业法》第一百零七条的规定，非企业专业服务机构依据有关法律采取合伙制的，其合伙人承担责任的形式可以适用《合伙企业法》关于特殊的普通合伙企业合伙人承担责任的规定。

二、有限合伙企业

（一）有限合伙企业的概念

有限合伙企业，是指由有限合伙人和普通合伙人共同组成，普通合伙人对合伙企业债务承担无限连带责任，有限合伙人以其认缴的出资额为限对合伙企业债务承担责任的合伙企业。

为适应风险投资行业的发展，同时为市场主体提供更多的企业组织形式，我国修订后的《合伙企业法》增加了有限合伙企业制度，以专章的形式对其进行规定，专章中未作规定的，适用《合伙企业法》关于普通合伙企业及其合伙人的规定。

（二）有限合伙企业设立的特别规定

1. 设立人

有限合伙企业由 2 个以上 50 个以下合伙人设立，但是，法律另有规定的除外。有限合伙企业至少应当有 1 个普通合伙人。有限合伙企业仅剩有限合伙人，应当解散；有限合伙企业仅剩普通合伙人，则转为普通合伙企业。

2. 企业名称

有限合伙企业名称中应当标明“有限合伙”字样。

3. 合伙协议

有限合伙企业的合伙协议中应当特别载明以下事项：①普通合伙人和有限合伙人的姓名或者名称、住所；②执行事务合伙人应具备的条件和选择程序；③执行事务合伙人权限与违约处理办法；④执行事务合伙人的除名条件和更换程序；⑤有限合伙人入伙、退伙的条件、程序以及相关责任；⑥有限合伙人和普通合伙人相互转变程序。

4. 出资

有限合伙人可以用货币、实物、知识产权、土地使用权或者其他财产权利作价出资。需要特别注意的是，有限合伙人不得以劳务出资。有限合伙人应当按照合伙协议的约定按期足额缴纳出资；未按期足额缴纳的，应当承担补缴义务，并对其他合伙人承担违约责任。

5. 合伙企业登记事项

有限合伙企业登记事项中应当载明有限合伙人的姓名或者名称及认缴的出资数额。

（三）有限合伙企业事务执行的特别规定

有限合伙企业由普通合伙人执行合伙事务。执行事务合伙人可以要求在合伙协议中确定执行事务的报酬及报酬提取方式。有限合伙人不执行合伙事务，不得对外代表有限合伙企业。但有限合伙人的下列行为，不视为执行合伙事务：①参与决定普通合伙人入伙、退伙；②对企业的经营管理提出建议；③参与选择承办有限合伙企业审计业务的会计师事务所；④获取经审计的有限合伙企业财务会计报告；⑤对涉及自身利益的情况，查阅有限合伙企业财务会计账簿等财务资料；⑥在有限合伙企业中的利益受到侵害时，向有责任的合伙人主张权利或者提起诉讼；⑦执行事务合伙人怠于行使权利时，督促其行使权利或者为了本企业的利益以自己的名义提起诉讼；⑧依法为本企业提供担保。

（四）有限合伙人有限责任保护的免除

第三人有理由相信有限合伙人为普通合伙人并与其交易的，该有限合伙人对该笔交易承担与普通合伙人同样的责任。

有限合伙人未经授权以有限合伙企业名义与他人进行交易，给有限合伙企业或者其他合伙人造成损失的，该有限合伙人应当承担赔偿责任。

（五）有限合伙人入伙、退伙的特别规定

（1）新入伙的有限合伙人对入伙前有限合伙企业的债务，以其认缴的出资额为限承担责任。

（2）有限合伙人符合普通合伙企业合伙人当然退伙情形之一的，为当然退伙。但个人丧失偿债能力除外。

（3）作为有限合伙人的自然人在有限合伙企业存续期间丧失民事行为能力的，其他合伙人不得因此要求其退伙。

（4）有限合伙人退伙后，对基于其退伙前的原因发生的有限合伙企业债务，以其退伙时从有限合伙企业中取回的财产承担责任。

（5）作为有限合伙人的自然人死亡、被依法宣告死亡或者作为有限合伙人的法人及其他组织终止时，无须经全体合伙人一致同意，其继承人或者权利承受人可以依法取得该有限合伙人在有限合伙企业中的资格。

（六）合伙人身份的转换

（1）除合伙协议另有约定外，普通合伙人转变为有限合伙人，或者有限合伙人转变为普通合伙人，应当经全体合伙人一致同意。

（2）有限合伙人转变为普通合伙人的，对其作为有限合伙人期间有限合伙企业发生的债务承担无限连带责任。

（3）普通合伙人转变为有限合伙人的，对其作为普通合伙人期间合伙企业发生的债务承担无限连带责任。

资料卡 2.3

有限合伙企业与普通合伙企业的区别①

	区别点	普通合伙企业	有限合伙企业
1	合伙人性质	均为普通合伙人	至少有 1 名为普通合伙人
2	合伙人人数	2 人以上	2~50 人
3	出资形式	各种形式的出资均可	不能以劳务出资
4	名称字样	必须标明“普通合伙”字样	必须标明“有限合伙”字样
5	合伙人责任	均承担无限连带责任	有限合伙人承担有限责任
6	企业事务执行	全体合伙人享有同等的权利，共同执行合伙事务	由普通合伙人执行，有限合伙人不能执行
7	企业利润分配	不得分配给部分合伙人	原则上不得将全部利润分配给部分合伙人，若另有约定的遵从约定
8	合伙人行为约束	禁止同本企业竞争、交易和将企业中的财产份额出质	可以同本企业竞争、交易和将企业中的财产份额出质，若另有约定的遵从约定
9	财产份额转让	对内转让须通知其他合伙人，对外转让应得到全体合伙人的一致同意	依照约定转让，不必经全体合伙人一致同意，但对外转让应当提前 30 日通知其他合伙人
10	入伙	对入伙前的企业债务承担无限连带责任	有限合伙人对入伙前的债务以出资额为限承担责任
11	退伙	对退伙前的企业债务承担无限连带责任	有限合伙人对退伙前的企业债务以其退伙时从企业中取回的财产承担责任
12	合伙人死亡或终止	继承人当然取得财产份额，但合伙人资格须得到全体合伙人的一致同意	有限合伙人的继承人可以取得财产份额和合伙人资格，没有限制

资料卡 2.4

世界各国对有限合伙的规定②

在美国，有限合伙是一种较为广泛采纳的营业组织形式，其概念首先见于 1822 年纽约州的一个法律。一般而言，凡普通合伙可以从事的营业，有限合伙都可以从事，除非成文法有明确规定。1916 年美国统一州法委员会通过了《统一有限合伙法》，现已为大多数州采纳。在一般法律规定上，有限合伙企业包括：有限合伙的名称、性质、地址、合伙人姓名及住所地、合伙人责任、合伙存续条件、资金额、利润分配方法等应由合伙人宣誓确认；同时，有限合伙人的出资必须是现款和财产，不得以劳务为出资；有限合伙人不参与有限合伙企业的经营管理，只是按照出资额分享利润，承担亏损。在美国，有限合伙的合伙人不局限于自然人，承担有限责任的公司大陆法系概念中的“法人”也可以参与合伙。

---

① 资料来源：刘大洪. 经济法［M］. 北京：机械工业出版社，2013：54.

② 资料来源：http://www.maxlaw.cn/z/20170221/864040831799.shtml.

英国于1907年专门制订了《有限合伙法》，从而在法律上确立了有限合伙这一企业法律形式。其有限合伙人是指不参加合伙业务经营管理，只对自己出资部分负有限责任的合伙人，其对合伙企业的债务，仅以出资额为限负有限责任。为了巩固有限合伙的基础，英国《有限合伙法》特别重视注册登记的作用，并强调贸易部对有限合伙的管制。英国的有限合伙人不受竞业禁止义务的限制，其名称不得列入商号，有限合伙人的死亡、破产也不影响有限合伙企业的存在。其余的规定，大体同于美国，而对于法人是否能成为合伙人，法律似乎并未明显规定。

在大陆法系的法国，其有限合伙企业是以两合公司的形式出现的，法律赋予这种企业组织形式以法人资格。《法国商事公司法》第二十三条规定："简单两合公司的无限责任股东具有合股公司股东的地位。有限责任股东只以其出资额为限对公司债务承担责任。有限责任股东不得以技艺出资。"《法国商事公司法》第二十八条规定："有限责任股东不得从事任何对外的经营活动，即使根据一项委托，也不得从事此类活动。"

《德国商法典》第二章第一百六十一条也规定了两合公司的概念，即指具有以共同的商号经营营业的目的，在股东中的一个或数人对公司债权人的责任限于一定的财产出资的数额（有限责任股东），而股东中其他人（无限责任股东）的责任不受限制的公司。但与法国规定不同的是，德国的两合公司不具有法人资格，其本质上就是有限合伙。在"法律交往中，它作为一个商事经营企业，可以享有很大的法律上的独立性，可以在自己的商号下独立享有权利、承担义务，可以独立参与法律诉讼活动"，其债务清偿仍是分为有限股东债务之清偿和无限股东债务之清偿，只有无限股东才承担债务清偿之无限责任。

《日本商法》第三章第一百四十六条至一百六十四条中也规定了两合公司，其要求公司章程中记明股东所负的责任（第一百四十九条），同样规定"有限责任股东只能以金钱或其他财产作为其出资标的"（第一百五十条）且"有限责任股东不得执行公司业务或代表公司"。又有将日本商法上的"两合公司"译作"合资公司"的，"'合资公司'是由无限责任社员和有限责任社员组成的公司，即在无限责任社员经营的事业中，有限责任社员提供资本，并参与该事业产生的利益分配这样一种企业形态。各社员的责任是有限还是无限，必须在章程中记载并登记。"在日本，合名公司（无限公司）和合资公司由于重视社员的个性，而被称为人合公司；股份公司和有限责任公司相反，它们以财产为中心，因此被称为物合公司。"日本法律虽然把所有的公司都作为法人，但也有的国家把人合公司不看作法人。"可见，在日本，两合公司（合资公司）是有法人资格的。

三、合伙企业解散、清算

（一）合伙企业解散

根据《合伙企业法》第八十五条规定，企业有下列情形之一的，应当解散：①合伙期限届满，合伙人决定不再经营；②合伙协议约定的解散事由出现；③全体合伙人决定解散；④合伙人已不具备法定人数满30天；⑤合伙协议约定的合伙目的已经实现或者无法实现；⑥依法被吊销营业执照、责令关闭或者被撤销；⑦法律、行政法规规定的其他原因。

（二）合伙企业的清算

1. 清算人组成

合伙企业解散，应当由清算人进行清算。清算人由全体合伙人担任；经全体合伙人过半数同意，可以自合伙企业解散事由出现后15日内指定一个或者数个合伙人，或者委托第三人，担任清算人。自合伙企业解散事由出现之日起15日内未确定清算人的，合伙人或者其他利害关系人可以申请人民法院指定清算人。

清算人自被确定之日起10日内将合伙企业解散事项通知债权人，并于60日内在报纸上公告。债权人应当自接到通知书之日起30日内，未接到通知书的自公告之日起45日内，向清算人申报债权。债权人申报债权，应当说明债权的有关事项，并提供证明材料。清算人应当对债权进行登记。清算期间，合伙企业存续，但不得开展与清算无关的经营活动。

2. 清算人的执行事务

根据《合伙企业法》第八十七条规定，清算人在清算期间执行下列事务：①清理合伙企业财产，分别编制资产负债表和财产清单；②处理与清算有关的合伙企业未了结事务；③清缴所欠税款；④清理债权、债务；⑤处理合伙企业清偿债务后的剩余财产；⑥代表合伙企业参加诉讼或者仲裁活动。

3. 清算顺利

合伙企业财产在支付清算费用后，按下列顺序清偿：①合伙企业所欠职工工资、社会保险费用、法定补偿金；②合伙企业所欠税款；③合伙企业的债务。合伙企业财产按上述顺序清偿后仍有剩余的，按照合伙人约定或法律规定的各合伙人的利润分配比例分配。

清算结束，清算人应当编制清算报告，经全体合伙人签名、盖章后，在15日内向企业登记机关报送清算报告，申请办理合伙企业注销登记。合伙企业注销后，原普通合伙人对合伙企业存续期间的债务仍应承担无限连带责任。

需要指出的是，合伙企业不能清偿到期债务的，债权人可以依法向人民法院提出破产清算申请，也可以要求普通合伙人清偿。合伙企业依法被宣告破产的，普通合伙人对合伙企业债务仍应承担无限连带责任。

案例2.1

合伙人被强制除名案①

案情：某年，孙某弟兄俩各出资5万元，万某出资10万元合伙开办了一食品超市，商议具体业务由孙某弟兄俩负责。经营1年多后，该超市赢利10万元，按照当时的合伙协议，万某分得了5万元的红利，孙某弟兄俩则一人分得2.5万元。弟兄俩见该超市利润丰厚，便以"万某不会经营"为借口，将万某的资金从超市退出，退给万某，并强制将万某从该超市除名，不让万某到超市上班。

万某多次找孙某弟兄俩质问，均无结果。于是他决定到法院起诉孙某弟兄俩，可孙某弟兄俩却认为，合伙企业是三人自己的事，万某到法院起诉，是瞎子点灯白费蜡。他们说的对吗？法院能受理此案吗？

---

① 资料来源：http://china.findlaw.cn/gongsifalv/hehuojiameng/grhhqy/47756.html.

评析：《合伙企业法》第四十九条规定："合伙人有下列情形之一的，经其他合伙人一致同意，可以决议将其除名：①未履行出资义务；②因故意或者重大过失给合伙企业造成损失；③执行合伙企业事务时有不正当行为；④合伙协议约定的其他事由。对合伙人的除名决议应当书面通知被除名人。被除名人自接到除名通知之日起，除名生效，被除名人退伙。被除名人对除名决议有异议的，可以在接到除名通知之日起30日内，向人民法院起诉。"

从本案看，万某被孙某弟兄俩除名，显然违反了上述规定的情形，其理由：一是万某并没有出现上述规定被除名的行为；二是孙某弟兄俩将万某除名，没有用书面形式通知万某；三是孙某弟兄俩见合伙超市利润可观，就以万某不会经营为借口，将万某的资金退出，并强制将万某除名，并不让其到超市上班，引起万某不服。因此，万某完全可以依法向人民法院提起诉讼，请求人民法院确认该除名无效，以保护自己的合法权益。

第三节　个人独资企业法

一、概述

（一）个人独资企业的概念和特征

1. 个人独资企业的概念

个人独资企业，是指依法在中国境内设立，由一个自然人投资，财产为投资人个人所有，投资人以其个人财产对企业债务承担无限责任的经营实体。

2. 个人独资企业的特征

个人独资企业的判断标准在各国大致相同。基本上也都不承认其具有法人资格，对企业债务应承担无限责任。在我国，个人独资企业具有以下基本特征：

（1）个人独资企业是由一个自然人出资设立的企业。在我国，个人独资企业的投资人还应是具有中国国籍的自然人。

（2）个人独资企业不具有法人资格。个人独资企业即使具有一定的规模，有内部组织机构，也只是非法人组织。这是个人独资企业区别于一人公司的显著特征。

（3）个人独资企业的投资者对企业债务承担无限责任。投资者以个人财产出资的，以投资者个人的财产对企业债务承担无限责任。需要注意的是，投资者若以其家庭共有财产作为个人出资的，应当依法以家庭共有财产对企业债务承担无限责任。

（4）个人独资企业是一种个人所有的企业。个人独资企业的财产为投资者一人所有，投资者对企业的财产享有完全的所有权，其有关权利可以依法进行转让或继承。

3. 与个体工商户的区别

个人独资企业与个体工商户的相同之处是两者的投资人数均为一人，投入的财产及由此所产生的收益均归投资者个人所有，均承担无限责任。

两者的区别也是明显的，具体体现为：

（1）成立的法律依据不同。前者是依据《中华人民共和国个人独资企业法》成立和规范运行的，后者是依据《城乡个体工商户管理暂行条例》成立和规范运行的。

（2）成立的条件不同。前者必须具有合法的企业名称，具有固定的生产经营场所和必要的生产经营条件及从业人员。而后者是否采用字号名称，完全由经营者自行决定，法律、法规无特别要求。对经营场所和从业人员也无前述限制，从事客货运输、贩运以及摆摊设点、流动服务的个体工商户无须固定的经营场所。

（3）享有的权利不同。前者享有企业名称专用权，可以设立分支机构，可以自行管理企业事务，也可以委托或者聘用其他具有民事行为能力的人负责企业事务的管理。而后者的字号名称一般不能转让，也不能设立分支机构，投资人必须亲自从事经营活动。

另外，两者在缴纳税费、清算程序、承担民事责任的时效期间等方面均有不同。

（二）个人独资企业的立法

为了规范个人独资企业的行为，保护个人独资企业投资人和债权人的合法权益，维护社会经济秩序，促进社会主义市场经济的发展，第九届全国人大第十一次会议于1999年8月30日通过了《中华人民共和国个人独资企业法》（以下简称《个人独资企业法》），并于2000年1月1日起施行。

二、个人独资企业的设立

（一）个人独资企业的设立条件

根据《个人独资企业法》的规定，设立个人独资企业应当具备下列5个条件：

1. 投资人为一个自然人

在我国，个人独资企业的投资人只能是具有完全民事行为能力的中国公民，并且法律、行政法规禁止从事营利性活动的人，不得作为投资人申请设立个人独资企业。根据我国有关法律、行政法规规定，国家公务员、党政机关领导干部、警官、法官、检察官、商业银行工作人员等人员，不得作为投资人申请设立个人独资企业。

2. 有合法的企业名称

个人独资企业的名称中不得使用“有限”“有限责任”或者“股份有限”等字样。

3. 有投资人申报的出资

《个人独资企业法》对设立个人独资企业的出资没有数额限制。设立个人独资企业可以用货币出资，也可以用实物、土地使用权、知识产权或者其他财产权利出资。若以家庭共有财产作为个人出资的，应当在设立申请中予以注明。

4. 有固定的生产经营场所和必要的生产经营条件

个人独资企业以其主要办事机构所在地为住所。

5. 有必要的从业人员

个人独资企业要有必要的从业人员。

（二）个人独资企业的设立程序

1. 申请

申请设立个人独资企业，投资人或者其委托的代理人应该向个人独资企业所在地的登记机关提交设立申请书、投资人身份证明、生产经营场所使用证明等文件。委托代理人申请设立登记时，应当出具投资人的委托书和代理人的合法证明。

个人独资企业设立申请书应当载明：企业的名称和住所、投资人的姓名和居所、投资人的出资额和出资方式、经营范围。个人独资企业从事法律、行政法规规定须报经有关部门审批的业务，应当在申请设立登记时提交有关部门的批准文件。

2. 工商登记

登记机关应当在收到设立申请文件之日起15日内，对符合条件的，予以登记，发给营业执照；对不符合条件的，不予登记，并应当给予书面答复，说明理由。个人独资企业设立分支机构，应当由投资人或者其委托的代理人向分支机构所在地的登记机关申请登记，领取营业执照。分支机构经核准登记后，应将登记情况报该分支机构隶属的个人独资企业的登记机关备案。分支机构的民事责任由设立该分支机构的个人独资企业承担。

个人独资企业的营业执照的签发日期，为个人独资企业的成立日期。在领取个人独资企业营业执照前，投资人不得以个人独资企业名义从事经营活动。个人独资企业存续期间登记事项发生变更的，应当在做出变更决定之日起的15日内依法向登记机关申请办理变更登记。

三、个人独资企业的事务管理

个人独资企业在管理上采取灵活的方式，既可自行管理，也可以委托或者聘用其他具有民事行为能力的人管理。

1. 投资人自行管理

个人独资企业投资人可以自行管理企业事务。

2. 委托或者聘用他人管理

投资人委托或者聘用他人管理个人独资企业事务，应当与受托人或者被聘用的人签订书面合同，明确委托的具体内容和授予的权利范围。投资人对受托人或者被聘用的人员职权的限制，不得对抗善意的第三人。

受托人或者被聘用的人员应当履行诚信、勤勉义务，按照与投资人签订的合同负责个人独资企业的事务管理。投资人委托或者聘用的人员管理个人独资企业事物时违反双方订立的合同，给投资人造成损害的，承担民事赔偿责任。

为充分保护投资人的合法权益，《个人独资企业法》第二十条规定：投资人委托或者聘用的管理个人独资企业事务的人员不得有下列行为：①利用职务上的便利，索取或者收受贿赂；②利用职务或者工作上的便利侵占企业财产；③挪用企业的资金归个人使用或者借贷给他人；④擅自将企业资金以个人名义或者以他人名义开立账户储存；⑤擅自以企业财产提供担保；⑥未经投资人同意，从事与本企业相竞争的业务；⑦未经投资人同意，同本企业订立合同或者进行交易；⑧未经投资人同意，擅自将企业商标或者其他知识产权转让给他人使用；⑨泄露本企业的商业秘密；⑩法律、行政法规禁止的其他行为。

温故知新

某个人独资企业的投资人甲聘用乙作为企业经理，下列所述乙的行为中为法律所禁止的是（　　）。

A. 乙将企业的20万元资金借给自己的同学丙

B. 某日，甲外出，甲的好友丁来求助该企业为其贷款提供担保，乙认为丁是甲的好友，未向甲请示就以企业财产为刘某提供了担保

C. 乙认为企业获取的一项专利一直未能实施给企业造成了损失，遂说服甲同意将其转让给戊，后来戊实施该专利，获利颇丰

D. 乙将企业资金 20 万元用于个人炒股，在股市上获利后，立即归还给企业

【参考答案】：ABD

四、个人独资企业的权利、义务

（一）个人独资企业的权利

（1）个人独资企业可以依法申请贷款、取得土地使用权，并享有法律、行政法规规定的其他权利。

（2）任何单位和个人不得违反法律、行政法规的规定，以任何方式强制个人独资企业提供财力、物力、人力；对违法强制提供财力、物力、人力的行为，个人独资企业有权拒绝。

（二）个人独资企业的义务

（1）个人独资企业应当依法设置会计账簿，进行会计核算。

（2）个人独资企业职工依法建立工会，工会依法开展活动。

（3）个人独资企业招用职工的，应当依法与职工签订劳动合同，保障职工的劳动安全，按时、足额发放职工工资。个人独资企业应当按照国家规定参加社会保险，为职工缴纳社会保险费。

个人独资企业违反法律规定，侵犯职工合法权益，未保障职工劳动安全，不缴纳社会保险费用的，按照有关法律、行政法规予以处罚，并追究有关责任人员的责任。

五、个人独资企业的解散和清算

（一）解散

根据《个人独资企业法》第二十六条规定，个人独资企业有下列情形之一时，应当解散：①投资人决定解散；②投资人死亡或者被宣告死亡，无继承人或者继承人决定放弃继承；③被依法吊销营业执照；④法律、行政法规规定的其他情形。

（二）清算

个人独资企业解散，由投资人自行清算或者由债权人申请人民法院指定清算人进行清算。投资人自行清算的，应当在清算前 15 日内书面通知债权人，无法通知的，应当予以公告。债权人应当在接到通知之日起 30 日内，未接到通知的应当在公告之日起 60 日内，向投资人申报其债权。

个人独资企业解散后，原投资人对个人独资企业存续期间的债务仍应承担偿还责任，但债权人在 5 年内未向债务人提出清偿请求的，该责任消灭。该期间为除斥期间。

个人独资企业解散的，财产应当按照下列顺序清偿：①所欠职工工资和社会保险费用；②所欠税款；③其他债务。

清算期间，个人独资企业不得开展与清算目的无关的经营活动。在清偿债务前，投资人不得转移、隐匿财产。个人独资企业财产不足以清偿债务的，投资人应当以其个人的其他财产予以清偿。

个人独资企业清算结束后，投资人或者人民法院指定的清算人应当编制清算报告，并于 15 日内到登记机关办理注销登记。

本章思考

1. 理解下列重要术语：

法人　企业　合伙企业　个人独资企业　合伙人的竞业禁止义务

2. 简述合伙企业的设立条件。
3. 简述有限合伙企业与普通合伙企业在责任承担上的区别。
4. 简述个人独资企业的设立条件。
5. 比较个人独资企业与个体工商户的异同。
6. 比较合伙企业与个人独资企业在责任承担上的异同。

第三章 外商投资法

■本章要点

1. 外商投资的含义
2. 我国外商投资的立法现状
3. 外商投资促进的基本原则
4. 外商投资保护的基本规则
5. 外商投资管理的基本规则

第一节 概述

一、外商投资的含义

外商投资，是指外国的自然人、企业或者其他组织（以下称“外国投资者”）直接或者间接在中国境内进行的投资活动，包括下列情形：①外国投资者单独或者与其他投资者共同在中国境内设立外商投资企业；②外国投资者取得中国境内企业的股份、股权、财产份额或者其他类似权益；③外国投资者单独或者与其他投资者共同在中国境内投资新建项目；④法律、行政法规或者国务院规定的其他方式的投资。这里的其他投资者包括中国自然人。

二、外商投资企业法概念

外商投资企业，是指全部或者部分由外国投资者投资，依照中国法律在中国境内经登记注册设立的企业。

外商投资企业法是调整外商投资企业在设立、终止、延长及其生产经营活动过程中所发生的各种经济关系的法律规范的总称。根据我国宪法和相关法律的规定，中国投资者包括中国的企业或者其他经济组织，外国投资者包括外国的企业、其他经济组织和个人。

三、外商投资的立法

自改革开放以来，我国有关外商投资的立法经历了一系列历史性变更，逐步形成了一个具有中国特色的外商投资法律体系。

1979 年 7 月 1 日，第五届全国人民代表大会第二次会议通过了《中华人民共和国中外合资经营企业法》，我国自此有了第一部外商投资企业法律。1986 年 4 月 12 日，第六届全国人民代表大会第四次会议通过了《中华人民共和国外资企业法》。1988 年 4 月 13 日，第七届全国人民代表大会第一次会议通过了《中华人民共和国中外合作经营企业法》。这三部外商投资企业法成为当时规范我国外商投资企业活动的支柱法律，常被统称为“外资三法”。

2019 年 3 月 15 日，第十三届全国人大第二次会议表决通过了《中华人民共和国外商投资法》（以下简称《外商投资法》），该法自 2020 年 1 月 1 日起施行，之前实施的“外资三法”被同时废止。《外商投资法》的颁布意味着统一的外商投资基本法终于问世，它重构了我国外资企业的基础性法律。

外商投资法施行前依照“外资三法”设立的外商投资企业，在外商投资法施行后 5 年内，可以依照《中华人民共和国公司法》《中华人民共和国合伙企业法》等法律的规定调整其组织形式、组织机构等，并依法办理变更登记，也可以继续保留原企业组织形式、组织机构等。自 2025 年 1 月 1 日起，对未依法调整组织形式、组织机构等并办理变更登记的现有外商投资企业，市场监督管理部门不予办理其申请的其他登记事项，并将相关情形予以公示。

资料卡 3.1

《外商投资法》的立法特色与创新①

相较于“外资三法”，《外商投资法》的特色与创新主要体现在以下四个方面：

1. 从企业组织法转型为投资行为法

“外资三法”出台时的历史背景和立法理念决定了其基本上是企业组织法，主要规制外商投资企业的组织形式和设立变更。这一方面导致外资三法的相关规定与后来制定的《公司法》《合伙企业法》等一般性企业组织法存在大量重复和局部冲突（例如《中外合资经营企业法》规定合营企业不设股东会，董事会为最高权力机构），另一方面则使得“外资三法”难以专注于处理与外商投资行为直接相关的特色性问题。

《外商投资法》以投资行为为着眼点和依归。《外商投资法》第三十一条明确规定：“外商投资企业的组织形式、组织机构及其从企业组织法转型为投资行为法活动准则，适用《中华人民共和国公司法》《中华人民共和国合伙企业法》等法律的规定。”换言之，《外商投资法》将外商投资所涉及的企业组织形式方面的内容交由上述法律制度去统一调整和规范，自身则集中于与外商投资行为直接相关的特色性内容，包括外资界定、外资准入、外资保护、外资审查等。这符合国际通行的立法模式。

进而言之，这一转变还意味着主管部门不再对外商投资企业进行有别于内资企业

---

① 资料来源：廖凡.《外商投资法》的四个特色和创新［N］. 经济参考报，2019-03-20.

的概括式管理，而是以内外资企业相同对待为原则，外商投资企业在企业组织和运营方面同内资企业一样贯彻公司自治、企业自治，淡化行政审批色彩，在企业设立、股权转让、变更终止等方面赋予中外经营者更多契约自由和更大的自主权。与此同时，《外商投资法》设置了5年的过渡期，具体实施办法由国务院另行规定。这有助于保持制度的稳定性和连续性，保护投资者的合理预期。

2. 强调对外商投资的促进与保护

与“外资三法”侧重于管理不同，《外商投资法》更为强调对外商投资的促进与保护。一方面，从法律条款数量上看，关于投资促进和投资保护的条款数量远远超过投资管理部分。另一方面，《外商投资法》的一些具体规定，也体现出较以往更强的保护力度和更高的保护水平。例如，第二十六条规定：“国家对外国投资者的投资不实行征收。在特殊情况下，国家为了公共利益的需要，可以依照法律规定对外国投资者的投资实行征收或者征用。征收、征用应当依照法定程序进行，并及时给予公平、合理的补偿。”第二十七条规定“外商投资企业可以依法成立和自愿参加商会、协会”等，都充分彰显了《外商投资法》促进和保护外商投资的力度和决心。

3. 全面落实国民待遇原则

在“外资三法”时代的大多数时期，外商投资和外国投资者所享有的国民待遇仅限于准入后。就市场准入本身而言，外国投资者并不享有国民待遇，而是同中国投资者区别对待的，在中国投资就要经过专门的申请和审批程序，亦即所谓“外商投资审批”。从2013年起，我国在上海自由贸易试验区试行“准入前国民待遇加负面清单”的投资准入管理模式，自投资准入阶段起就给予外国投资者国民待遇。2018年6月，我国推出了全国版外商投资负面清单，将自贸试验区的成功经验正式推广到全国。

在此基础上，《外商投资法》以法律形式进一步加以确认。第四条明确规定：“国家对外商投资实行准入前国民待遇加负面清单管理制度。前款所称准入前国民待遇，是指在投资准入阶段给予外国投资者及其投资不低于本国投资者及其投资的待遇；所称负面清单，是指国家规定在特定领域对外商投资实施的准入特别管理措施。国家对负面清单之外的外商投资，给予国民待遇。”至此，我国正式实现了与国际通行的外商投资准入管理模式的接轨。

《外商投资法》还通过多个条款确保和强化准入后国民待遇，落实内外资一视同仁的基本原则。例如，第九条规定“外商投资企业依法平等适用国家支持企业发展的各项政策”等。

4. 更加周延地覆盖外商投资实践

“外资三法”仅涉及新设投资亦即设立外商投资企业这种外商投资形式，对跨国并购未予规定，对通过协议控制等方式进行的间接投资也未涉及。实践中，主要通过其他部门规章和司法解释的方式，对相关实践予以规范。此外，对反垄断审查、国家安全审查等涉及外商投资行为的特色性问题，外资三法也未予涉及，从而不能在立法层面周延地覆盖外商投资实践。

《外商投资法》将现在已有和将来可能的各种外商投资形式都涵盖在内，实现了立法的周延覆盖。同时，第三十三条规定外国投资者并购中国境内企业或者以其他方式参与经营者集中的，应当依照我国反垄断法的规定接受经营者集中审查；第三十五条规定国家建立外商投资安全审查制度，对影响或者可能影响国家安全的外商投资进行安全审查。这就在立法层面实现了与反垄断审查和国家安全审查制度的衔接，对外商投资实践予以更加周延的覆盖。

第二节　外商投资法基本法律制度

一、外商投资的基本原则

外商投资法的制定是为了进一步扩大对外开放，积极促进外商投资，保护外商投资合法权益，规范外商投资管理，推动形成全面开放新格局，促进社会主义市场经济健康发展。

1. 坚持对外开放的基本国策，鼓励外国投资者依法投资

国家实行高水平投资自由化便利化政策，建立和完善外商投资促进机制，营造稳定、透明、可预期和公平竞争的市场环境。

2. 实行准入前国民待遇加负面清单管理制度

这里所称准入前国民待遇，是指在投资准入阶段给予外国投资者及其投资不低于本国投资者及其投资的待遇；所称负面清单，是指国家规定在特定领域对外商投资实施的准入特别管理措施。国家对负面清单之外的外商投资，给予国民待遇。准入负面清单由国务院投资主管部门会同国务院商务主管部门等有关部门提出，报国务院发布或者报国务院批准后由国务院投资主管部门、商务主管部门发布。国家根据进一步扩大对外开放和经济社会发展需要，适时调整负面清单。中华人民共和国缔结或者参加的国际条约、协定对外国投资者准入待遇有更优惠规定的，可以按照相关规定执行。

温故知新

《外商投资法》规定，国家对外商投资实行准入前国民待遇加负面清单管理制度。下列各项中有权发布负面清单的是（　　）。

A. 国务院及其所属部委

B. 国务院办公厅

C. 国务院

D. 中共中央办公厅

【参考答案】：A

3. 依法保护外国投资者在中国境内的投资、收益和其他合法权益

在中国境内进行投资活动的外国投资者、外商投资企业，应当遵守中国法律法规，不得危害中国国家安全、损害社会公共利益。

二、外商投资的行政主管

国务院商务主管部门、投资主管部门按照职责分工，开展外商投资促进、保护和管理工作；国务院其他有关部门在各自职责范围内，负责外商投资促进、保护和管理的相关工作。以上部门应按照职责分工，密切配合、相互协作，共同做好外商投资促进、保护和管理工作。

县级以上地方人民政府应当加强对外商投资促进、保护和管理工作的组织领导，支持、督促有关部门依照法律法规和职责分工开展外商投资促进、保护和管理工作，

及时协调、解决外商投资促进、保护和管理工作中的重大问题。

三、外商投资的促进

1. 平等适用国家支持企业发展的各项政策

一方面，政府及其有关部门在政府资金安排、土地供应、税费减免、资质许可、标准制定、项目申报、人力资源政策等方面，应当依法平等对待外商投资企业和内资企业。另一方面，对政策实施中需要由企业申请办理的事项，政府及其有关部门应当公开申请办理的条件、流程、时限等，并在审核中依法平等对待外商投资企业和内资企业。

2. 采取适当方式征求外商投资企业的意见和建议

制定与外商投资有关的行政法规、规章、规范性文件，或者政府及其有关部门起草与外商投资有关的法律、地方性法规，应当根据实际情况，采取书面征求意见以及召开座谈会、论证会、听证会等多种形式，听取外商投资企业和有关商会、协会等方面的意见和建议；对反映集中或者涉及外商投资企业重大权利义务问题的意见和建议，应当通过适当方式反馈采纳的情况。

3. 及时公布与外商投资有关的规范性文件、裁判文书

与外商投资有关的规范性文件应当依法及时公布，未经公布的不得作为行政管理依据。与外商投资企业生产经营活动密切相关的规范性文件，应当结合实际，合理确定公布到施行之间的时间。

4. 建立健全外商投资服务体系

各级人民政府应当按照政府主导、多方参与的原则，建立健全外商投资服务体系，不断提升外商投资服务能力和水平。政府及其有关部门应当通过政府网站、全国一体化在线政务服务平台集中列明有关外商投资的法律、法规、规章、规范性文件、政策措施和投资项目信息，并通过多种途径和方式加强宣传、解读，为外国投资者和外商投资企业提供法律法规、政策措施、投资项目信息等方面的咨询、指导等服务。

5. 加强投资领域的国际交流与合作

国家与其他国家和地区、国际组织建立双边、多边投资促进合作机制，从而加强国际交流与合作。

6. 实行外商投资试验性政策措施

国家根据需要，设立特殊经济区域，或者在部分地区实行外商投资试验性政策措施，促进外商投资，扩大对外开放。这里的特殊经济区域，是指经国家批准设立、实行更大力度的对外开放政策措施的特定区域。国家在部分地区实行的外商投资试验性政策措施，经实践证明可行的，根据实际情况在其他地区或者全国范围内推广。

7. 鼓励和引导外国投资者在特定行业、领域、地区投资并享受优惠待遇

国家根据国民经济和社会发展需要，制定鼓励外商投资产业目录，列明鼓励和引导外国投资者投资的特定行业、领域、地区。鼓励外商投资产业目录由国务院投资主管部门会同国务院商务主管部门等有关部门拟订，报国务院批准后由国务院投资主管部门、商务主管部门发布。

外国投资者、外商投资企业可以依照法律、行政法规或者国务院的规定，享受财政、税收、金融、用地等方面的优惠待遇。外国投资者以其在中国境内的投资收益在

中国境内扩大投资的，依法享受相应的优惠待遇。

8. 保障平等参与标准制定工作，强化标准制定的信息公开和社会监督

外商投资企业依法和内资企业平等参与国家标准、行业标准、地方标准和团体标准的制定、修订工作。外商投资企业可以根据需要自行制定或者与其他企业联合制定企业标准。外商投资企业可以向标准化行政主管部门和有关行政主管部门提出标准的立项建议，在标准立项、起草、技术审查以及标准实施信息反馈、评估等过程中提出意见和建议，并按照规定承担标准起草、技术审查的相关工作以及标准的外文翻译工作。标准化行政主管部门和有关行政主管部门应当建立健全相关工作机制，提高标准制定、修订的透明度，推进标准制定、修订全过程信息公开。

国家制定的强制性标准对外商投资企业和内资企业平等适用，不得专门针对外商投资企业适用高于强制性标准的技术要求。

9. 保障依法通过公平竞争参与政府采购活动

政府采购依法对外商投资企业在中国境内生产的产品、提供的服务平等对待。政府及其有关部门不得阻挠和限制外商投资企业自由进入本地区和本行业的政府采购市场。

政府采购的采购人、采购代理机构不得在政府采购信息发布、供应商条件确定和资格审查、评标标准等方面，对外商投资企业实行差别待遇或者歧视待遇，不得以所有制形式、组织形式、股权结构、投资者国别、产品或者服务品牌以及其他不合理的条件对供应商予以限定，不得对外商投资企业在中国境内生产的产品、提供的服务和内资企业区别对待。

外商投资企业可以依照《中华人民共和国政府采购法》及其实施条例的规定，就政府采购活动事项向采购人、采购代理机构提出询问、质疑，向政府采购监督管理部门投诉。采购人、采购代理机构、政府采购监督管理部门应当在规定的时限内做出答复或者处理决定。

政府采购监督管理部门和其他有关部门应当加强对政府采购活动的监督检查，依法纠正和查处对外商投资企业实行差别待遇或者歧视待遇等违法违规行为。

10. 允许通过合法方式进行融资

外商投资企业可以依法在中国境内或者境外通过公开发行股票、公司债券等证券，以及公开或者非公开发行其他融资工具、借用外债等方式进行融资。

11. 地方政府可以制定外商投资促进和便利化政策措施

县级以上地方人民政府可以根据法律、行政法规、地方性法规的规定，在法定权限内制定费用减免、用地指标保障、公共服务提供等方面的外商投资促进和便利化政策措施。

县级以上地方人民政府制定外商投资促进和便利化政策措施，应当以推动高质量发展为导向，这有利于提高经济效益、社会效益、生态效益，也有利于持续优化外商投资环境。

12. 进一步提高外商投资服务水平

各级人民政府及其有关部门应当按照便利、高效、透明的原则，简化办事程序，提高办事效率，优化政务服务，进一步提高外商投资服务水平。

有关主管部门应当编制和公布外商投资指引，为外国投资者和外商投资企业提供

服务和便利。外商投资指引应当包括投资环境介绍、外商投资办事指南、投资项目信息以及相关数据信息等内容，并及时更新。

四、外商投资的保护

1. 原则上不征收对外国投资者的投资

在特殊情况下，国家为了公共利益的需要，可以依照法律规定对外国投资者的投资实行征收或者征用。征收、征用应当依照法定程序、以非歧视性的方式进行，并按照被征收投资的市场价值及时给予公平、合理的补偿。外国投资者对征收决定不服的，可以依法申请行政复议或者提起行政诉讼。

2. 保护相关所得自由汇入、汇出

外国投资者在中国境内的出资、利润、资本收益、资产处置所得、知识产权许可使用费、依法获得的补偿或者赔偿、清算所得等，可以依法以人民币或者外汇自由汇入、汇出。任何单位和个人不得违法对币种、数额以及汇入、汇出的频次等进行限制。外商投资企业的外籍职工和我国香港、澳门、台湾地区职工的工资收入和其他合法收入，可以依法自由汇出。

3. 保护外国投资者和外商投资企业的知识产权

国家保护知识产权权利人和相关权利人的合法权益；对知识产权侵权行为，严格依法追究法律责任。国家鼓励在外商投资过程中基于自愿原则和商业规则开展技术合作。技术合作的条件由投资各方遵循公平原则平等协商确定。

行政机关（法律、法规授权的具有管理公共事务职能的组织）及其工作人员不得利用实施行政许可、行政检查、行政处罚、行政强制以及其他行政手段，强制或者变相强制外国投资者、外商投资企业转让技术。

国家加大对知识产权侵权行为的惩处力度，持续强化知识产权执法，推动建立知识产权快速协同保护机制，健全知识产权纠纷多元化解决机制，平等保护外国投资者和外商投资企业的知识产权。标准制定中涉及外国投资者和外商投资企业专利的，应当按照标准涉及专利的有关管理规定办理。

4. 保守商业秘密

行政机关及其工作人员对履行职责过程中知悉的外国投资者、外商投资企业的商业秘密，应当依法予以保密，不得泄露或者非法向他人提供。

行政机关依法履行职责，确需外国投资者、外商投资企业提供涉及商业秘密的材料、信息的，应当限定在履行职责所必需的范围内，并严格控制知悉范围，与履行职责无关的人员不得接触有关材料、信息。

行政机关应当建立健全内部管理制度，采取有效措施保护履行职责过程中知悉的外国投资者、外商投资企业的商业秘密；依法需要与其他行政机关共享信息的，应当对信息中含有的商业秘密进行保密处理，防止泄露。

5. 制定规范性文件的合法性审查

各级人民政府及其有关部门制定涉及外商投资的规范性文件，应当符合法律法规的规定；没有法律、行政法规依据的，不得减损外商投资企业的合法权益或者增加其义务，不得设置市场准入和退出条件，不得干预外商投资企业的正常生产经营活动。

政府及其有关部门制定涉及外商投资的规范性文件，应当按照国务院的规定进行合法性审核。外国投资者、外商投资企业认为行政行为所依据的国务院部门和地方人民政府及其部门制定的规范性文件不合法，在依法对行政行为申请行政复议或者提起行政诉讼时，可以一并请求对该规范性文件进行审查。

6. 履行政府承诺以及合法合同

地方各级人民政府及其有关部门应当履行向外国投资者、外商投资企业依法做出的政策承诺以及依法订立的各类合同，不得以行政区划调整、政府换届、机构或者职能调整以及相关责任人更替等为由违约毁约。因国家利益、社会公共利益需要改变政策承诺、合同约定的，应当依照法定权限和程序进行，并依法对外国投资者、外商投资企业因此受到的损失及时予以公平、合理的补偿。

这里所称政策承诺，是指地方各级人民政府及其有关部门在法定权限内，就外国投资者、外商投资企业在本地区投资所适用的支持政策、享受的优惠待遇和便利条件等做出的书面承诺。政策承诺的内容应当符合法律、法规规定。

7. 建立外商投资企业投诉工作机制

县级以上人民政府及其有关部门应当按照公开透明、高效便利的原则，建立健全外商投资企业投诉工作机制，及时处理外商投资企业或者其投资者反映的问题，协调完善相关政策措施。

国务院商务主管部门会同国务院有关部门建立外商投资企业投诉工作部际联席会议制度，协调、推动中央层面的外商投资企业投诉工作，对地方的外商投资企业投诉工作进行指导和监督。县级以上地方人民政府应当指定部门或者机构负责受理本地区外商投资企业或者其投资者的投诉。

国务院商务主管部门、县级以上地方人民政府指定的部门或者机构应当完善投诉工作规则、健全投诉方式、明确投诉处理时限。投诉工作规则、投诉方式、投诉处理时限应当对外公布。

外商投资企业或者其投资者认为行政机关及其工作人员的行政行为侵犯其合法权益，通过外商投资企业投诉工作机制申请协调解决的，有关方面进行协调时可以向被申请的行政机关及其工作人员了解情况，被申请的行政机关及其工作人员应当予以配合。协调结果应当以书面形式及时告知申请人。

外商投资企业或者其投资者依照前款规定申请协调解决有关问题的，不影响其依法申请行政复议、提起行政诉讼。

对外商投资企业或者其投资者通过外商投资企业投诉工作机制反映或者申请协调解决问题，任何单位和个人不得压制或者打击报复。除外商投资企业投诉工作机制外，外商投资企业或者其投资者还可以通过其他合法途径向政府及其有关部门反映问题。

8. 允许依法成立和参加商会、协会

外商投资企业可以依法成立商会、协会。除法律、法规另有规定外，外商投资企业有权自主决定参加或者退出商会、协会，任何单位和个人不得干预。

商会、协会应当依照法律法规和章程的规定，加强行业自律，及时反映行业诉求，为会员提供信息咨询、宣传培训、市场拓展、经贸交流、权益保护、纠纷处理等方面的服务。

国家支持商会、协会依照法律法规和章程的规定开展相关活动。

五、投资管理

1. 负面清单管理

外商投资准入负面清单规定禁止投资的领域，外国投资者不得投资。负面清单规定限制投资的领域，外国投资者进行投资应当符合负面清单规定的股权要求、高级管理人员要求等限制性准入特别管理措施。

有关主管部门在依法履行职责过程中，对外国投资者拟投资负面清单内领域，但不符合负面清单规定的，不予办理许可、企业登记注册等相关事项；涉及固定资产投资项目核准的，不予办理相关核准事项。

外商投资准入负面清单以外的领域，按照内外资一致的原则实施管理。

2. 行政许可管理

外国投资者在依法需要取得许可的行业、领域进行投资的，应当依法办理相关许可手续。除法律、行政法规另有规定外，负责实施许可的有关主管部门应当按照与内资一致的条件和程序，审核外国投资者的许可申请，不得在许可条件、申请材料、审核环节、审核时限等方面对外国投资者设置歧视性要求。负责实施许可的有关主管部门应当通过多种方式，优化审批服务，提高审批效率。对符合相关条件和要求的许可事项，可以按照有关规定采取告知承诺的方式办理。

3. 项目核准、备案管理

外商投资需要办理投资项目核准、备案的，按照国家有关规定执行。

4. 登记注册管理

外商投资企业的组织形式、组织机构及其活动准则，适用《中华人民共和国公司法》《中华人民共和国合伙企业法》等法律的规定。

外商投资企业的登记注册，由国务院市场监督管理部门或者其授权的地方人民政府市场监督管理部门依法办理。国务院市场监督管理部门应当公布其授权的市场监督管理部门名单。外商投资企业的注册资本可以用人民币表示，也可以用可自由兑换货币表示。

5. 生产经营管理

外商投资企业开展生产经营活动，应当遵守法律、行政法规有关劳动保护、社会保险的规定，依照法律、行政法规和国家有关规定办理税收、会计、外汇等事宜，并接受相关主管部门依法实施的监督检查。

外国投资者并购中国境内企业或者以其他方式参与经营者集中的，应当依照《中华人民共和国反垄断法》的规定接受经营者集中审查。

6. 投资信息报告管理

国家建立外商投资信息报告制度。外国投资者或者外商投资企业应当通过企业登记系统以及企业信用信息公示系统向商务主管部门报送投资信息。国务院商务主管部门、市场监督管理部门应当做好相关业务系统的对接和工作衔接，并为外国投资者或者外商投资企业报送投资信息提供指导。

外商投资信息报告的内容、范围、频次和具体流程，由国务院商务主管部门会同国务院市场监督管理部门等有关部门按照确有必要、高效便利的原则确定并公布。商务主管部门、其他有关部门应当加强信息共享，通过部门信息共享能够获得的投资信息，不得再行要求外国投资者或者外商投资企业报送。

外国投资者或者外商投资企业报送的投资信息应当真实、准确、完整。

7. 投资安全管理

国家建立外商投资安全审查制度，对影响或者可能影响国家安全的外商投资进行安全审查。依法做出的安全审查决定为最终决定。

六、法律责任

外国投资者投资外商投资准入负面清单规定禁止投资的领域的，由有关主管部门责令停止投资活动，限期处分股份、资产或者采取其他必要措施，恢复到实施投资前的状态；有违法所得的，没收违法所得。

外国投资者的投资活动违反外商投资准入负面清单规定的限制性准入特别管理措施的，由有关主管部门责令限期改正，采取必要措施满足准入特别管理措施的要求；逾期不改正的，依照前款规定处理。

外国投资者的投资活动违反外商投资准入负面清单规定的，除依照前两款规定处理外，还应当依法承担相应的法律责任。

外国投资者、外商投资企业违反本法规定，未按照外商投资信息报告制度的要求报送投资信息的，由商务主管部门责令限期改正；逾期不改正的，处十万元以上五十万元以下的罚款。

对外国投资者、外商投资企业违反法律、法规的行为，由有关部门依法查处，并按照国家有关规定纳入信用信息系统。

行政机关工作人员在外商投资促进、保护和管理工作中滥用职权、玩忽职守、徇私舞弊的，或者泄露、非法向他人提供履行职责过程中知悉的商业秘密的，依法给予处分；构成犯罪的，依法追究刑事责任。

本章思考

1. 理解下列术语：

外商投资　　准入前国民待遇　　外商投资负面清单　　政府承诺

2. 试述我国外商投资法的立法原则。

3. 试述我国外商投资法从哪些方面体现了外商投资促进的立法思想。

4. 简述我国外商投资法中外商保护的基本规则。

5. 简述我国外商投资法中外商管理的基本规则。

第四章 公司法

■本章要点

1. 公司的特征与分类
2. 有限责任公司的成立条件与组织机构
3. 一人有限责任公司的特殊规定
4. 股份有限责任公司的成立条件与组织机构
5. 公司高级管理人员的资格与义务

第一节 概述

一、公司的概念和特征

（一）公司的概念

《中华人民共和国公司法》（简称《公司法》）第三条规定："公司是企业法人，有独立的法人财产，享有法人财产权，公司以其全部财产对公司的债务承担责任。"根据以上规定，我们可以给公司作如下定义：公司是依法设立，以营利为目的，由股东投资而设立的企业法人。

（二）公司的特征

1. 合法性

公司必须依公司法或其他相关法律规定的条件和程序设立。非法设立或貌似"公司"的组织，不仅不会受到公司法的保护，相关主体还将被追究法律责任。

2. 营利性

以营利为目的，一方面是指公司的经营目的是获取利润；另一方面是指经营具有连续性，即须连续从事同一性质的经营活动，且经营范围要固定。这一特征使公司区别于不直接从事经营活动的国家行政机关及各类事业单位法人，也区别于一些看似从事一定的经济活动，但不以营利为目的的其他组织，如慈善机构。

3. 法人性

公司区别于独资企业和合伙企业的显著特征就是公司具有独立的法人资格。公司是企业法人，公司财产与公司成员的个人财产相区别，公司以自己的名义依法独立享有权利和承担义务。

4. 集合性

公司是股东以财产进行的联合。根据传统公司法，公司是社团法人的一种，一般由两个以上股东组成。各股东按照公司章程的规定，共同出资、共享利润、共担风险，具有明显的集合性。虽然《公司法》中认可了“一人公司”，但这只是公司常态的例外。

（二）公司的分类

1. 公司的学理分类

（1）依公司的信用标准不同，可将其分为：①人合公司，是指公司的设立和经营着重于股东的个人条件，以股东个人的信用、地位和声誉作为对外活动基础的公司。无限公司是典型的人合公司。②资合公司，是指公司的设立和经营着重于公司的资本数额，以股东的出资为信用基础的公司。股份有限公司为典型的资合公司。③人合兼资合公司，是指公司的设立和经营兼具人的信用和资本信用两方面特征。两合公司与股份两合公司是典型的人合兼资合公司。

（2）依公司的组织系统不同，可将其分为：①母公司（也称控股公司），是指通过掌握其他公司的股份，从而能实际控制其经营活动的公司。②子公司（也称受控公司），是指受母公司所控制但在法律上具有独立法人资格的公司。

（3）依公司的管辖系统不同，可将其分为：①总公司（也称本公司），是指依法首先设立或与分公司同时设立，管辖公司全部组织的总机构。②分公司，是指在法律上和经济上没有独立地位，受总公司管辖的分支机构。分公司不具有法人资格。

（4）依公司国籍不同，可将其分为：①本国公司。公司国籍依特定国家的公司法规定而设立的属于该国的公司。②外国公司。公司虽设立在本国，但其国籍不属于本国，而是依他国公司法设立的属于他国的公司。我国《公司法》设专章对此做了专门规定。③多国公司（也称跨国公司、国际公司），即由母公司与设立在各国的子公司、分公司组成的，以本国为基地或中心从事国际性生产经营活动的经济组织。它在法律上并非是独立的公司，而是表现为公司之间所形成的一种特殊的联系，实质上为母、子公司与总、分公司间的法律关系。

2. 公司的法律分类

大陆法系国家将公司分为四种类型：

（1）无限公司，是指全体股东对公司债务负无限连带责任的公司。

（2）有限责任公司（也称有限公司），是指由两个以上股东出资设立、各股东仅以其出资额为限对公司债务负清偿责任，公司以全部资产对其债务承担责任的公司。

（3）股份有限公司（也称股份公司），是指由一定数量股东出资设立的，公司全部资本分为等额股份，股东以其所认购的股份额对公司债务承担有限责任，公司以其全部资产对公司债务承担责任的公司。

（4）两合公司，是指由无限责任股东与有限责任股东组成的，无限责任股东对公司债务负无限连带责任，有限责任股东对公司债务仅以其出资额为限承担有限责任的公司。

二、公司法的立法及适用范围

（一）公司法的立法

1993 年 12 月 29 日，第八届全国人大常委会通过《中华人民共和国公司法》，自 1994 年 7 月 1 日起施行。1999 年 12 月、2004 年 8 月、2005 年 10 月、2013 年 12 月、2018 年 10 月全国人大常委会对此进行了五次修订或修正，我国现行的《公司法》共 13 章 218 条[①]。

（二）公司法的适用范围

《公司法》第二条规定："本法所称公司是指依照本法在中国境内设立的有限责任公司和股份有限公司。"因此，我国《公司法》的适用范围仅包括有限责任公司和股份有限公司两类。值得一提的是，外商投资的有限责任公司和股份有限公司也可以适用《公司法》，但是有关外商投资的法律另有规定的，适用其规定。

第二节　有限责任公司

一、有限责任公司的概念

有限责任公司，是指公司股东对公司债务仅以其出资额为限承担责任，公司以其全部资产对公司债务承担责任的企业法人。

与股份有限责任公司相比较，有限责任公司不向社会募集资本，股东通常是基于信任而联合起来的，具有一定的封闭性，因此其设立程序相对简便，股东人数也相对稳定。

温故知新

公司是企业法人，有独立的财产，享有法人财产权，公司以（　　）对公司债务承担责任。

A. 股东实缴的出资额　　B. 股东认缴的出资额

C. 公司的全部资产　　D. 公司的注册资本

【参考答案】C

① 《公司法》第三次修订的力度很大，原法中只有 20 余条内容未变，但立法体系与法律结构更为合理严谨。从内容上看体现了鼓励投资、简化程序、提高效率的精神，取消了诸多不必要的国家干预的条款，废除了股份公司设立的审批制，减少了强制性规范，强化当事人意思自治，突出了公司章程的制度构建作用，为进一步完善公司治理结构，加强对股东权益的保护提供了制度保障。第四次修正则修改了 12 处，内容主要涉及三方面：一是将公司注册资本实缴登记制度改为认缴登记制；二是取消了公司注册资本最低限额制度；三是简化登记事项和登记文件。

二、有限责任公司的设立

（一）设立方式

公司的设立方式可以分为以下两种：

1. 发起设立

发起设立，也称单纯设立或共同设立，是指公司资本由发起人全部认购，不向他人招募资本的公司设立方式。无限公司、两合公司、有限公司只能采取此种方式设立，股份有限公司也可采取此种方式设立。

2. 募集设立

募集设立，也称渐次设立、复杂设立，是指公司设立时发起人只认购公司一定比例的股份，其余部分向社会公开募集或者向特定对象募集的公司设立方式。只有股份有限公司方能采取此种设立方式。

根据我国《公司法》的规定，有限责任公司采取的是发起设立方式。

（二）设立条件

1. 股东符合法定人数

我国有限责任公司由50个以下股东出资设立。《公司法》允许一个自然人股东或者一个法人股东设立有限责任公司，即一人公司。

2. 有符合公司章程规定的全体股东认缴的出资额

有限责任公司的注册资本为在公司登记机关登记的全体股东认缴的出资额。法律、行政法规以及国务院决定对有限责任公司注册资本实缴、注册资本最低限额另有规定的，从其规定。

股东可以用货币出资，也可以用实物、知识产权、土地使用权等可以用货币估价并可以依法转让的非货币财产作价出资；但是，法律、行政法规规定不得作为出资的财产除外。对作为出资的非货币财产应当评估作价，核实财产，不得高估或者低估作价。法律、行政法规对评估作价有规定的，从其规定。需要注意的是，有限责任公司成立后，如果发现作为设立公司出资的非货币财产的实际价额显著低于公司章程所定价额的，应当由交付该出资的股东补足其差额，公司设立时的其他股东承担连带责任。

温故知新

甲、乙、丙分别出资15万元、20万元和70万元成立了一家化工产品加工的有限责任公司。其中甲、乙的出资为现金，丙的出资为房产。公司成立后，产品非常畅销，所以公司打算扩大再生产，于是又吸收丁的现金出资30万元。后来由于公司经营不善，负债累累，被债权人告上法庭。法院在执行过程中查明，作为丙出资的房产价值仅为30万元。又查明，丙可供执行的个人财产有30万元。对此应当如何处理？（　　）

A. 丙以现有的30万元补足差额，不足部分等到他有其他财产可供执行时再行补足

B. 丙以现有的30万元补足差额，不足部分由甲、乙按照出资比例分担

C. 丙以现有的30万元补足差额，不足部分由甲、乙、丁承担连带责任

D. 丙以现有的30万元补足差额，不足部分由甲、乙承担连带责任

【参考答案】D

案例 4.1

公司设立人可以以劳务出资吗[①]？

案情：某年，广州市的顾某与张某约定开设一家有限责任公司，在公司设立的过程中，顾某提供了公司成立所需要的注册资本、营业场地以及办公费用。在此期间，张某为该公司的成立四处奔走，独自办理了公司成立的全部手续，购买了全部的办公用品，招聘了公司的全部工作人员。该公司于当年 10 月正式成立，名称为“广州市××物资有限责任公司”，顾某为该公司的总经理，张某为副总经理。

第二年，顾某见公司的效益很好，又在工作中与张某发生了一系列的矛盾，故不愿与张某分享利润，在张某缺席的情况下，顾某召开了公司全体员工会议，除去张某的副总经理的职务。张某认为，其在公司成立的过程中付出了劳动，应该是公司的主要股东之一，理应参加公司的分红，并且顾某在其缺席的情况下除去了张某的副总经理职务，是不合程序的，顾某的行为侵犯了他的股东权益。于是张某诉之法院，要求公司恢复其副总经理的职务，分给他应有的分红并对其进行赔偿。

评析：本案的关键是公司的出资能不能以劳务的形式进行。所谓劳务出资，是指股东以精神上、身体上的劳务抵冲出资的。一些大陆法系国家的公司法允许无限责任股东以信用和劳务作为出资。但依据我国的《公司法》规定：有限责任公司和股份有限公司的资本由现金、实物、工业产权、土地使用权等构成，劳务不能作为公司资本的组成要素，即我国的公司不能以劳务入股。在本案中，张某虽然在公司的成立过程中付出了很多的劳务，但是这些劳务不能看作出资，即张某自始都没有取得该公司股东的身份。所以张某主张要求取得分红的诉讼请求是得不到法院的支持的，张某仅能通过要求公司对其为公司付出的劳务给予合理的报酬来进行救济，而免去张某的副总经理的职务并没有侵犯其股东的权利，故不能以此为理由要求公司对其进行赔偿。法院最终驳回了张某的诉讼请求。

3. 股东共同制定公司章程

有限责任公司章程应当载明下列事项：公司名称和住所；公司经营范围；公司注册资本；股东的姓名或者名称；股东的出资方式、出资额和出资时间；公司的机构及其产生办法、职权、议事规则；公司法定代表人；股东会会议认为需要规定的其他事项。股东应当在公司章程上签名、盖章。

4. 有公司名称，建立符合有限责任公司要求的组织机构

公司名称是一个公司区别于其他公司的标记，因此具有排他性，在一定范围内，一个公司只能使用特定的经过注册的名称。在设立程序上，体现为在公司向登记机关报送登记资料前，应首先向公司登记机关申请企业名称预先核准。公司名称通常由公司注册所在地的行政区划、商号、公司所属行业或经营特点、公司的类别四部分组成。

有限责任公司，必须在公司名称中标明“有限责任公司”或者“有限公司”字样。同时，有限责任公司还应建立与法律规定相一致的组织机构，即设立股东会、董事会或执行董事、监事会或监事。

① 资料来源：http://china.findlaw.cn/gongsifalv/gongsishelifa/gsslal/17014.html.

5. 有公司住所

公司以其主要办事机构所在地为住所。

三、有限责任公司的组织机构

（一）股东会

1. 股东会的设立与地位

有限责任公司股东会由全体股东组成，是公司权力机构。除法律有特别规定外，有限责任公司必设股东会。

2. 股东会职权

根据《公司法》第三十八条规定，有限责任公司股东会行使下列职权：①决定公司的经营方针和投资计划；②选举和更换非由职工代表担任的董事、监事，决定有关董事、监事的报酬事项；③审议批准董事会的报告；④审议批准监事会或者监事的报告；⑤审议批准公司的年度财务预算方案、决算方案；⑥审议批准公司的利润分配方案和弥补亏损方案；⑦对公司增加或者减少注册资本做出决议；⑧对发行公司债券做出决议；⑨对公司合并、分立、解散、清算或者变更公司形式做出决议；⑩修改公司章程；⑪公司章程规定的其他职权。

对上述所列事项股东以书面形式一致表示同意的，可以不召开股东会会议，直接做出决定，并由全体股东在决定文件上签名、盖章。

3. 股东会会议

股东会不采取常设机构或日常办公的方式。股东会会议分为定期会议和临时会议。定期会议应当依照公司章程的规定按时召开。代表1/10以上表决权的股东，1/3以上的董事，监事会或者不设监事会的公司的监事提议召开临时会议的，应当召开临时会议。

首次股东会会议由出资最多的股东召集和主持。以后的股东会会议，公司设立董事会的，由董事会召集，董事长主持，若董事长不能或不履行职务的，由副董事长主持，若也不能，则由半数以上董事共同推举一名董事主持。有限责任公司不设董事会的，股东会会议由执行董事召集和主持；若其不能或不履行职责的，由监事会或者不设监事会的公司的监事召集和主持；若也不能，代表1/10以上表决权的股东可以自行召集和主持。

4. 股东会决策

股东会会议由股东按照出资比例行使表决权；但是，公司章程另有规定的除外。股东会的议事方式和表决程序，除《公司法》有规定的外，由公司章程规定。

股东会会议做出修改公司章程、增加或者减少注册资本的决议，以及公司合并、分立、解散或者变更公司形式的决议，必须经代表2/3以上表决权的股东通过。

（二）董事会、经理

1. 董事会的组成

有限责任公司的董事会是公司股东会的执行机构，向股东会负责。董事会成员为3~13人。股东人数较少或者规模较小的有限责任公司，可以不设董事会，而只设1名执行董事。两个以上的国有企业或者两个以上的其他国有投资主体投资设立的有限责任公司，其董事会成员中应当有公司职工代表；其他有限责任公司董事会成员中可以有公司职工代表。董事会中的职工代表由公司职工通过职工代表大会、职工大会或者其他形式民主选举产生。

2. 董事会的职权

根据《公司法》第四十六条规定，董事会行使下列职权：①召集股东会会议，并向股东会报告工作；②执行股东会的决议；③决定公司的经营计划和投资方案；④制订公司的年度财务预算方案、决算方案；⑤制订公司的利润分配方案和弥补亏损方案；⑥制订公司增加或者减少注册资本以及发行公司债券的方案；⑦制订公司合并、分立、解散或者变更公司形式的方案；⑧决定公司内部管理机构的设置；⑨决定聘任或者解聘公司经理及其报酬事项，并根据经理的提名决定聘任或者解聘公司副经理、财务负责人及其报酬事项；⑩制定公司的基本管理制度；⑪公司章程规定的其他职权。

3. 董事的任期

董事任期由公司章程规定，但每届任期不得超过 3 年。董事任期届满，连选可以连任。

4. 董事会会议

董事会会议由董事长召集和主持；董事长不能履行职务或者不履行职务的，由副董事长召集和主持；副董事长不能履行职务或者不履行职务的，由半数以上董事共同推举一名董事召集和主持。

董事会的议事方式和表决程序，除《公司法》有规定的外，由公司章程规定。董事会决议的表决，实行一人一票。

5. 经理的设立及职权

有限责任公司可以设经理，由董事会决定聘任或者解聘。经理对董事会负责，并列席董事会会议。

根据《公司法》第四十九条规定，经理行使下列职权：①主持公司的生产经营管理工作，组织实施董事会决议；②组织实施公司年度经营计划和投资方案；③拟订公司内部管理机构设置方案；④拟订公司的基本管理制度；⑤制定公司的具体规章；⑥提请聘任或者解聘公司副经理、财务负责人；⑦决定聘任或者解聘除应由董事会决定聘任或者解聘以外的负责管理人员；⑧董事会授予的其他职权。公司章程对经理职权另有规定的，从其规定。经理列席董事会会议。

（三）监事会

1. 监事会的组成

有限责任公司的监事会或监事是公司的内部监督机构，对股东负责。监事会成员不得少于 3 人。但股东人数较少或者规模较小的有限责任公司，可以只设 1~2 名监事，不设监事会。监事会应当包括股东代表和适当比例的公司职工代表，其中职工代表的比例不得低于 1/3。

监事会设主席 1 人，由全体监事过半数选举产生。监事会主席召集和主持监事会会议；监事会主席不能或不履行职务的，由半数以上监事共同推举 1 名监事召集和主持监事会会议。值得注意的是公司的董事、高级管理人员不得兼任监事。

2. 监事会的职权

根据《公司法》第五十三条规定，监事会、不设监事会的公司的监事行使下列职权：①检查公司财务；②对董事、高级管理人员执行公司职务的行为进行监督，对违反法律、行政法规、公司章程或者股东会决议的董事、高级管理人员提出罢免的建议；③当董事、高级管理人员的行为损害公司的利益时，要求董事、高级管理人员予以纠正；④提议召开临时股东会会议，在董事会不履行本法规定的召集和主持股东会会议职责时召集和主持股东会会议；⑤向股东会会议提出提案；⑥依照本法第一百五十二条的规定，对董事、高级管理人员提起诉讼；⑦公司章程规定的其他职权。

3. 监事的任期

监事的任期每届为 3 年。监事任期届满，连选可以连任。

4. 监事会会议

监事会每年度至少召开一次会议，监事可以提议召开临时监事会会议。监事会决议应当经半数以上监事通过。

四、有限责任公司的股权转让

（一）股权转让的程序、优先购买权

有限责任公司的股东之间可以相互转让其全部或者部分股权。股东向股东以外的人转让股权，应当经其他股东过半数同意。股东应就其股权转让事项书面通知其他股东，并征求同意，其他股东自接到书面通知之日起满 30 日未答复的，视为同意转让。其他股东半数以上不同意转让的，不同意的股东应当购买该转让的股权；不购买的，视为同意转让。

经股东同意转让的股权，在同等条件下，其他股东有优先购买权。两个以上股东主张行使优先购买权的，协商确定各自的购买比例；协商不成的，按照转让时各自的出资比例行使优先购买权。公司章程对股权转让另有规定的，从其规定。

（二）人民法院强制执行股权的规定

人民法院依照法律规定的强制执行程序转让股东的股权时，应当通知公司及全体股东，其他股东在同等条件下有优先购买权。其他股东自人民法院通知之日起满 20 日不行使优先购买权的，视为放弃优先购买权。

（三）股权转让后公司处理相关义务的规定

因股东原因强制执行程序转让股权后，公司应当注销原股东的出资证明书，向新股东签发出资证明书，并相应修改公司章程和股东名册中有关股东及其出资额的记载。对公司章程的该项修改不需再由股东会表决。

（四）公司对异议股东的股权收购

根据《公司法》第七十四条规定，有下列情形之一的，对股东会该项决议投反对票的股东可以请求公司按照合理的价格收购其股权：①公司连续五年不向股东分配利润，而公司该五年连续盈利，并且符合本法规定的分配利润条件的；②公司合并、分立、转让主要财产的；③公司章程规定的营业期限届满或者章程规定的其他解散事由出现，股东会会议通过决议修改章程使公司存续的。

自股东会会议决议通过之日起 60 日内，股东与公司不能达成股权收购协议的，股东可以自股东会会议决议通过之日起 90 日内向人民法院提起诉讼。

（五）自然人股东资格继承制度的规定

自然人股东死亡后，其合法继承人可以继承股东资格；但是，公司章程另有规定的除外。

五、国有独资公司与一人有限公司

（一）国有独资公司

1. 国有独资公司的概念

国有独资公司，是指国家单独出资、由国务院或者地方人民政府授权本级人民政府国有资产监督管理机构履行出资人职责的有限责任公司，即国家是该公司的唯一股东。

国有独资公司章程由国有资产监督管理机构制定，或者由董事会制订并报国有资产监督管理机构批准。

2. 国有独资公司的组织机构

（1）国有资产监督管理机构。国有独资公司不设股东会，由国有资产监督管理机构行使股东会职权。

国有资产监督管理机构可以授权公司董事会行使股东会的部分职权，让其决定公司的重大事项，但公司的合并、分立、解散、增加或者减少注册资本和发行公司债券，必须由国有资产监督管理机构决定；其中，重要的国有独资公司合并、分立、解散、申请破产的，应当由国有资产监督管理机构审核后，报本级人民政府批准。

（2）董事会。董事每届任期不得超过 3 年。董事会成员中应当有公司职工代表，由职工代表大会选举产生，其他董事会成员由国有资产监督管理机构委派。董事会设董事长 1 人，可以设副董事长。董事长、副董事长由国有资产监督管理机构从董事会成员中指定。

国有独资公司的董事长、副董事长、董事、高级管理人员，未经国有资产监督管理机构同意，不得在其他有限责任公司、股份有限公司或者其他经济组织兼职。

（3）监事会。国有独资公司监事会成员不得少于 5 人，其中职工代表的比例不得低于 1/3。监事会成员产生办法与董事会一致，监事会主席由国有资产监督管理机构从监事会成员中指定。

（二）一人有限责任公司

1. 一人有限责任公司的概念

一人有限责任公司，是指只有一个自然人股东或者一个法人股东的有限责任公司。一人有限责任公司与个人独资企业的区别见资料卡 4. 1。

资料卡 4. 1

一人有限责任公司与个人独资企业的区别

	一人有限责任公司	个人独资企业
投资主体	自然人、法人	自然人
转投资规则	对外进行投资时，不能投资设立新的一人有限责任公司	没有限制，投资人可以通过受让股份或购买股票的方式成为公司的股东
责任承担方式	有限责任	无限责任
税收待遇	按企业所得税征收	按个人所得税征收

2. 一人有限责任公司的特别规定

（1）一人有限责任公司的设立。一个自然人只能投资设立一个一人有限责任公司，该一人有限责任公司不能投资设立新的一人有限责任公司。一人有限责任公司应当在公司登记中注明“自然人独资”或者“法人独资”，并在公司营业执照中载明。

（2）一人有限责任公司的组织机构。一人有限责任公司不设股东会。股东做出决定时，应当采用书面形式，并由股东签名后置备于公司。

（3）一人有限责任公司的审计与债务承担。一人有限责任公司应当在每一会计年度终了时编制财务会计报告，并经会计师事务所审计。一人有限责任公司的股东不能证明公司财产独立于股东自己的财产的，应当对公司债务承担连带责任。

第三节　股份有限责任公司

一、股份有限责任公司的概念

股份有限责任公司，是指由一定人数的股东组成，将公司资本划分为若干金额相等的股份，股东仅以自己认购的股份为限对公司债务承担责任，公司以全部资产对公司债务承担责任的公司。

股份有限责任公司与有限责任公司相比，其特点体现为股份的等额性，公司成立可以采取发起设立或者募集设立的方式，设立程序较为复杂。

二、股份有限责任公司的设立

（一）设立条件

（1）发起人数量达到法定要求。

设立股份有限公司，应当有2人以上200人以下的发起人，其中须有半数以上的发起人在中国境内有住所。股份有限公司发起人承担公司筹办事务。发起人应当签订发起人协议，明确各自在公司设立过程中的权利和义务。

（2）有符合公司章程规定的全体发起人认购的股本总额或者募集的实收股本总额。

股份有限公司采取发起设立方式设立的，注册资本为在公司登记机关登记的全体发起人认购的股本总额。在发起人认购的股份缴足前，不得向他人募集股份。以非货币财产出资的，应当依法办理其财产权的转移手续。

股份有限公司采取募集方式设立的，注册资本为在公司登记机关登记的实收股本总额。法律、行政法规以及国务院决定对股份有限公司注册资本实缴、注册资本最低限额另有规定的，从其规定。

（3）股份发行、筹办事项符合法律规定。

（4）发起人制订公司章程，采用募集方式设立的经创立大会通过。

根据《公司法》第八十二条规定，股份有限公司章程应当载明下列事项：①公司名称和住所；②公司经营范围；③公司设立方式；④公司股份总数、每股金额和注册资本；⑤发起人的姓名或者名称、认购的股份数、出资方式和出资时间；⑥董事会的组成、职权和议事规则；⑦公司法定代表人；⑧监事会的组成、职权和议事规则；

⑨公司利润分配办法；⑩公司的解散事由与清算办法；⑪公司的通知和公告办法；⑫股东大会会议认为需要规定的其他事项。

（5）有公司名称，建立符合股份有限公司要求的组织机构。

（6）有公司住所。

（二）设立程序

1. 发起设立的程序

以发起设立方式设立股份有限公司的，发起人应当书面认足公司章程规定其认购的股份，并按照公司章程规定缴纳出资。以非货币财产出资的，应当依法办理其财产权的转移手续。发起人不依照规定缴纳出资的，发起人应当按照发起人协议承担违约责任。

发起人首次缴纳出资后，应当选举董事会和监事会，由董事会向公司登记机关报送公司章程，由依法设定的验资机构出具的验资证明以及法律、行政法规规定的其他文件，申请设立登记。

2. 募集设立程序

（1）发起人签订发起协议，制定公司章程。

（2）发起人认购公司股份。以募集设立方式设立股份有限公司的，发起人认购的股份不得少于公司股份总数的35%，但是，法律、行政法规另有规定的，从其规定。

（3）发起人募集股份。主要程序包括：第一，进行募股申请，制作认股书。发起人必须公告招股说明书，并制作认股书，由认股人填写认购股数、金额、住所，并签名、盖章。认股人按照所认购股数缴纳股款。第二，委托证券公司承销，签订代收股协议。发起人向社会公开募集股份，应当由依法设立的证券公司承销，签订承销协议。同时与银行签订代收股款协议，代收股款的银行应当按照协议代收和保存股款，向缴纳股款的认股人出具收款单据，并负有向有关部门出具收款证明的义务。

（4）召开创立大会。发行股份的股款缴足后，必须经依法设立的验资机构验资并出具证明。发起人应当自股款缴足之日起30日内主持召开公司创立大会。创立大会由发起人、认股人组成。发行的股份超过招股说明书规定的截止期限尚未募足的，或者发行股份的股款缴足后，发起人在30日内未召开创立大会的，认股人可以按照所缴股款并加算银行同期存款利息，要求发起人返还。发起人应当在创立大会召开15日前将会议日期通知各认股人或者予以公告。创立大会应有代表股份总数过半数的发起人、认股人出席，方可举行。

（5）申请设立登记。董事会应于创立大会结束后30日内，向公司登记机关报送包括国务院证券监督管理机构的核准文件在内的相关文件，申请设立登记。

（三）发起人未缴足出资的责任

股份有限公司成立后，发起人未按照公司章程的规定缴足出资的，应当补缴；其他发起人承担连带责任。股份有限公司成立后，发现作为设立公司出资的非货币财产的实际价额显著低于公司章程所定价额的，应当由交付该出资的发起人补足其差额；其他发起人承担连带责任。

温故知新

国有企业拟改制为股份有限公司，其改制方案中的下列事项中，不符合公司法律制度规定的（　　）。

A. 发起人为2人　　B. 公司股本总额为人民币900万元

C. 采取募集设立方式　　D. 发起人认购的股份为公司股份总数的25%

【参考答案】D

三、股份有限公司的组织机构

股份有限公司中股东大会、董事会、经理、监事会的职权均适用有限责任公司的相关规定。

（一）股东大会

1. 股东大会的召集和主持

股东大会分为股东年会和临时大会两种。根据《公司法》第一百条规定，股东大会应当每年召开一次年会，有下列情形之一的，应当在两个月内召开临时股东大会：①董事人数不足本法规定人数或者公司章程所定人数的三分之二时；②公司未弥补的亏损达实收股本总额三分之一时；③单独或者合计持有公司百分之十以上股份的股东请求时；④董事会认为必要时；⑤监事会提议召开时；⑥公司章程规定的其他情形。

股东大会会议由董事会召集，董事长主持；董事长不能或不履行职务的，由副董事长主持；如若不能，由半数以上董事共同推举一名董事主持。董事会不能履行或者不履行召集股东大会会议职责的，监事会应当及时召集和主持；监事会不召集和主持的，连续90日以上单独或者合计持有公司10%以上股份的股东可以自行召集和主持。

2. 议事方式和表决程序

（1）一股一权。股东出席股东大会会议，所持每一股份有一表决权。但是，公司持有的本公司股份没有表决权。

（2）累计投票制。所谓累积投票制，是指股东大会选举董事或者监事时，每一股份拥有与应选董事或者监事人数相同的表决权，股东拥有的表决权可以集中使用。

（3）特别决议事项。股东大会做出决议，必须经出席会议的股东所持表决权过半数通过。但是，股东大会做出修改公司章程、增加或者减少注册资本的决议，以及公司合并、分立、解散或者变更公司形式的决议，必须经出席会议的股东所持表决权的2/3以上通过。

《公司法》和公司章程规定公司转让、受让重大资产或者对外提供担保等事项必须经股东大会做出决议的，董事会应当及时召集股东大会会议，由股东大会就上述事项进行表决。

股东大会应当对所议事项的决定作成会议记录，主持人、出席会议的董事应当在会议记录上签名。会议记录应当与出席股东的签名册及代理出席的委托书一并保存。

（二）董事会、经理

1. 董事会的组成

股份有限公司设董事会，其成员为5~19人。董事会成员中可以有公司职工代表。董事会中的职工代表由公司职工通过职工代表大会、职工大会或者其他形式民主选举产生。董事会设董事长 1 人，可以设副董事长。董事长和副董事长由董事会以全体董事的过半数选举产生。

2. 董事会的召集与主持

董事长召集和主持董事会会议，检查董事会决议的实施情况。副董事长协助董事长工作，董事长不能或不履行职务的，由副董事长履行职务，若董事长召集和主持董事会会议，检查董事会决议的实施情况。也不能，由半数以上董事共同推举 1 名董事履行职务。

3. 董事会会议

董事会每年度至少召开 2 次会议，每次会议应当于会议召开 10 日前通知全体董事和监事。代表 1/10 以上表决权的股东、1/3 以上董事或者监事会，可以提议召开董事会临时会议。董事长应当自接到提议后 10 日内，召集和主持董事会会议。董事会召开临时会议，可以另定召集董事会的通知方式和通知时限。

4. 董事会决议

董事会会议应有过半数的董事出席方可举行，董事因故不能出席，可以书面委托其他董事代为出席，委托书中应载明授权范围。董事会做出决议，必须经全体董事的过半数通过。董事会决议的表决，实行一人一票。董事会应当对会议所议事项的决定作成会议记录，出席会议的董事应当在会议记录上签名。董事应当对董事会的决议承担责任。董事会的决议违反法律、行政法规或者公司章程、股东大会决议，致使公司遭受严重损失的，参与决议的董事对公司负赔偿责任。但经证明在表决时曾表明异议并记载于会议记录的，该董事可以免除责任。

5. 经理

股份有限公司设经理，由董事会决定聘任或者解聘。公司董事会可以决定由董事会成员兼任经理。

资料卡 4.2

独立董事制度①

独立董事（Independent Director or Outside Director），是指独立于公司股东且不在公司内部任职，与公司的交易活动没有实质性的、直接的或间接的利害关系的，且从公司外部选聘的董事。

独立董事是英美法系国家，尤其是美国判例法中的一个创造，它产生的主要背景是这些国家实行单一的董事会制度，公司的实际经营管理权基本上掌握在董事会和管理层之手，股东的管理作用日趋形式主义，从而产生了如何监督董事会以及高级管理人员的问题，

独立董事制度最早起源于 20 世纪 30 年代，1940 年美国颁布的《投资公司法》是其产生的标志。该法规定，投资公司的董事会成员中应该有不少于 40% 的独立人士。其制度设计目的也在于防止控制股东及管理层的内部控制，损害公司整体利益。

20 世纪 70 年代以后，西方国家尤其是美国各大公司的股权越来越分散，董事会逐渐被以 CEO 为首的经理人员控制，以至于对以 CEO 为首的经理人员的监督严重缺乏效

① 资料来源：https://baike.so.com/doc/4985757-5209184.html.

率，内部人控制问题日益严重，人们开始从理论上普遍怀疑现有制度安排下的董事会运作的独立性、公正性、透明性和客观性。继而引发了对董事会职能、结构和效率的深入研究。在理论研究成果与现实需求的双重推动下，美国立法机构及中介组织自20世纪70年代以来加速推进独立董事制度的进程。

1976年美国证监会批准了一条新的法例，要求国内每家上市公司在不迟于1978年6月30日以前设立并维持一个专门的独立董事组成的审计委员会。由此独立董事制度逐步发展成为英美公司治理结构的重要组成部分。据科恩-费瑞国际公司2000年5月份发布的研究报告显示，美国公司1 000强中，董事会的年均规模为11人，其中内部董事2人，占18.2%，独立董事9人，占81.1%。另外，据经合组织（OECD）的1999年世界主要企业统计指标的国际比较报告，各国独立董事占董事会成员的比例为：英国34%、法国29%、美国62%。独立董事制度的迅速发展，被誉为独立董事制度革命。

独立董事最根本的特征是独立性和专业性。所谓“独立性”，是指独立董事必须在人格、经济利益、产生程序、行权等方面独立，不受控股股东和公司管理层的限制。目前在中国上市公司中独立董事的作用还并没有得到充分发挥，主要原因如下：一是独立董事在上市公司的董事会中的比例偏低；二是上市公司的法人治理结构中没有设立相应的行权机构。所谓“专业性”是指独立董事必须具备一定的专业素质和能力，能够凭自己的专业知识和经验对公司的董事和经理以及有关问题独立地做出判断和发表有价值的意见。

（三）监事会

1. 监事会的组成

股份有限公司设监事会，其成员不得少于3人。监事会应当包括股东代表和适当比例的公司职工代表，其中职工代表的比例不得低于1/3，具体比例由公司章程规定。监事会中的职工代表由公司职工通过职工代表大会、职工大会或者其他形式民主选举产生。

监事会设主席1人，可以设副主席。监事会主席和副主席由全体监事过半数选举产生。监事会主席召集和主持监事会，如若不能，由监事会副主席召集和主持监事会会议，若也不能，由半数以上监事共同推举1名监事召集和主持监事会会议。董事、高级管理人员不得兼任监事。《公司法》中关于有限责任公司监事任期的规定，适用于股份有限公司监事。

2. 监事会会议

监事会每6个月至少召开一次会议。监事可以提议召开临时监事会会议。监事会的议事方式和表决程序，除《公司法》有规定的外，由公司章程规定。

3. 监事会决议

监事会决议应当经半数以上监事通过。监事会应当对所议事项的决定作成会议记录，出席会议的监事应当在会议记录上签名。

四、上市公司组织机构的特别规定

上市公司，是指其股票在证券交易所上市交易的股份有限公司。《公司法》对其有以下特别规定：第一，增加股东大会特别决议事项。上市公司在1年内购买、出售重大资产或者担保金额超过公司资产总额30%的，应当由股东大会做出决议，并经出席会议的股东所持表决权的2/3以上通过。第二，上市公司设立独立董事，具体办法由国务院规定。第三，上市公司设董事会秘书，负责公司股东大会和董事会会议的筹备、文件保管以及公司股东资料的管理，办理信息披露事务等事宜。第四，增设关联关系董事的表决权排除制度。上市公司董事与董事会会议决议事项所涉及的企业有关联关系的，不得对该项决议行使表决权，也不得代理其他董事行使表决权。该董事会会议由过半数的无关联关系董事出席即可举行，董事会会议所作决议须经无关联关系董事过半数通过。出席董事会的无关联关系董事人数不足3人的，应将该事项提交上市公司股东大会审议。

五、股份有限公司的股份发行和转让

（一）股份发行

股份有限公司的资本划分为股份，每一股的金额相等。公司的股份采取股票的形式。股票是公司签发的证明股东所持股份的凭证。

1. 股份发行的基本原则

股份的发行，实行公平、公正的原则，同种类的每一股份应当具有同等权利。同次发行的同种类股票，每股的发行条件和价格应当相同；任何单位或者个人所认购的股份，每股应当支付相同价额。股票发行价格可以按票面金额，也可以超过票面金额，但不得低于票面金额。

2. 股票的分类

公司发行的股票，可以为记名股票，也可以为无记名股票。公司向发起人、法人发行的股票，应当为记名股票，并应当记载该发起人、法人的名称或者姓名，不得另立户名或者以代表人姓名记名。公司发行记名股票的，应当置备股东名册，记载下列事项：①股东的姓名或者名称及住所；②各股东所持股份数；③各股东所持股票的编号；④各股东取得股份的日期。发行无记名股票的，公司应当记载其股票数量、编号及发行日期。

3. 发行新股的规定

公司发行新股，股东大会应当对下列事项做出决议：①新股种类及数额；②新股发行价格；③新股发行的起止日期；④向原有股东发行新股的种类及数额。公司经国务院证券监督管理机构核准公开发行新股时，必须公告新股招股说明书和财务会计报告，并制作认股书。公司发行新股，可以根据公司经营情况和财务状况，确定其作价方案。发行新股募足股款后，公司必须向公司登记机关办理变更登记，并公告。

（二）股份转让

股东持有的股份可以依法转让。股东转让其股份，应当在依法设立的证券交易场所进行或者按照国务院规定的其他方式进行。

1. 记名股票的转让

记名股票，由股东以背书方式或者法律、行政法规规定的其他方式转让；转让后由公司将受让人的姓名或者名称及住所记载于股东名册。股东大会召开前20日内或者公司决定分配股利的基准日前5日内，不得进行前款规定的股东名册的变更登记。但是，法律对上市公司股东名册变更登记另有规定的，从其规定。

2. 无记名股票的转让

无记名股票的转让，由股东将该股票交付给受让人后即发生转让的效力。

3. 股票转让的限制

发起人持有的本公司股份，自公司成立之日起 1 年内不得转让。公司公开发行股份前已发行的股份，自公司股票在证券交易所上市交易之日起 1 年内不得转让。

公司董事、监事、高级管理人员应当向公司申报所持有的本公司的股份及其变动情况，在任职期间每年转让的股份不得超过其所持有本公司股份总数的 25%；所持本公司股份自公司股票上市交易之日起 1 年内不得转让。上述人员离职后半年内，不得转让其所持有的本公司股份。公司章程可以对公司董事、监事、高级管理人员转让其所持有的本公司股份做出其他限制性规定。

4. 公司收购本公司股份的例外情形

根据《公司法》第一百四十二条规定，公司不得收购本公司股份。但是，有下列情形之一的除外：①减少公司注册资本；②与持有本公司股份的其他公司合并；③将股份用于员工持股计划或者股权激励；④股东因对股东大会做出的公司合并、分立决议持异议，要求公司收购其股份；⑤股份用于转换上市公司发行的可转换为股票的公司债券；⑥上市公司为维护公司价值及股东权益所必需。公司因前述第①项、第②项规定的情形收购本公司股份的，应当经股东大会决议；公司因前款第③项、第⑤项、第⑥项规定的情形收购本公司股份的，可以依照公司章程的规定或者股东大会的授权，经 2/3 以上董事出席的董事会会议决议。

公司收购本公司股份后，属于第①项情形的，应当自收购之日起 10 日内注销；属于第②项、第④项情形的，应当在 6 个月内转让或者注销；属于第③项、第⑤项、第⑥项情形的，公司合计持有的本公司股份数不得超过本公司已发行股份总额的 10%，并应当在 3 年内转让或者注销。

公司不得接受本公司的股票作为质押权的标的。

第四节　公司的其他基本法律制度

一、董事、监事、高级管理人员的资格、义务与责任

(一) 资格

一般而言，董事、监事、高级管理人员的任职资格包括积极资格和消极资格。前者是指成为公司董事、监事、高级管理人员应当具备的条件；后者则指成为公司董事、监事、高级管理人员禁止的情形。

我国《公司法》146 条以列举的方式，对董事、监事、高级管理人员的消极资格做出了规定。有下列情形之一的，不得担任公司的董事、监事、高级管理人员：①无民事行为能力或者限制民事行为能力；②因贪污、贿赂、侵占财产、挪用财产或者破坏社会经济秩序，被判处刑罚，执行期满未逾 5 年，或者因犯罪被剥夺政治权利，执行期满未逾 5 年；③担任破产清算的公司、企业的董事或者厂长、经理，对该公司、企业的破产负有个人责任的，自该公司、企业破产清算完结之日起未逾 3 年；④担任

因违法被吊销营业执照、责令关闭的公司、企业的法定代表人，并负有个人责任的，自该公司、企业被吊销营业执照之日起未逾3年；⑤个人所负数额较大的债务到期未清偿。此外，董事、高级管理人员不得兼任监事。公司违反上述规定选举、委派董事、监事或者聘任高级管理人员的，该选举、委派或者聘任无效。董事、监事、高级管理人员在任职期间出现上述所列情形的，公司应当解除其职务。

（二）义务

1. 忠实义务

忠实义务，又称信义义务，是指董事、监事、高级管理人员在经营公司业务时，应毫无保留地为实现公司最大利益而努力工作，当自身利益与公司利益发生冲突时，应以公司利益为先。

我国《公司法》对董事、监事、高级管理人员规定的忠实义务主要包括：

（1）不得获得非法利益。董事、监事、高级管理人员不得利用职权收受贿赂或者其他非法收入，不得侵占公司的财产；董事、高级管理人员不得将他人与公司交易的佣金归己所有。

（2）禁止越权使用公司财产。董事、高级管理人员不得挪用公司资金；将公司资金以其个人名义或者以其他个人名义开立账户存储；违反公司章程的规定，未经股东会、股东大会或者董事会同意，将公司资金借贷给他人或者以公司财产为他人提供担保。

（3）竞业禁止。董事、高级管理人员不得未经股东会或者股东大会同意，自营或者为他人经营与所任职公司同类的业务。

（4）抵触利益交易与篡夺公司机会的禁止。董事、高级管理人员不得未经股东会或者股东大会同意，利用职务之便为自己或者他人谋取属于公司的商业机会；不得违反公司章程的规定或者未经股东会、股东大会同意，与本公司订立合同或者进行交易。

（5）禁止泄露公司秘密。董事、高级管理人员不得擅自披露公司秘密。此外，《公司法》还规定，公司的董事、监事、高级管理人员不得利用其关联关系[①]损害公司利益。董事、高级管理人员违反忠实义务所得的收入应当归公司所有。

2. 勤勉义务

勤勉义务，又称善管义务、注意义务或谨慎义务，是指董事、监事、高级管理人员应诚信地履行对公司的职责，尽到普通人在类似情况和地位下谨慎的合理注意义务，为实现公司最大利益努力工作。我国《公司法》第一百四十七条对董事、监事、高级管理人员的勤勉义务做了原则性规定。

董事、监事、高级管理人员在执行公司职务时违反法律、行政法规或者公司章程的规定，给公司造成损失的，应当承担赔偿责任。

二、公司的财务会计制度和利润分配制度

（一）公司的财务会计制度

根据《公司法》规定，公司应当依照法律、行政法规和国务院财政主管部门的规

① 根据《公司法》第二百一十六条规定，关联关系，是指公司控股股东、实际控制人、董事、监事、高级管理人员与其直接或者间接控制的企业之间的关系，以及可能导致公司利益转移的其他关系。但是，国家控股的企业之间不因为同受国家控股而具有关联关系。

定建立公司的财务会计制度，并在每一会计年度终了时制作财务会计报告，并依法经会计师事务所审计。财务会计报告应当依照法律、行政法规和国务院财政部门的规定制作。

有限公司应按章程规定的期限将财务会计报告送交各股东。股份有限公司应在股东大会召开 20 日前将财务会计报告置备于公司供股东查阅；公开发行股票的股份有限公司须公告其财务会计报告。

（二）公司的利润分配制度

为体现资本维持原则，维护公司正常的生产经营活动，公司在对股东进行利润分配时，应遵循无盈不分、多盈多分、少盈少分的原则，依照下列顺序分配公司利润：

①弥补公司以前年度的亏损，但不得超过税法规定弥补期限（最长不得超过 5 年）。②缴纳所得税。③弥补税前利润不足以弥补的亏损，但资本公积金不得用于弥补公司的亏损。④提取税后利润 10%为公司法定公积金，用于弥补公司亏损、扩大公司生产经营或转增资本。当其累计额为公司注册资本 50%以上时可以不再提取。⑤经股东会或股东大会做出决议提取任意公积金。⑥对股东进行分配。分配方式可采用现金分配、增资或发送新股、公积金转增资本的形式进行。有限公司股东按照实缴的出资比例分取红利；以增资方式分配的，股东有权优先按照实缴的出资比例认缴出资。但是，全体股东约定不按照出资比例分取红利或者不按照出资比例优先认缴出资的除外。股份有限公司按照股东持有的股份比例分配，但公司章程规定不按持股比例分配的除外。

值得注意的是，公司持有的本公司股份不得分配利润。如股东会、股东大会或者董事会违反有关规定，在公司弥补亏损和提取法定公积金之前向股东分配利润的，股东必须将违反规定分配的利润退还公司。

三、公司的变更、解散和清算

（一）公司的变更

公司的变更包括公司合并、分立及组织形式的转换。

1. 公司合并

（1）公司合并的概念和形式。公司合并是指两个或两个以上的公司依照法定程序归并入其中一个公司或创设一个新公司的法律行为。公司合并的形式主要有吸收合并和新设合并两种。

（2）公司合并的程序及法律效力。公司合并的程序一般包括：①参与合并公司的董事会或执行董事提出合并方案；②股东会或股东大会对合并做出特别决议；③签订合并协议；④股东会或股东大会通过合并协议；⑤编制资产负债表和财产清单；⑥通知、公告债权人；⑦实施合并并办理登记。

公司合并的法律效力有三点：①公司设立、变更、消灭的效力。在吸收合并中，存续公司发生变更，被吸收公司法人资格消灭；新设公司中，参与合并的各公司法人资格消灭，新设立的公司成立。②股东资格的当然承继。原有股东的股份按合并协议转换为合并后公司的股份。③公司权利义务的概括转移。参与合并的公司的权利义务概括地转移给合并后存续或新设的公司，由其全部承受。

2. 公司分立

（1）公司分立的概念和形式。公司分立是指一个公司依法定程序分为两个或两个以上公司的法律行为。公司分立的形式有派生分立和新设分立。派生分立是指一个公司在其法人资格存续情况下，分出一部分或若干部分财产成立一个或数个公司的法律行为。新设分立是指将一个公司的财产进行分割，分别设立两个或两个以上的新公司，原公司因此消灭的法律行为。

因为公司分立的程序及法律后果与公司合并的程序和法律后果基本相同，在此不赘述。

（2）公司分立后的债务承担。我国《公司法》规定，公司分立前的债务由分立后的公司承担连带责任。但是，公司在分立前与债权人就债务清偿达成的书面协议另有约定的除外。

3. 公司组织形式的转换

公司组织形式的转换也称公司组织变更，是指原有公司在存续情况下，由一种法定形态转变为另一种法定形态的行为。通常情况下，只有责任形式相近的公司才能进行相互变更。根据《公司法》第九条规定，有限公司与股份有限公司可以相互转换，但应当符合法律规定的有限公司或者股份有限公司的条件，且公司变更前的债权、债务由变更后的公司继承。

（二）公司的解散和清算

1. 公司解散

公司解散是一种终止其法人资格的行为。根据《公司法》第一百八十条的规定，公司因下列原因解散：①公司章程规定的营业期限届满或者公司章程规定的其他解散事由出现；②股东会或者股东大会决议解散；③因公司合并或者分立需要解散；④依法被吊销营业执照、责令关闭或者被撤销；⑤公司经营管理产生严重困难，继续存续会使股东利益受到重大损失，通过其他途径不能解决的，持有公司全部股东表决权10%以上的股东，可以请求人民法院解散公司。

2. 公司清算

公司清算是指公司解散后，清理其财产及债权债务、分配公司剩余财产、了结公司法律关系、最终消灭公司法人资格的法律程序。公司清算分为破产清算和非破产清算，分别适用破产法和公司法。

（1）清算组的组成。根据我国《公司法》第一百八十三条规定，除破产清算外，公司应当在解散事由出现之日起 15 日内成立清算组，开始自行清算。有限责任公司的清算组由股东组成，股份有限公司的清算组由董事或者股东大会确定的人员组成。逾期不成立清算组进行清算的，债权人可以申请人民法院指定有关人员组成清算组进行清算。人民法院应当受理该申请，并及时组织清算组进行清算。

（2）清算组的职权。根据《公司法》第一百八十四条规定，清算组在清算期间行使下列职权：①清理公司财产，分别编制资产负债表和财产清单；②通知、公告债权人；③处理与清算有关的公司未了结的业务；④清缴所欠税款以及清算过程中产生的税款；⑤清理债权、债务；⑥处理公司清偿债务后的剩余财产；⑦代表公司参与民事诉讼活动。

在清算期间，公司存续，但不得开展与清算无关的经营活动。清算期间，公司机关应停止执行职务，由依法组成的清算组对内组织清算，对外代表公司，依法行使其职权。清算组在清理公司财产、编制资产负债表和财产清单后，应当制订清算方案，并报股东会、股东大会或者人民法院确认。

（3）清算顺序。公司财产在分别支付清算费用、职工工资、社会保险费用和法定补偿金，缴纳所欠税款，清偿公司债务后的剩余财产，有限公司按照股东的出资比例分配，股份有限公司按照股东持有的股份比例分配。公司财产在未按以上顺序清偿前，不得分配给股东。

（4）清算的终结

公司清算结束后，清算组应当制作清算报告，报股东会、股东大会或者人民法院确认，并报送公司登记机关，申请注销公司登记，公告公司终止。

值得注意的是，如果清算组在清理公司财产、编制资产负债表和财产清单后，发现公司财产不足清偿债务的，应当向人民法院申请宣告破产，依法进入破产清算程序。

本章思考

1. 理解下列术语：

有限责任公司　　一人公司　　股份有限责任公司　　独立董事

2. 比较一人有限责任公司与个人独资企业的异同。

3. 比较有限责任公司与股份有限公司在设立方式和设立条件上的区别。

4. 试述股份有限责任公司组织机构设置的基本规则。

5. 简述股份有限责任公司的股份转让限制。

6. 简述董事、监事、高级管理人员的义务。

第五章　合同法

■本章要点

1. 合同的概念、法律特征与分类
2. 合同法的基本原则
3. 合同订立中的两大必经程序
4. 合同的各种效力状态
5. 合同担保中的保证与定金
6. 合同的变更与转让
7. 合同的终止
8. 违约形态与承担违约责任的方式

第一节　概述

一、合同的概念、法律特征与分类

（一）合同的概念

关于合同的概念，各国的立法规定各不相同。大陆法系更强调合同是一种合意，如法国《民法典》中规定：合同是一种合意，依此合意，一人或数人对于其他一人或数人负担给付、作为或不作为的债务。英美法系更强调合同是一种许诺，如美国《合同法重述》中将合同定义为：合同指的是一个或一组允诺。如果违反，则法律给予救济，如果履行，则法律以某种方式将其视为一项义务。

在我国，合同又称契约，是指两个以上当事人在平等自愿的基础上为实现一定目的而达成的协议。在现实生活中，人们可以就各种各样的事项达成协议，但并非任何协议都能直接适用合同法。《中华人民共和国民法典》（简称《民法典》）第四百六十四条规定："合同是民事主体之间设立、变更、终止民事法律关系的协议。婚姻、收养、监护等有关身份关系的协议，适用有关该身份关系的法律规定；没有规定的，可以根据其性质参照适用本编规定。"

温故知新

根据我国《民法典》规定，下列合同中应该适用有关身份关系的法律规定的是（　　）。

A. 收养合同　　B. 出版合同

C. 土地使用权合同　　D. 质押合同

【参考答案】A

（二）合同的基本法律特征

1. 合同是一种民事法律行为

民事法律行为，是指民事主体实施的能够引起民事权利与民事义务的产生、变更或终止的合法行为。合同是以意思表示为成立要素，并且按意思表示的内容赋予法律效果，因此合同在性质上是一种民事法律行为，而非事实行为。

2. 合同是当事人的双方行为

法律行为分为单方行为与双方行为，而合同是一种典型的双方行为。其本质特征是双方当事人（多方当事人）均要做出意思表示，并且意思表示一致，即当事人之间达成合意。

3. 合同以设立、变更或终止民事权利义务关系为目的

合同是民事主体的一种有意识、有目的性的行为，其目的体现在设立、变更、终止当事人之间的民事权利义务关系。所谓设立民事权利义务关系，是指当事人依法成立合同后，在他们之间便产生了民事权利义务关系。所谓变更民事权利义务关系，是指当事人之间的民事权利义务关系发生变化，形成新的民事权利义务关系。所谓终止民事权利义务关系，是指当事人之间的民事权利义务关系归于消灭。

4. 合同关系应体现平等、自愿与公平的原则

在订立合同时，当事人的法律地位是平等的，任何一方都不得将自己在意志强加给另一方。合同内容应是经过当事人的自愿协商达成，能真实反映当事人的内心愿望，因胁迫、欺诈或重大错误而签订的合同在效力上存在缺陷。合同还应体现出公平的原则，当事人的权利与义务应当对等。

（三）合同的分类

根据不同的标准，合同有不同的分类。主要的分类有以下几种：

1. 有名合同与无名合同

这是根据法律是否设有规范并赋予特定名称而进行的分类。有名合同，又称典型合同，是指法律设有规范，并赋予了特定名称的合同。我国《民法典》所列的买卖合同、借款合同、租赁合同、承揽合同、运输合同等19种合同就是有名合同。无名合同，又称非典型合同，是指法律没有特别规定，也没有赋予特定名称的合同。

2. 双务合同与单务合同

这是根据合同当事人是否互负义务而进行的分类。双务合同，是指双方当事人都有对待给付的义务。如买卖合同，买方有权获得货物，但也有义务支付货款；卖方有

权获得货款，但也有义务交付货物。可见，在双务合同中，一方当事人的权利就是另一方当事人的义务，一方当事人的义务就是另一方当事人的权利。现实生活中的合同大多数为双务合同。单务合同，是指仅有一方当事人负给付义务，或虽然双方均负给付义务，但双方的给付义务不能形成对价关系的合同。如赠与合同、民间借款合同、无偿保管合同等。

值得注意的是，单务合同不是单方行为，而仍然是双方行为，比如赠与合同中如果只有赠与人愿意赠与还并不能产生合同关系，还必须有受赠与人愿意接受赠与才能使合同具有法律效力。

3. 诺成合同与实践合同

这是根据合同的成立是否以交付标的物为要件而进行的分类。诺成合同，又称不要物合同，是指只要当事人意思表示一致就可以成立的合同。这种合同不以标的物的交付为要件，即所谓的“一诺而成”。在经济生活中，绝大多数合同都是诺成合同。如买卖、租赁、承揽合同等。实践合同，又称要物合同，是指除当事人意思表示一致以外，还必须实际交付标的物才能成立的合同。这种合同数量相对较少，如民间借贷、借用、保管、定金合同。在判断一个合同到底是诺成合同还是实践合同，有时还需要具体分析。比如赠与合同，一般的赠与合同自赠与人向受赠人提供赠与物时成立，可以看作实践合同。但是，对于一些特殊的赠与合同，如经过公证的赠与合同或者依法不得撤销的具有救灾、扶贫、助残等公益、道德义务性质的赠与合同则可以看作诺成合同。

区分诺成合同与实践合同的意义主要在于：二者产生的法律后果不同。在诺成合同中，如不交付标的物则会构成违约责任。而在实践合同中，如果不交付标的物合同则无法成立，也就不存在违约，如果要追究责任的话应是缔约过失责任。

4. 有偿合同与无偿合同

这是根据当事人之间的权利义务是否存在着对价关系而进行的分类。有偿合同，是指当事人一方根据合同从对方取得利益必须支付相应代价的合同。如买卖合同、租赁、承揽合同等。有偿合同是商品交换最典型的法律形式。无偿合同，是指当事人一方根据合同从对方取得利益不须支付相应代价的合同。如赠与、借用合同等。还有些合同既可以是有偿合同，也可以是无偿合同，如保管合同、委托合同。

值得注意的是，一般而言，有偿合同都是双务合同，但无偿合同并非都是单务合同。这里的“偿”是指相应的代价和报酬，与获得的利益在价值数量上应该相当；“务”则是指负有的义务，该义务不一定与其享有的权利在价值数量上相当。例如，有的赠与合同要求受赠人按赠与人的要求做一些事情，这时的受赠人实际上是在获得赠品的同时有义务去做指定的事情，即为双务合同，但赠与人并不需要为所获得的赠品支付相应的报酬，即为无偿合同。通常来说，即使赠与合同是附条件的，所附的条件与赠品的价值相比也是微不足道的。

5. 要式合同与不要式合同

这是根据合同的成立是否必须采取特定的形式而进行的分类。要式合同，是指法律要求必须具备特定形式的合同。特定形式包括书面、公证、登记等。不要式合同，又称略式合同，是指法律不要求必须具备特定形式的合同，合同的形式可以由当事人任意选择。在经济生活中，大多数合同属于不要式合同。

6. 主合同与从合同

这是根据相互有联系的合同之间的主从关系而进行的分类。主合同，是指能够独立存在、不以其他合同的存在为条件的合同；从合同，又称附属合同，是指不能独立存在而以其他合同的存在为前提才能成立的合同，如保证合同、抵押合同等担保合同。

7. 格式合同与非格式合同

根据合同条款是否能为当事人协商确定而进行的分类。格式合同，又称附从合同、定型化合同，是指在订立合同时，一方当事人为了反复使用而预先制订，相对方不能就合同条款进行协商，只能概括地接受或不接受的合同。非格式合同，又称商议合同，是指合同条款是经当事人协商确定的合同。这种合同充分考虑了各方当事人的合意自治权，是合同的主要形式。

二、合同法律制度

（一）合同的立法

1. 大陆法系的合同法

在大陆法系国家，合同法以成文法的形式出现，如法国、德国、日本、意大利、瑞士等。合同法通常包括在民法典或债务法典中。

大陆法系国家的民法理论将合同作为产生“债”的原因之一，将合同的侵权行为、不当得利及无因管理等法律规范并列在一起，作为民法的一部分，称为债务关系法。

2. 英美法系的合同法

在英美法系国家，关于合同的法律原则主要包括在普通法中，体现为判例法、不成文法。虽然英美等国也制定了一些有关某种具体合同的成文法，如英国 1893 年《货物买卖法》、美国 1906 年《统一买卖法》和 20 世纪 50 年代制定的《统一商法典》等，但这些只是对货物买卖合同以及其他一些有关的商事交易合同做了具体规定，至于合同法的基本原则、合同成立的普遍规则等仍需按判例法所确定的规则来处理。

（三）我国的合同立法

我国合同法律制度经历了一个曲折的发展过程。20 世纪 80 年代以来，为了适应改革开放的需要，我国先后颁布实施了《中华人民共和国经济合同法》《中华人民共和国涉外经济合同法》《中华人民共和国技术合同法》等法律，同时，国务院还制定了一系列与经济合同法、技术合同法相配套的各类实施细则或者合同条例。自此，我国合同法形成了三足鼎立的立法格局，对保护合同当事人的合法权益、维护社会经济秩序发挥了重要的作用。

但随着我国市场经济体制改革的深化，三部单行法分别调整合同关系的模式已经不能适应市场经济对市场交易规则统一化的要求。因此，1999 年 3 月 15 日，第九届全国人民代表大会第二次会议通过了《中华人民共和国合同法》（简称《合同法》），该法从 1999 年 10 月 1 日起施行，之前的三部单行法同时废止，这才使我国的合同法律走向统一。2020 年 5 月 28 日，十三届全国人民代表大会第三次会议表决通过了《民法典》，其中第三编为合同编，该法自 2021 年 1 月 1 日起开始施行，《合同法》同时废止。

除了《民法典》以外，海商法、电子商务法等其他与合同有关的法律、行政法规、法律解释，以及我国参加的与合同有关的国际条约等，也都是我国合同法律制度的重要组成部分。

（四）合同法的基本原则

合同法的基本原则，是制定、解释、执行和研究合同法的依据和出发点，也是合同立法的指导思想以及民事主体间合同关系所应遵循的基本方针和准则。各国合同法的基本原则一般包括：

1. 平等原则

平等原则是指合同当事人的法律地位是平等的，一方当事人不能将自己的意志强加给另一方。这一原则是民事权利义务关系的本质和基础，是自愿原则的前提，贯穿于合同的整个过程。

2. 自由原则

自由原则是指当事人依法享有自由签订合同的权利，任何单位和个人不得非法干预，即当事人意思自治。这一原则的确立是市场经济不断发展和完善的必然结果，通常包括以下内容：缔结合同的自由、选择合同相对人的自由、决定合同内容的自由、选择合同形式的自由、变更和解除合同的自由等、选择合同方式的自由。

应当注意的是，我国合同法所确定的合同自由是一种有限制的、相对的自由。首先，合同自由是在法律规定范围内的自由，不违反法律、行政法规的强制性规定；其次，如果是为了保护社会公共利益和社会正义，在立法上有必要限制当事人一方的合同自由。

3. 公平原则

公平原则是指合同当事人本着公平合理的观念确定各方的权利义务。即当事人之间要互利，不得损害对方的利益。判断公平的标准，是从社会正义的角度，体现社会的价值观、是非观，包括人们公认的经济利益上的合理标准。

4. 诚信原则

诚信原则是指当事人行使权利、履行义务时应诚实不欺、讲究信用，在不损害他人利益及社会利益的前提下追求自身利益。此原则贯穿于合同订立、履行、变更和终止的整个过程，是合同法的一个重要原则。诚信原则本来是存在于商品交易中的一种道德规范，当其上升为法律原则以后，就兼具了道德调整和法律调整的双重功能，正如杨仁寿先生所言，诚实信用原则虽以社会伦理观念为基础，惟其并非道德，而是将道德法律技术化：一方面它要求和鼓励当事人在进行民事活动时应讲求诚信和善意；另一方面，它又给予当事人的民事活动以强制性的约束，直接对当事人所做行为的后果产生影响。

通常来说，诚信原则包括三层含义：一是诚实，要表里如一，因欺诈订立的合同无效或者可以撤销。二是守信，要言行一致，不能反复无常，也不能口惠而实不至。三是从当事人协商合同条款时起，就处于特殊的合作关系中，当事人应当恪守商业道德，履行相互协助、通知、保密等义务。

5. 遵守法律与社会公共利益原则

这一原则要求当事人订立和履行合同应当遵守法律、行政法规，尊重社会公德，不得扰乱社会公共秩序，损害社会公共利益。遵守公序良俗与诚信原则的区别在于二者的适用范围不同，诚信原则主要适用于市场交易中，而公序良俗规则的适用范围还包括社会道德、社会经济秩序和社会公共利益的合同关系、民事关系。

6. 鼓励交易原则

鼓励交易原则是指在不违背法律及社会公共利益的前提下，法律赋予交易的当事人快速达成交易并尽可能促使更多交易获得成功，从而实现经济效益的提高。鼓励交易原则符合社会主义市场经济体制对经济交易的根本要求，交易越活跃，越有利于市场经济的发展。合同法作为维护市场交易秩序的基本法律，应当起到鼓励交易快速达成并尽可能促使更多交易获得成功的作用。

需要注意的是，鼓励交易原则是有限制的：一是应当鼓励合法、正当的交易。合同的合法性是合同能够生效的前提，如果当事人之间已经成立的合同，违背了法律或社会公共道德，则此种交易不仅不应当受到鼓励，而且应当追究交易当事人的责任。二是应当鼓励自愿的交易，即在当事人意思表示真实的基础上产生的交易。基于欺诈、胁迫或其他意思表示有瑕疵的行为而产生的交易，往往并不符合双方当事人、特别是意思表示不真实一方的意志和利益，因此也会产生不公平、不公正的交易，对此种交易活动不应当予以鼓励，而应当通过可变更、可撤销等法律规则予以限制和调整。

第二节　合同的订立

一、合同订立的概述

（一）合同订立的概念

合同的订立，是指当事人之间为了设立、变更和终止相互之间的民事权利义务关系而互为意思表示，并就合同条款达成合意的过程。这个过程分为要约和承诺两个阶段。在这个过程中，缔约当事人负有先合同义务，过失违反先合同义务，给缔约相对方造成损失的，产生缔约过失责任。

合同订立与合同成立的含义有所不同。合同的订立着眼于缔约当事人达成协议的过程，而合同的成立是一个事实判断问题，着眼于合同是否存在，即缔约当事人达成协议的结果。可以说，合同成立是合同订立所产生的最理想的结果。

（二）合同订立的主体

合同订立的主体，是指实际订立合同的人。根据《民法典》规定，订立合同的主体是民事主体，一般包括自然人、法人、非法人组织。自然人作为合同主体，必须具备民法典规定的民事行为能力。十八周岁以上的成年人是完全民事行为能力人，可以独立实施民事法律行为；限制民事行为能力人实施民事法律行为由其法定代理人代理或者经其法定代理人同意、追认；无民事行为能力人实施民事法律行为由其法定代理人代理实施民事法律行为。法人、非法人组织的民事行为能力则有不同，它们只有在登记核准的经营范围内签订的合同才有法律效力，能够受到法律保护。

（三）合同订立的形式

合同的形式，是指合同内容的外在表现形式。根据我国《民法典》第四百六十九条规定，当事人订立合同，可以采用书面形式、口头形式或者其他形式。

1. 书面形式

书面形式是合同书、信件、电报、电传、传真等可以有形地表现所载内容的形式。

以电子数据交换、电子邮件等方式能够有形地表现所载内容，并可以随时调取查用的数据电文，视为书面形式。

合同书是一种常用的合同形式。合同书文本多种多样，有行业协会制定的示范性合同文本，也有营业者提供的由营业者制订的格式合同文本，而大量的则是双方当事人自己签订的合同文本。一般来说，作为合同书应当符合以下条件：①必须以某种文字、符号书写。②必须有双方当事人（或者代理人）的签字（或者同时盖章）。③必须规定当事人的权利义务。

采用书面形式订立合同的优点是明确肯定，有据可查，举证方便，有利于防止争议和解决纠纷。因此，书面形式成为当事人最普遍采用的一种合同形式，

2. 口头形式

口头形式是指当事人面对面或者通过电讯设备等以口头交谈的方式达成的合同的形式。以交谈方式达成的口头合同，其内容应当符合下列要求：不违反法律、行政法规的强制性规定；一方没有以欺诈、胁迫的手段订立合同，损害国家利益；双方不是恶意串通，损害国家、集体或者第三人利益；双方不是以合法的形式掩盖非法目的；没有损害社会公共利益；订立合同的主体具有民事行为能力和民事权利能力；意思表示真实。符合以上要求的口头合同就成立并具有法律效力，受法律保护。

采用口头形式订立合同的优点是简便、快捷，缔约成本低。缺点是发生纠纷时难以举证，不易分清责任。因此对于非即时结清的，或者比较重要、内容复杂的合同不提倡采取口头形式。

3. 其他形式

合同的其他形式，是指当事人以书面、口头以外的其他方式进行意思表示，表现合同内容的形式。这个“其他形式”，主要指行为形式，即当事人通过某种作为或者不作为的行为方式进行意思表示。前者是明示意思表示的一种，比如顾客到超市购买商品，直接到货架上拿取商品，支付价款后合同即成立，无须以口头或书面形式确立双方的合同关系。后者是默示意思表示方式，比如存在长期供货业务关系的企业之间，一方当事人在收到与其素有业务往来的相对方发出的订货单或提供的货物时，如不及时向对方表示拒绝接受，则推定为同意接受。但需要注意的是，不作为的意思表示只有在有法定或约定、存在交易习惯的情况下可视为同意的意思表示。

我国合同法承认合同的“其他形式”，这与我国经济的发展、交易形态的多样化是相符的。如果仅仅拘泥于书面形式和口头形式，将可能使一些交易变得过于繁琐，从而违背鼓励交易的原则。

二、合同订立的程序

合同订立的过程，也就是当事人相互协商、达成合意的过程。《民法典》第四百七十一条规定：“当事人订立合同，采取要约、承诺方式或者其他方式。”“其他方式”体现了民法的开放性，也是合同自由原则的体现。

（一）要约

1. 要约的概念与构成要件

要约，又称发盘、出盘、发价、出价或报价，是指希望和他人订立合同的意思表示。也就是说，要约是将自己希望和他人订立合同的内心想法通过一定的形式（书面、

口头或其他形式）表现出来。发出要约的一方称为“要约人”（offeror），接受要约的一方称为“受要约人”（offeree）。要约人可以是买方、也可以是卖方，法律并没有限定要约人必须是特定的哪一方当事人。

根据《民法典》第四百七十二条的规定，一项有效的要约，通常应具备下列两个构成要件：

（1）内容具体确定。由于要约一旦得到受要约人的承诺，合同就成立，因此要约内容应当具体明确，以便受要约人确切知道要约的内容，从而做出承诺。要约至少应当具有合同成立所必需的条款，而哪些是必需条款，可根据合同的性质和当事人的合同目的来确定，不可一概而论。一般来说，标的条款是不可或缺的，但只有标的条款还不能构成合意，还需要设定其他条款。如标的数量、价款或者是对数量、价款的计量方式，合同也可以成立。

（2）表明经受要约人承诺，要约人即受该意思表示的约束。要约人发出要约是以订立合同为目的，因此要约中应当表明，该要约一旦经受要约人承诺，要约人就要接受该意思表示的约束。这一点也是合同法诚信原则的具体要求。

2. 要约与要约邀请的区别

要约邀请，是指希望他人向自己发出要约的表示。要约邀请是人订立合同当事的预备行为，如拍卖公告、招标公告、招股说明书、债券募集办法、基金招募说明书、商业广告和宣传、寄送的价目表等为要约邀请。如果商业广告和宣传的内容符合要约条件的，构成要约。

要约与要约邀请的区别主要表现在：

（1）要约是一方向另一方发出的以订立合同为目的的意思表示，并且要约内容具体确定。要约邀请则是一方向另一方发出的邀请其向自己发出要约的意思表示，不具有合同成立所应当具备的主要条款。

（2）要约中包含当事人愿意接受要约拘束的意思表示，承诺生效，合同就成立。要约邀请不含当事人愿意接受拘束的意思表示，只产生对方向其发出要约的可能，还须要约邀请人承诺，合同才能成立。

（3）发出要约和接受要约的当事人应为特定，而要约邀请的对方往往是不特定的，但也有例外的情形，如公共骑车驶入站台载客、标价出售的商品、自动售货机售卖商品的要约邀请的接受人可以不特定。

温故知新

根据相关法律制度的规定，下列情形中不属于要约邀请的是（　　）。

A. 甲公司向数家贸易公司寄出价目表

B. 乙公司通过报刊发布招标公告

C. 丙公司在其运营中的咖啡自动售卖机上载明“每杯两元”

D. 丁公司向社会发布招股说明书

【参考答案】C

3. 要约的法律效力

要约的法律效力，又称要约的拘束力，包括要约生效、对要约人的拘束力以及对受要约人的拘束力三个方面。

（1）要约生效的时间。各国对于要约的生效存在三种立法标准，即发信主义（也称投邮生效）、到达主义和了解主义。我国《民法典》第一百三十七条分两种情况采用了不同的生效标准：①以对话方式做出的意思表示，相对人知道其内容时生效。②以非对话方式做出的意思表示，到达相对人时生效。以非对话方式做出的采用数据电文形式的意思表示，相对人指定特定系统接收数据电文的，该数据电文进入该特定系统时生效；未指定特定系统的，相对人知道或者应当知道该数据电文进入其系统时生效。当事人对采用数据电文形式的意思表示的生效时间另有约定的，按照其约定。

（2）对要约人的效力。其又称对要约的形式拘束力，指要约一经生效，要约人即受到要约的拘束，不得随意撤销要约或对要约加以限制、变更和扩张。其目的在于维护交易安全，保护受要约人的合法权益。

（3）对受要约人的效力。其又称对要约的实质拘束力。要约生效，即意味着受要约人取得了承诺的权利，在要约的有效期间内，受要约人可以承诺，也可以不承诺。但在强制缔约的情况下，承诺也是一种义务。

（4）要约的存续期限。要约的存续期限是指要约发生法律效力的期间，即承诺期限。具体分为两种情形：定有存续期间限和未定有存续期限。定有承诺期限的要约，相对人须在此期限做出承诺，才能对要约人有拘束力。未定承诺期限的要约，要约的存续期限应依法律的规定：要约以对话方式做出的，除当事人另有约定的以外，应当即时承诺；要约以非对话方式做出的，承诺应当在合理期限内到达。如何确定合理期限，通常应考虑要约与承诺到达对方所需的在途时间、受要约人考虑是否做出承诺的权衡时间以及行业习惯等因素。在合理期间受要约人未承诺，要约失效。

4. 要约的撤回与撤销

（1）要约的撤回，是指在要约生效之前，要约人阻止要约发生法律效力的行为。要约的撤回，既尊重了要约人的意志，又未损及受要约人的利益，因此，《民法典》第一百四十一条规定："行为人可以撤回意思表示。撤回意思表示的通知应当在意思表示到达相对人前或者与意思表示同时到达相对人。"

值得注意的是，如果要约人在要约生效前对已发送的要约进行修改，其效果等同于原要约的撤回，新要约的产生。

（2）要约的撤销，是指在要约生效以后，受要约人做出承诺之前，要约人将要约的法律效力归于消灭的行为。

因为要约的撤销是在该要约生效后进行的，因而有可能此撤销行为对受要约人不利，对此，有必要在法律上对要约的撤销予以严格的限制。根据《民法典》第四百七十六条规定，要约在以下两种情形不得撤销：一是要约人确定了承诺期限或者以其他形式明示要约不可撤销；二是受要约人有理由认为要约是不可撤销的，并已经为履行合同作了合理准备工作。

撤销要约的意思表示以对话方式做出的，该意思表示的内容应当在受要约人做出承诺之前为受要约人所知道；撤销要约的意思表示以非对话方式做出的，应当在受要约人做出承诺之前到达受要约人。

5. 要约的失效

要约的失效，是指要约丧失其法律效力，不再对要约人和受要约人产生拘束力。

根据《民法典》第四百七十八条的规定，要约失效的原因主要有：①要约被拒绝；

②要约被依法撤销；③承诺期限届满，受要约人未做出承诺；④受要约人对要约的内容做出实质性变更。所谓实质性变更，是指对要约中有关合同标的、数量、质量、价款、履行期限、地点、方式、违约责任、争议的解决方式等做出变更。这实际上是受要约人向要约人发出了新的要约。

（二）承诺

1. 承诺的概念与构成要件

承诺，是指受要约人同意要约的意思表示。承诺的法律效力在于，承诺一经做出并送达要约人，合同即告成立。

一项有效的承诺应当具备以下构成要件：

（1）承诺必须由受要约人向要约人做出。不论是非受要约人向要约人做出的表示接受的意思表示，还是受要约人向非要约人做出的表示接受的意思表示，均不是承诺。

（2）承诺必须在承诺期限内到达要约人。受要约人必须在承诺期限内做出承诺，并使承诺达到要约人。《民法典》第四百八十一条规定："承诺应当在要约确定的期限内达到要约人。"同时还规定，要约人没有确定承诺期限的，承诺应当依照下列规定到达：要约以对话方式做出的，应当即时做出承诺；要约以非对话方式做出的，承诺应当在合理期限内到达。

（3）承诺的内容必须与要约的内容一致。这是承诺有效的核心要件。合同是当事人双方权利义务意思表示一致的产物，因此，从严格意义上说，承诺必须与要约的内容完全一致，不得限制、扩张或者变更要约的内容。这一观点得到了两大法系国家的一致承认，尤其是英美法系国家采取了"镜像原则（mirror rule）"，要求承诺如同照镜子一般照出要约的内容。正如英国学者阿蒂亚在《合同法概论》中提到的："承诺应当是绝对和无条件的，而且必须表示愿意按照要约人所提出的各项条件签订合同。一个意图增加或改变要约人所提出的条款的承诺，实际上根本就不是承诺。"但是，随着交易的发展，人们发现绝对地坚持这一原则可能会阻碍很多合同的成立，不利于鼓励交易。因此两大法系和有关国际公约都对这一原则做了变通，允许承诺对要约进行非实质性更改。

我国《民法典》借鉴了这一立法经验，认为承诺的内容应当与要约的内容一致。如果要约人对要约的内容做出实质性变更的，为新要约；如果承诺对要约的内容做出非实质性变更的，除要约人及时表示反对或者要约表明承诺不得对要约的内容做出任何变更外，则该承诺有效。

2. 承诺的方式

承诺方式，是指承诺人通过何种形式将其承诺的意思送到要约人。《民法典》第四百八十条规定："承诺应当以通知的方式做出；但是，根据交易习惯或者要约表明可以通过行为做出承诺的除外。"

据此，承诺的做出可以采用通知与非通知的行为两种方式：

（1）通知方式。在一般情况下，受要约人接受要约应当向受要约人发出承诺通知，承诺通知应为明示通知，至于何种通知方式，书面、口头均可。

（2）非通知的行为方式。这是指明示行为以外的行为方式。依据民法理论，该行为方式称之为默示，包括作为的默示和不作为的默示。应当注意的是，以此种方式承诺的，要么必须依据交易习惯，要么是要约中表明了的。

作为的默示是非通知行为方式的主要形式。这样的行为，通常是履行行为，比如预付价款、装运货物等，即承诺人以实际履行要约内容的行为表示接受要约。

不作为的默示即缄默本身原则上不构成承诺，但对此也不能绝对化。在以下几种特殊的情况下，应承认其效力：一是受要约人在向要约人发出要约邀请时曾明确声明，在对方发出要约后的一定期限内，如果没有收到答复，即视为已经承诺。在这种情况下，实际上双方已经就承诺的方式达成了协议，即约定承诺的方式为缄默。二是双方已经有过多次磋商，并达成了初步的协议，一方更改了初步协议中的部分条款，并要求另一方当事人就这部分条款做出答复，同时提出：如果不在规定时间内做出答复，则视为接受。这是因为双方已经过协商，产生了一种合理的信赖，即信任对方在没有明确表示对更改条款有异议的情况下，视为同意接受该条款。三是依据双方以前的交易习惯或者当地的某种交易惯例，承诺可以以缄默的方式成立。

3. 承诺的生效

承诺的生效，是指承诺发生法律效力即法律约束力。承诺生效，则合同成立，因此，承诺生效的时间在合同法上具有极其重要的意义。根据《民法典》四百八十四条规定，以通知方式做出承诺，其生效分为两种情况：一是对话方式，相对人知道其内容时生效；二是非对话方式，通知到达相对人时生效。承诺不需要通知的，根据交易习惯或者要约的要求做出承诺的行为时生效。

4. 承诺的撤回

承诺的撤回，是指受要约人在发出承诺通知以后，承诺发生法律效力之前阻止其生效的行为。《民法典》规定，承诺可以撤回，撤回意思表示的通知应当在意思表示到达相对人前或者与意思表示同时到达相对人。

如果承诺已经生效，则合同成立，此时受要约人则不能再撤回承诺。

5. 承诺的迟延

承诺的迟延，是指受要约人未在承诺期限内发出承诺或者承诺到达时超过承诺期限了。具体分为以下两种情况：一是迟发或虽然期限内发出但通常不能及时到达的承诺。《民法典》第四百八十六条规定："受要约人超过承诺期限发出承诺，或者在承诺期限内发出承诺，按照通常情形不能及时到达要约人的，为新要约；但是，要约人及时通知受要约人该承诺有效的除外。"二是迟到的承诺。《民法典》第四百八十七条规定："受要约人在承诺期限内发出承诺，按照通常情形能够及时到达要约人，但是因其他原因致使承诺到达要约人时超过承诺期限的，除要约人及时通知受要约人因承诺超过期限不接受该承诺外，该承诺有效。"

案例 5.1

四个合同是否都成立

案情：某粮食公司向甲、乙、丙、丁四家商场发出函电："我公司有一批粮食可以出售，你方是否需要？"次日粮食公司即收到四个商场的回电："需要，请告知详情。"粮食公司遂于 3 月 3 日向四个商场发电详告："袋装珍珠米共 2 000 袋，一级，规格为 10 千克/袋，单价 5.00 元/千克，质量符合国家标准，我方负责运输，10 日内答复有效。"甲商场于 3 月 6 日回电："同意，请尽快送货。"乙商场考虑到当地市场需求的特点，于 3 月 8 日回电："请将规格改为 5 千克/袋，其他条件同意。"丙商场于 3 月 10 日发出函电："同意。"但该函电由于电信局的原因于3月14日才到达粮食公司。丁商场负责人在外出差，直到3月15日才回来，当日即发电给粮食公司："同意。"粮食公司在收到四家商场的函电后均没做出任何答复。

问：粮食公司与四家商场的合同是否都成立？

三、合同的条款

（一）合同条款的概念与种类

所谓合同的条款，从实质上说，即合同的内容，是确定合同当事人权利与义务的根据。合同条款应当明确、肯定、完整、并且条款之间彼此不矛盾。如果合同条款含混不清或者存在漏洞，则应通过合同的解释予以完善。

根据合同条款在合同中的地位和作用，可以将合同条款进行不同的分类，这里着重介绍必备条款与非必备条款。必备条款，是指依据合同的性质和当事人的特别约定所必须具备的条款，缺少这些条款将影响合同的成立。必备条款主要包括两个方面：一是依据合同性质所必须具备的条款，如所有合同都应具备标的条款，买卖合同应具备价金条款。二是根据当事人的特别约定所必须具备的条款。例如，当事人在合同中约定："本合同必须经过公证才能生效。"则公证成为该合同的必备条款。非必备条款，是指依据合同的性质在合同中不是必须具备的条款，即使缺少这些条款也不会影响合同的成立。如履行期限、数量、质量等条款。在缺少这些条款的情况下，也可以根据民法典第五百一十条与第五百一十一条的规定填补漏洞。

（二）合同的一般条款

根据《民法典》第四百七十条规定，合同的内容由当事人约定，一般包括下列条款：①当事人的姓名或者名称和住所；②标的；③数量；④质量；⑤价款或者报酬；⑥履行期限、地点和方式；⑦违约责任；⑧解决争议的方法。这其中既有必备条款，也有非必备条款；既有实体条款，也有程序条款。

（三）合同的格式条款

格式条款，又称标准条款、格式合同，是指当事人为了反复使用而预先制订，并在订立合同时未与对方协商的条款。格式条款的产生和发展是20世纪合同法发展的重要标志之一，其形成是由于某些行业发展到一定程度时出现了大量重复性的交易，为了简化合同订立的程序而预先制订的，刚开始这样的合同确实大大提高了工作效率，但这些企业一般发展较快、规模较大，带有一定程度的垄断性。因此格式合同也带来了弊端，即提供商品或服务的一方往往利用其优势低位，制订有利于自己而不利于相对方的条款，而相对方不能与之协商，只能被动接受。这样一来，格式合同就违背了合同自由原则与公平原则。

我国《民法典》对格式合同予以了一定的限制，具体如下：

（1）制订格式条款应当遵循公平原则。如果内容显失公平，相对方有权请求人民法院或者仲裁机构变更或撤销。

（2）格式合同的制订方应当采取合理方式对免责条款进行提示和说明。这里的"合理方式"，是指格式条款的制订方采用的提请对方注意的方式应在通常情况下确实能起到让对方注意的作用。

（3）规定了格式合同无效的情形。比如，造成对方人身伤害或者因故意、重大过失造成对方财产损失的免责条款无效；格式合同制订方免除其责任、加重对方责任、排除对方主要权利的，该条款无效。

（4）确立格式合同的解释规则。对格式条款的理解发生争议的，应按照通常理解予以解释。如果对格式条款有两种以上解释的，应当做出不利于提供格式条款一方的解释。格式条款与非格式条款不一致的，应当采用非格式条款。

第三节 合同的效力

一、合同效力的概述

（一）合同效力的概念

合同的效力，又称合同的法律效力，是指法律赋予依法成立的合同在当事人之间产生的法律拘束力。一般情况下，由于合同具有相对性，合同的效力原则上局限在当事人之间，但有时合同对第三人也有拘束力，主要表现在赋予合同当事人具有排斥第三人的妨害及在第三人侵害合同债权时享有要求赔偿损失的权利。此外，合同对第三人的拘束力还表现在为保全合同利益，法律允许债权人可在特定的情况下主张代位权和撤销权。例如，债务人基于恶意将财产低价出售给第三人，明显不利于债权人债权的，则债权人可依法主张撤销该转让行为。

（二）合同成立与合同生效的关系

合同的成立与合同的生效在合同效力制度中是一个很重要的问题，二者既有联系又有区别。联系可以体现在：合同的成立是合同生效的前提，如果合同没有成立当然就不可能生效；反之，合同生效是合同成立的结果和当事人订约的目的，如果合同不能生效，那订立合同也就没有意义了。

但是，二者确实是属于不同的法律范畴，区别主要表现在：合同的成立是指当事人就合同的主要条款达成合意，只是表明当事人之间存在合意这一事实。因此，合同成立与否属于事实判断问题，着眼点在于判断合同是否存在，其判读结果只能是成立或不成立的事实。合同的生效则反映的是法律对已经成立的合同的评价。也就是说，合同的有效与否是一个法律价值判断问题，着眼点在于判断合同是否符合法律的精神和规定，能否发生法律上的效力。其判断结果有生效、无效、效力待定、可变更、可撤销等多种状态。

（三）合同成立的时间

当事人采用合同书形式订立合同的，自当事人均签名、盖章或者按指印时合同成立。有两种情况例外：一是在签名、盖章或者按指印之前，当事人一方已经履行主要义务，对方接受时，该合同成立。二是法律、行政法规规定或者当事人约定合同应当采用书面形式订立，当事人未采用书面形式但是一方已经履行主要义务，对方接受时，该合同成立。

当事人采用信件、数据电文等形式订立合同要求签订确认书的，签订确认书时合同成立。当事人一方通过互联网等信息网络发布的商品或者服务信息符合要约条件的，对方选择该商品或者服务并提交订单成功时合同成立，但是当事人另有约定的除外。

二、有效合同

（一）有效合同的概念

有效合同，又称为生效的合同，是指符合合同的生效要件，在当事人之间产生法律拘束力，并受法律保护的合同。

（二）合同的生效要件

合同的生效要件是判断合同是否具有法律效力的标准。根据《民法典》第一百四十三条的规定，一般合同的生效要件如下：

1. 行为为具有相应的民事行为能力

这是指合同当事人在订立合同时必须具有相应的缔约能力。所谓相应的缔约能力包括三个方面的内容：一是缔约人缔约时要有相应的民事行为能力；二是缔约人缔约时要有相应的缔约资格，比如由代理人代理订立合同，代理人要取得代理权；三是缔约人缔约时对其所处分的财产权利要有相应的处分能力，比如买卖合同的出卖人对其出卖的财产要有处分权。

2. 意思表示真实

意思表示真实是指表意人的表示行为真实地反映其内心的效果意思，这是契约自由与契约正义的基本要求。如果意思表示不真实或意思表示有瑕疵，都将直接影响合同的生效，即产生合同无效或者合同为可撤销、可变更的法律后果。

3. 不违反法律、行政法规的强制性规定，不违背公序良俗

这要求合同的内容、形式与目的要具有合法性。只有当事人缔结的合同内容与形式符合法律的规定，不违背公序良俗，并且不具有规避法律的合同目的，法律才对其做出肯定性的评价，赋予其法律效力，此时合同才能产生当事人预期的法律后果。

（三）合同的生效时间

《民法典》第五百零二条规定："依法成立的合同，自成立时生效，但是法律另有规定或者当事人另有约定的除外。依照法律、行政法规的规定，合同应当办理批准等手续的，依照其规定。未办理批准等手续影响合同生效的，不影响合同中履行报批等义务条款以及相关条款的效力。应当办理申请批准等手续的当事人未履行义务的，对方可以请求其承担违反该义务的责任。"

三、无效合同

（一）无效合同的概念与特征

无效合同，是指虽然已经成立，但因损害国家利益、社会利益与他人利益，违反法律、行政法规，因此没有发生法律拘束力的合同。

无效合同通常具有以下几个特征：

（1）无效合同的违法性。虽然无效合同种类很多，但都具有违法性。所谓违法性，是指违反法律、行政法规的强制性规定以及社会公共利益。

（2）无效合同具有不得履行性。所谓不得履行性，是指当事人在订立无效合同以后，不得依据合同实际履行，也不承担不履行合同的违约责任。但需要注意的是，如果当事人可以依法对无效合同予以更正，并使其符合了法律的规定，则该合同转化为有效合同。

（3）无效合同自始无效。合同一旦被确认无效，就将产生溯及力，即合同自订立之时起就不具有法律拘束力，以后也不能转化为有效合同。已经履行的，应当通过返还财产、赔偿损失等方法使当事人的财产恢复到合同订立之前的状态。

（二）无效合同的种类

根据《民法典》相关规定，无效合同的种类主要包括以下几种：①无民事行为能力人签订的合同；②合同双方以虚假的意思表示签订的合同；③违反法律、法规强制性规定的合同；④违背公序良俗的合同；⑤恶意串通，损害他人合法权益的合同。

（三）合同的部分无效

合同可以全部无效，也可以部分无效。根据《民法典》第一百五十六条规定，合同部分无效，不影响其他部分效力的，其他部分仍然有效。

由此可见，如果合同在内容上是由若干相互独立的有效部分和无效部分共同组成的，那么当无效部分被确认无效后，有效部分仍继续有效。但是，如果无效部分与有效部分是相互牵连的，确认部分内容无效将影响有效部分的效力，或者从行为的目的、交易的习惯以及根据诚信原则和公平原则，决定剩余的有效部分对于当事人已无意义或已不公平合理，则该合同应被确认为全部无效。

四、可撤销合同

（一）可撤销合同的概念与特征

可撤销的合同，又称为相对无效合同，或者可撤销、可变更合同，是指虽欠缺合同生效要件，但存在法定撤销事由，当事人有权提请人民法院或仲裁机构撤销或变更的合同。

可撤销合同一般具有下列法律特征：

（1）可撤销合同主要是意思表示不真实的合同。这是关于撤销对象的确定问题。通常，能够撤销的合同是没有故意违反法律、行政法规的强制性规定与公序良俗的合同。在这一点上，可撤销合同与无效合同是有区别的。

（2）可撤销合同须由撤销权人主动行使撤销权。这是关于行使撤销权的主体问题。法律将此权利赋予撤销权人，由其决定是否撤销合同。而法院和仲裁机构则采取不告不理的态度，不能主动宣告合同的撤销。

（3）可撤销合同被撤销后自始无效。被撤销的合同自始没有法律约束力。

（4）撤销权人可以选择撤销或者变更合同。当事人请求变更的，法院或者仲裁机构不得撤销。

（二）可撤销合同的种类

根据《民法典》相关规定，可撤销合同的种类如下：

（1）因重大误解订立的合同。所谓重大误解，是指一方或者双方当事人对合同的性质、主要内容（如标的物的种类、质量、数量）等存在错误认识，违背其真实意思表示订立合同，并因此受到较大损失的情形。

（2）显失公平的合同。一方利用对方处于危困状态、缺乏判断能力等情形，致使民事法律行为成立时显失公平的合同。所谓显失公平，是指一方当事人利用自己的优势或者对方的经验欠缺，在订立合同时致使双方的权利与义务明显不对等或者利益明显不平衡的情形。这违背了合同的公平原则，应予以撤销或变更。

（3）因欺诈手段，使对方违背真实意思签订的合同。具体分为两种情况：一是一方以欺诈手段，使对方在违背真实意思的情况下签订合同，受欺诈方有权请求人民法院或者仲裁机构予以撤销。二是第三人实施欺诈行为，使一方在违背真实意思的情况下签订合同，对方知道或者应当知道该欺诈行为的，受欺诈方有权请求人民法院或者仲裁机构予以撤销。

（4）因胁迫手段，使对方违背真实意思签订的合同。一方或者第三人以胁迫手段，使对方在违背真实意思的情况下实施的民事法律行为，受胁迫方有权请求人民法院或者仲裁机构予以撤销。

（三）撤销权的消灭

撤销权人必须在规定的期限内行使撤销权。根据《民法典》第一百五十二条的规定，有下列情形之一的，撤销权消灭：①当事人自知道或者应当知道撤销事由之日起一年内、重大误解的当事人自知道或者应当知道撤销事由之日起九十日内没有行使撤销权；②当事人受胁迫，自胁迫行为终止之日起一年内没有行使撤销权；③当事人知道撤销事由后明确表示或者以自己的行为表明放弃撤销权。④当事人自民事法律行为发生之日起五年内没有行使撤销权的，撤销权消灭。

合同被撤销后，行为人因该行为取得的财产，应当予以返还；不能返还或者没有必要返还的，应当折价补偿。有过错的一方应当赔偿对方由此所受到的损失；各方都有过错的，应当各自承担相应的责任。法律另有规定的，依照其规定。

五、效力待定合同

（一）效力待定合同的概念

效力待定合同，是指合同虽然已经成立，但因其不完全具备生效要件，因此不能确定是否发生效力，一般须经有权人承认才能生效。这里的不完全具备生效要件，主要是指合同主体资格有缺陷，比如无代理权人以本人名义订立合同。与无效合同不同的是，这些合同中的瑕疵是可以补救的，即经过有权人追认，合同自始生效。追认的意思表示应以明示的方式做出，且应为相对人所了解。这类合同不直接确定为无效合同而规定为效力待定合同的意义在于有利于维护交易的安全，保护权利人和相对人的合法权益。

（二）效力待定合同的种类

1. 限制民事行为能力人订立的合同

限制民事行为能力人实施的纯获利益的民事法律行为或者与其年龄、智力、精神健康状况相适应的民事法律行为有效，不需要得到其法定代理人的追认。但除了这些合同，限制民事行为能力人订立的其他合同，则须经法定代理人同意或者追认，合同才能有效，在合同被追认之前，合同处于效力待定状态。

2. 无权代理人订立的合同

无权代理包括三种情形：行为人没有代理权、超越代理权、代理权终止后仍以被代理人的名义订立合同。行为人无代理权而以被代理人名义与第三人订立合同，对被代理人不发生效力，其法律后果由行为人自己承担。这类合同只有经过追认，被代理人才承担民事责任。

3. 无处分权人订立的合同

无处分权的人处分他人财产，经权利人追认或者无处分权的人订立合同后取得处分权的，该合同有效。

（三）追认权、催告权与撤销权

为了平衡合同当事人的权利，保护善意相对人的利益。合同法赋予效力待定合同权利人以追认权，合同相对人以催告权和撤销权。

根据《民法典》第一百五十四条、第一百七十一条规定，相对人可以催告法定代理人或被代理人自收到通知之日起三十日内予以追认。法定代理人或被代理人未做表示的，视为拒绝追认。合同被追认前，善意相对人有撤销的权利。撤销应当以通知的方式做出。

（四）表见代理

所谓表见代理，是指在无权代理的情形下，如果善意相对人客观上有正当理由相信代理人具有代理权而与之签订合同，由此产生的法律后果由被代理人承担。可见，表见代理无须权力人追认，即对其产生法律效力，因此，严格地说，表见代理不属于效力待定的行为。需要注意的是，表见代理强调相对人主观上是善意的、无过失的，并且有合理理由相信无权代理人取得了授权。

第四节　合同的履行

一、合同履行的概述

（一）合同履行的概念

合同的履行，是指合同成立并生效后，合同当事人按照合同约定或者法律规定全面、适当地履行自己所承担的义务。从合同消灭原因上来看，合同的履行又称为债的清偿，当合同债务人全面、适当地履行了义务，合同债权即达到目的而得到满足，合同关系即归于消灭。

（二）合同履行的原则

1. 全面履行原则

全面履行原则，是指当事人按照合同约定的标的及其品质、数量，在适当的履行时间、履行地点，以适当的履行方式全面完成合同义务的履行原则。

我国《民法典》第五百零九条规定："当事人应当按照约定全面履行自己的义务。"该原则是合同履行的一项最根本的要求。可以说，全面履行是判断合同是否履行或者是否违约的标准，也是衡量合同履行程度和违约责任的尺度。

2. 协作履行原则

协作履行原则，是指当事人应当按照诚实信用原则协助对方履行义务的履行原则。这要求当事人不仅要约定履行义务，还要根据合同的性质、目的和交易习惯，履行通知、协助、保密等义务，即附随义务。具体包括下列内容：一是债务人履行债务，债权人应当受领给付；二是债务人履行债务，债权人应当创造必要的条件，提供必要的方便；三是因故不能履行或不能完全履行时，应积极采取措施，避免或减少损失；四是合同一旦发生纠纷，各自应主动承担责任，不得推诿拖延；五是从订立合同开始，就应注意通知相关事项及为对方保密等。

3. 绿色原则

绿色原则，是指当事人在履行合同过程中，应当避免浪费资源、污染环境和破坏生态。这是民法典中最新增加的原则，遵守绿色原则就成为民事主体在合同履行中的一个法定义务。

二、合同履行的规则

(一) 合同约定不明时的履行规则

通常，当事人订立合同应当尽量具体、明确而详尽，但在实践中，由于种种原因，合同总有各种未尽事宜，这给合同的履行带来了麻烦和困扰。

对此，《民法典》做了相应的规定。合同生效后，当事人就质量、价款或者报酬、履行地点等内容没有约定或者约定不明确的，当事人双方可以协议补充；不能达成补充协议的，按照合同的有关条款或者交易习惯确定，如果按上述办法仍不能确定的，则适用下列规定：

(1) 质量要求不明确的，按照强制性国家标准履行；没有强制性国家标准的，按照推荐性国家标准履行；没有推荐性国家标准的，按照行业标准履行；没有国家标准、行业标准的，按照通常标准或者符合合同目的的特定标准履行。

(2) 价款或者报酬不明确的，按照订立合同时履行地的市场价格履行；依法应当执行政府定价或者政府指导价的，依照规定履行。

(3) 履行地点不明确，给付货币的，在接受货币一方所在地履行；交付不动产的，在不动产所在地履行；其他标的，在履行义务一方所在地履行。

(4) 履行期限不明确的，债务人可以随时履行，债权人也可以随时请求履行，但是应当给对方必要的准备时间。

(5) 履行方式不明确的，按照有利于实现合同目的的方式履行。

(6) 履行费用的负担不明确的，由履行义务一方负担；因债权人原因增加的履行费用，由债权人负担。

(二) 代为履行与代为接受履行的规则

在一般情况下，合同是由当事人亲自履行或亲自接受履行，但在不涉及人身性质的合同中，当事人也可以约定由第三人代为履行或者代为接受履行。需要注意的是，此时的第三人只是履行主体，并非合同的当事人。因此，第三人代为履行或代为接受履行的，应遵循《民法典》第五百二十二条与第五百二十三条规则：

(1) 当事人约定由债务人向第三人履行债务的，债务人未向第三人履行债务或者履行债务不符合约定，应当向债权人承担违约责任。

法律规定或者当事人约定第三人可以直接请求债务人向其履行债务，第三人未在合理期限内明确拒绝，债务人未向第三人履行债务或者履行债务不符合约定的，第三人可以请求债务人承担违约责任；债务人对债权人的抗辩，可以向第三人主张。

(2) 当事人约定由第三人向债权人履行债务的，第三人不履行债务或者履行债务不符合约定，债务人应当向债权人承担违约责任。

（三）提前履行与部分履行的规则

提前履行，是指债务人在合同履行期限到来之前就开始履行合同的行为。部分履行，是指债务人没有按照合同约定全部履行合同义务而只是履行一部分合同义务的行为。这两种履行应遵循《民法典》第五百三十条与第五百三十一条规则：

（1）债务人提前履行的，债权人可以拒绝接受，但提前履行不损害债权人利益的除外。因债务人提前履行债务给债权人增加的费用，由债务人负担。

（2）债务人部分履行的，债权人可以拒绝接受，但部分履行不损害债权人利益的除外，因债务人部分履行债务给债权人增加的费用，由债务人负担。

三、双务合同履行中的抗辩权

（一）抗辩权的概念

抗辩权，又称异议权，是指对抗对方请求权或否认对方的权利主张的权利，即合同一方当事人对抗对方当事人的履行请求权，暂时拒绝履行自己义务的权利。值得注意的是，这里抗辩权是一种延期抗辩权，不具有消灭对方请求权的效力，而仅产生使对方请求权延期的效力。当产生抗辩权的原因消灭后，债务人仍应当履行其债务。

（二）合同履行抗辩权的种类

1. 同时履行抗辩权

同时履行抗辩权，是指在互负债务，没有先后履行顺序的双务合同中，一方当事人在对方未履行债务或履行债务不符合约定时，有拒绝履行自己的债务的权利。同时履行抗辩权是诚实信用原则所要求的，具有担保实现自己的债权和迫使对方履行合同义务的双重功效，有利于实现当事人之间的利益平衡。

同时履行抗辩权应具备以下四个要件：一是当事人因同一双务合同而互负债务；二是当事人所互负之债务没有先后履行顺序并均已届清偿期；三是对方当事人没有履行其所负债务或履行不符合约定；四是对方当事人的对待履行是可能履行的。如果当事人所负的债务成为不能履行的债务，则不发生同时履行抗辩权的问题，当事人只能通过其他途径请求补救，因而只有在债务可以履行的情况下，同时履行抗辩权才有意义。

2. 后履行抗辩权

后履行抗辩权，是指在约定了履行先后顺序的双务合同中，应当先履行义务的一方当事人未履行时，后履行的一方当事人有权拒绝其履行要求的权利。

后履行抗辩权应具备以下三个要件：一是双方当事人因同一双务合同而互负债务；二是双方所负债务有履行的先后顺序，这是其区别于同时履行抗辩权的关键；三是先履行一方到期未履行或履行不符合约定，这是先履行抗辩权的实质条件。

3. 不安抗辩权

不安抗辩权，是指在双务合同中，应当先履行债务的当事人有确切证据证明对方有丧失和或可能丧失履行能力的情形时，有中止履行自己债务的权利。不安抗辩权是大陆法的概念，一般为大陆法系国家民法所规定。法律设置该抗辩权意在保护当事人的合法权益，贯彻公平原则，防范合同欺诈。

不安抗辩权应具备以下四个要件：一是双方当事人因同一双务合同而互负债务；二是当事人一方有先履行的义务并已届履行期；三是后履行一方有丧失或可能丧失履

约能力的情形；四是后履行义务一方没有对待给付或未提供担保。

根据《民法典》第五百二十七条规定，应当先履行债务的当事人，有确切证据证明对方有下列情形之一的，可以中止履行：①经营状况严重恶化；②转移财产、抽逃资金，以逃避债务；③丧失商业信誉；④有丧失或可能丧失履行债务能力的其他情形。如果当事人没有证据中止履行的，应当承担违约责任。

不安抗辩权的效力主要在于中止合同，并且在中止合同时，先履行方负有及时通知对方的义务。对方提供适当担保时，应当恢复履行。中止履行后，对方在合理期限内未恢复履行能力并且未提供适当担保的，中止履行的一方可以解除合同。

案例 5.2

签合约为卖菌种　不履行遭诉讼[①]

案情：8 月 14 日，被告漯河市某食用菌开发有限公司与该公司法定代表人邢某找到原告孔某、窦某签订了香菇种植、收购合同一份。合同约定孔某、寇某负责提供场地、种植及种植设施，并从该食用菌公司定购菌袋 42 000 袋，按公司要求搭建大棚 70 个。被告必须于当年 11 月 15 日前向原告交付菌袋 42 000 袋，并保证菌袋质量。协议签订后，二原告按照协议约定向被告支付了定金 92 400 元，并且按照协议约定找工人建种植大棚，先后投入数万元。但在二原告履行协议的同时，被告无正当理由拒不履行合同义务，致使孔某、窦某遭受重大经济损失。

河南省西平县人民法院审理后认为，合法有效的合同应该得到履行。被告漯河市某食用菌开发有限公司未及时向二原告交付其所定购的菌袋，致使合同无法履行，违约的事实清楚，证据、充分。因此判决被告漯河市某食用菌开发有限公司返还原告孔某、寇某款 129 360 元；若被告漯河市某食用菌开发有限公司不能清偿该债务，则由被告邢某对公司债务不能清偿的部分承担补充责任。

第五节　合同的担保与保全

一、合同担保与合同保全的关系

合同担保，是指依据法律规定或当事人约定而设立的确保合同义务履行和债权实现的法律制度。合同保全，是指债权人为了防止债务人的财产不当减少而危害其债权，从而对债务人或第三人实施的行为行使代位权或撤销权，以保护其债权的制度。合同担保与合同保全均是合同债权的保障方式，但二者又有着明显的区别，具体如下：

（一）第三人的地位不同

合同担保体现的是合同的对内效力。在合同担保中，第三人是合同的当事人，而不是合同关系以外的第三人，他所承担的担保责任是依据法律或合同约定所应当承担的义务。而合同保全体现的是合同的对外效力，涉及的第三人不是合同的当事人，而是合同关系以外的第三人。

---

① 资料来源：http://lawyer.95089.com/jingjianli/1922.html.

（二）产生的依据不同

合同担保产生的依据可以是法律的规定，如留置，也可以是当事人的约定，而且这也是主要的依据，如保证、抵押、质押等方式。而合同保全产生的依据只能是法律的规定。

（三）保障的作用不同

相对而言，合同担保对债权的保障作用更为重要。在绝大多数情况下，被担保合同订立之时或订立之后履行之前，担保形式就已经确定，因此非常有利于督促债务人履行债务。而通常在运用合同保全的措施时，债权人的实际掌控能力相对较弱，而且也不能对第三人享有优先受偿的权利。

（四）适用的前提不同

合同担保通常是在债务人不履行债务的情况下适用，而合同保全不以此为前提，主要是为防止债务人的财产不当减少给债权人带来严重危害而设立的。

二、合同的担保

合同的担保方式一般包括：保证、抵押、质押、留置和定金。其中保证和定金这两种方式是合同中比较特有的担保方式，因此这里着重介绍这两种。

（一）保证

1. 保证的概念

保证，是指保证人和债权人约定，当债务人届期不履行合同债务时，保证人按照约定履行债务或者承担责任的担保方式。保证合同具有从属性，其当事人是保证人和债权人，而债务人不是保证合同的当事人。

2. 保证人的资格

保证人应当是主合同债权人、债务人以外的第三人，并且具有一定的资格。根据《民法典》的规定，保证人必须有代为清偿债务的能力，并且以下组织不得作为担保人：一是机关法人，但是经国务院批准为使用外国政府或者国际经济组织贷款进行转贷的除外；二是以公益为目的的非营利法人、非法人组织，比如以公益为目的的学校、幼儿园、医院等事业单位。

3. 保证方式

（1）一般保证。所谓一般保证，是指当事人在保证合同中约定，债务人不能履行债务时，由保证人承担保证责任的保证。一般保证的保证人对债权人享有先诉抗辩权，即一般保证的保证人在主合同纠纷未经审判或者仲裁，并就债务人财产依法强制执行仍不能履行债务前，有权拒绝向债权人承担保证责任。但是有下列情形之一的除外：①债务人下落不明，且无财产可供执行；②人民法院已经受理债务人破产案件；③债权人有证据证明债务人的财产不足以履行全部债务或者丧失履行债务能力；④保证人书面表示放弃本款规定的权利。需要注意的是，当事人在保证合同中对保证方式没有约定或者约定不明确的，按照一般保证承担保证责任。

（2）连带责任保证。所谓连带责任保证，是指当事人在保证合同中约定，保证人和债务人对债务承担连带责任的保证。连带责任保证一般以当事人约定而成立。连带责任保证的保证人对债权人没有先诉抗辩权，即连带责任保证的债务人不履行到期债务或者发生当事人约定的情形时，债权人可以请求债务人履行债务，也可以请求保证人在其保证范围内承担保证责任。

4. 保证合同

（1）保证合同的订立。《民法典》第六百八十五条规定："保证合同可以是单独订立的书面合同，也可以是主债权债务合同中的保证条款。第三人单方以书面形式向债权人做出保证，债权人接收且未提出异议的，保证合同成立。"

（2）保证合同的内容。《民法典》第六百八十四条规定："保证合同的内容一般包括被保证的主债权的种类、数额，债务人履行债务的期限，保证的方式、范围和期间等条款。"

5. 保证责任

（1）保证责任的范围。保证责任的范围可以由当事人约定，如果没有约定或者约定不明的，保证人应当对全部债务承担责任，责任的范围包括主债权及利息、违约金、损害赔偿金和实现债权的费用。

（2）保证期间。保证期间是确定保证人承担保证责任的期间，不发生中止、中断和延长。债权人与保证人可以约定保证期间，但是约定的保证期间早于主债务履行期限或者与主债务履行期限同时届满的，视为没有约定。

没有约定或者约定不明确的，保证期间为主债务履行期限届满之日起六个月，保证期间自债权人请求债务人履行债务的宽限期届满之日起计算。

（二）定金

1. 定金的概念

定金，是指当事人为确保合同的履行，依法律或当事双方的约定，由当事人一方在合同尚未订立或合同订立后、履行前，按合同标的额的一定比例先行给付对方货币或其他代替物。

定金有成约定金、证约定金、违约定金、解约定金、立约定金等种类，我国现行法上的定金兼具证约定金和违约定金的性质。具体体现在：合同履行后，定金应当抵作价款或者收回。如果因当事人一方的过错不履行债务时，给付定金的一方不履行义务的，无权要求返还定金；收受定金的一方不履行或者不完全履行义务的，应当双倍返还不履行部分的定金。

值得一提的是，当事人既约定违约金，又约定定金的，一方违约时，对方可以选择适用违约金或定金条款。定金不足以弥补一方违约造成的损失的，对方可以请求赔偿超过定金数额的损失。

2. 定金合同

定金的成立必须有书面合同。定金合同是实践性合同，从实际交付定金之日起生效。定金合同时主合同的从合同，其成立以主合同的存在为前提。定金的数额由当事人约定，但不得超过主合同标的额的20%，超过部分不产生定金的效力。如果实际交付的定金数额多于或者少于约定数额的，视为变更约定的定金数额。

案例 5.3

委托购车签订协议　订金改成定金①

案情：李某为了取得车辆能挂靠唐河县某运输公司的运营权，于当年 4 月 11 日与运输公司签订购车协议，李某依协议约定向运输公司交纳订金 2 万元。4 月 14 日，运输公司又与郑州某汽贸公司也签订了购车协议，并交纳定金 2 万元，不提货定金不予返还，其他约定的内容同李某签订协议所约定的内容一致。之后李某未再向运输公司交纳任何购车款项，运输公司也未再向汽贸公司交纳任何购车款项。当年 6 月中旬，李某从南阳某公司另行购置了所需的车辆。李某向运输公司追要订金，运输公司以李某违约不予返还。于是李某将运输公司诉至法院。

法院审理认为，两份协议内容基本相同，从协议内容可以看出李某与运输公司所签的买卖合同，实为委托合同，合同内容是双方的真实意思表示，应为有效合同。运输公司超越委托指示，在与汽贸公司签合同时把 2 万元订金约定为定金，运输公司具有一定的过错。李某另行购车的行为导致运输公司与汽贸公司所签合同无法履行，造成运输公司的损失也应承担赔偿责任。遂依据相关法规做出下述判决：唐河某运输公司赔偿李某订金损失的一半，即 1 万元。

三、合同的保全

（一）合同保全的概念

合同保全，即合同债权的保全，是指债权人为了防止债务人的财产不当减少而危害其债权，可以对债务人或第三人实施的行为行使代位权或撤销权，以保护其债权的制度。合同保全制度体现为合同的对外效力，是对债的相对性原理的突破，意义十分重大，它是在消除债务人损害债权人利益的行为，对保障债权实现具有积极的预防作用。

根据我国《民法典》的规定，合同的保全方式有两种：一是为保持债务人的财产而设的债权人的代位权，二是为恢复债务人的财产而设的债权人的撤销权。

（二）债权人的代位权

1. 代位权的概念

债权人代位权，是指债权人为了保全自己的债权，以自己的名义代替债务人直接向第三人行使权利的权利。《民法典》第五百三十五条规定：“因债务人怠于行使其债权或者与该债权有关的从权利，影响债权人的到期债权实现的，债权人可以向人民法院请求以自己的名义代位行使债务人对相对人的权利，但是该权利专属于债务人自身的除外。代位权的行使范围以债权人的到期债权为限。债权人行使代位权的必要费用，由债务人负担。相对人对债务人的抗辩，可以向债权人主张。”

2. 代位权的成立要件

（1）债权人与债务人之间存在合法的债权债务关系，这是代位权成立的前提条件。

（2）债务人怠于行使其债权，且影响债权人的到期债权实现。所谓怠于行使是指债务人应当行使且能行使而不行使。

① 资料来源：http://www.chinalawedu.com/new/1900a22a2010/2010921chengf151127.shtml.

（3）债务人的债权是非专属于债务人自身的债权。所谓专属于债务人自身的债权，是指基于收养关系、扶养关系、抚养关系、赡养关系、继承关系产生的给付请求权和劳动报酬、退休金、养老金、抚恤金、安置费、人寿保险、人身伤害赔偿请求权等权利。

3. 代位权的行使方式

代位权的行使必须通过诉讼的方式进行。诉讼当事人是以自己名义提起诉讼的债权人，次债务人为代位权诉讼中的被告，而债务人则为第三人。

（三）债权人的撤销权

1. 撤销权的概念

债权人的撤销权，又称废罢诉权，是指当债务人实施的减少其财产的行为危害债权人的债权实现时，债权人有权请求人民法院对该行为予以撤销。

根据《民法典》第五百三十八条、五百三十九规定，以下两类情况债权人可以请求人民法院撤销债务人的行为：①债务人以放弃其债权、放弃债权担保、无偿转让财产等方式无偿处分财产权益，或者恶意延长其到期债权的履行期限，影响债权人的债权实现。②债务人以明显不合理的低价转让财产、以明显不合理的高价受让他人财产或者为他人的债务提供担保，影响债权人的债权实现，债务人的相对人知道或者应当知道该情形。需要说明的是，这里的“明显不合理的低价”，法院应当以交易当地一般经营者的判断，并参考交易当时交易地的物价部门指导价或者市场交易价，结合其他相关因素综合考虑予以确认。

2. 撤销权的行使方式

债权人行使撤销权应以债权人自己的名义在法定的期间内以诉讼方式进行。撤销权的行使范围以债权人的债权为限。债权人行使撤销权的必要费用，由债务人负担。

关于法定期间，《民法典》五百四十一条规定：“撤销权自债权人知道或应当知道撤销事由之日起一年内行使。自债务人的行为发生之日起五年内没有行使撤销权的，该撤销权消灭。”

第六节　合同的变更与转让

一、合同的变更

（一）合同变更的概念与特征

1. 合同变更的概念

合同的变更有广义与狭义之分。广义的合同变更包括合同内容的变更与合同主体的变更。前者是指在不改变合同当事人的前提下，改变合同的内容。后者是指在不改变合同内容的前提下，变更合同的主体。狭义的合同变更则是仅对合同内容的变更，这也是我国合同法上对合同变更的界定；而主体的变化，在我国合同法上称之为合同的转让。

合同的变更，是指合同在成立后，尚未履行或尚未履行完毕以前，当事人经过协议在不改变合同主体的情况下改变合同的内容。通常，合同的变更是基于当事人协商一致，但也可以基于裁判而变更合同。

2. 合同变更的特征

（1）合同变更的对象是合同内容，而合同当事人保持不变。这是区别合同变更与合同转让的主要标志。

（2）合同变更只能发生在合同成立后，尚未履行或尚未完全履行之前。合同未有效成立，当事人之间就不存在合同关系，也就谈不上合同的变更。如果合同履行完毕，当事人之间的合同关系已经消灭，也不存在变更的问题。

（3）合同的变更通常依据双方当事人的约定，也可以是基于法律的直接规定。合同的变更有两种：一是根据当事人之间的约定对合同进行变更，即约定的变更；二是当事人依据法律规定请求人民法院或仲裁机构进行变更，即法定的变更。我国《民法典》所规定的合同变更实际上就是约定的变更。

（二）合同变更与合同更新的区别

传统的民法理论将合同变更与合同更新区别看待。合同的更新，又称债务更新或债的更新，是指当事人双方通过协商，变更了原合同的基本条款或主要内容，从而使变更后的合同与变更前的合同在内容上失去了同一性与连续性，导致原合同关系消灭，新合同关系发生。简单地说，合同更新就是以一个新的合同代替一个旧的合同。

合同变更与合同更新的区别具体表现在：

（1）合同变更仅限于合同内容的变化，合同更新则可能是合同内容或主体的变化。例如，债权人解除旧债务人的债务而由新债务人代替，此时合同主体发生变化，为合同的更新。

（2）合同变更是合同内容的非根本性变化，合同更新则是合同内容的根本性变化。所谓"合同内容的非根本性变化"，是指合同变更只是对原合同关系的非要素内容做某些修改或补充，而不是对合同内容的全部变更。比如对标的数量、履行地点、履行时间、价款及结算方式等的变更等就属于非要素内容。在非根本性变更的情况下，变更后的合同关系与原有的合同关系在性质上不变，属于同一法律关系，即所谓的"同一性"。合同更新是合同内容的根本性变化，在新旧合同的内容之间，可能并无直接的内在联系，这种变化直接导致原合同关系的消灭，新合同关系的产生。需要注意的是，合同是否发生根本性变化，应依当事人的意思和一般交易观念予以确定。

（3）合同变更主要通过当事人双方协商而实现，但在特殊情况下也可以直接依据法律规定而发生；而合同更新只能是当事人双方协商一致的结果。

（三）合同变更的条件

（1）须原已存在有效的合同关系。合同的变更是在原合同的基础上，通过当事人双方的协商或者法律的规定改变原合同关系的内容。因此，原合同的有效成立是合同变更的前提条件，无原合同关系就无变更的对象。

（2）合同变更原则上应当经过当事人协商一致。我国《民法典》第五百四十三条规定："当事人协商一致，可以变更合同。"因此，任何一方不得采取欺诈、胁迫的方式来欺骗或强制他方当事人变更合同。如果变更合同的协议不能成立或不能生效，则当事人仍应按原合同的内容履行。但在某些特殊情形，合同变更也可依法律的规定并通过法院的判决或仲裁机构的裁决发生。

需要注意的是，为了维护合同关系的稳定性，《民法典》第五百四十四条规定："当事人对合同变更的内容约定不明确的，推定为未变更。"

（3）合同变更的方式。当事人变更合同的形式通常可以协商决定，一般要与原合同的形式相一致。如果原合同为书面形式，变更合同也应采取书面形式；如果原合同为口头形式，变更合同既可以采取口头形式，也可以采取书面形式。但在某些情况下，法律为了维护国家利益、社会利益和当事人的利益，预防和减少不必要的纠纷，对部分合同规定了其成立的方式，比如保证合同、抵押合同应当采用书面形式。

（4）合同变更应有合同内容的变化。合同内容发生变化是合同变更必不可少的条件。当然，合同变更必须是非实质性内容的变更，变更后的合同关系与原合同关系应当保持同一性。

（四）合同变更的效力

（1）在合同发生变更后，当事人应当按照变更后的合同的内容履行，任何一方违反变更后的合同内容都构成违约。

（2）合同的变更仅对未履行部分产生法律效力，对已履行的债务没有溯及力。任何一方都不能因为合同的变更而单方面要求另一方返还已经做出的履行。

（3）合同的变更不影响当事人要求赔偿的权利。原则上，提出变更的一方当事人对对方当事人因合同变更所受损失应负赔偿责任。

二、合同的转让

（一）合同转让的概念与特征

1. 合同转让的概念

合同的转让，即合同主体的变更，是指合同当事人一方依法将其合同的权利和义务全部或部分转让给第三人。

2. 合同转让的特征

合同转让具有以下法律特征：

（1）合同转让是合同主体的转让。即合同当事人一方将自己在合同中的权利或者义务全部或部分地转让给合同当事人以外的第三人。

（2）合同转让不改变原合同的权利义务内容。无论何种形式的转让，都只是合同主体发生变更，而合同的性质和内容均未改变，转让后的合同内容仍保持了同一性。

（3）合同转让应当经过对方同意或者通知对方才可产生法律效力。《民法典》第五百五十一条规定："债务人将债务的全部或者部分转移给第三人的，应当经债权人同意。债务人或者第三人可以催告债权人在合理期限内予以同意，债权人未做表示的，视为不同意。"

（二）合同转让的条件

（1）须原已存在有效的合同关系。这是合同转让的前提条件，如果合同不存在或被宣告无效，被依法撤销、解除、转让的行为属无效行为，转让人应对善意的受让人所遭受的损失承担损害赔偿责任。

（2）应当由转让人与受让人达成有效协议。该协议应该是在平等自愿的基础上进行的协商，而且符合民事法律行为的有效要件，否则，该转让行为属无效行为或可撤销行为。

（3）合同转让应当符合法律规定的程序。合同转让人应征得对方同意并尽到通知义务。

（三）合同转让的种类

按照所转让的权利义务不同，合同转让可以分为债权让与、债务承担、债的概括承受三种。

1. 债权让与

（1）债权让与的概念。债权让与，又称合同权利的转让，是指合同债权人与第三人协议将其债权转让给第三人的法律行为。债权人转让的可以是全部权利，也可以是部分权利。在权利全部转让的情形，受让人取代原债权人成为合同关系的新的债权人；而在权利部分转让的情形，受让人则加入债的关系，与原债权人共享债权，形成多数人之债。

（2）债权让与的自由与限制。合同权利原则上可以自由转让，这是市场经济条件下市场主体自主性的要求和体现，但是，有的合同或基于当事人之间的人身信赖关系，或基于特定社会政策考虑，合同债权转让自由原则得受限制。根据《民法典》第五百四十五条规定，有下列情形之一的债权不得转让：①根据债权性质不得转让；②按照当事人约定不得转让；③依照法律规定不得转让。另外，当事人约定非金钱债权不得转让的，不得对抗善意第三人。当事人约定金钱债权不得转让的，不得对抗第三人。

（3）债权让与的法律效力。从受让人角度看，债权人转让债权的，受让人取得与债权有关的从权利，但是该从权利专属于债权人自身的除外。需要注意的是，受让人取得从权利不应该从权利未办理转移登记手续或者未转移占有而受到影响。从债务人角度看，债务人接到债权转让通知后，债务人对让与人的抗辩，可以向受让人主张。有下列情形之一的，债务人可以向受让人主张抵销：①债务人接到债权转让通知时，债务人对让与人享有债权，且债务人的债权先于转让的债权到期或者同时到期；②债务人的债权与转让的债权是基于同一合同产生。因债权转让增加的履行费用，由让与人负担。

2. 债务承担

（1）债务承担的概念。债务承担，又称合同义务的转移，是指在不改变合同内容的情况下，合同债务人经债权人同意将其合同义务全部或部分转让给第三人的法律行为。

（2）债务承担的种类。债务承担包括两种情形：一是债务全部转移，即免责的债务承担。此时由第三人取代原债务人的地位，成为新的债务人。二是债务部分转移，即并存的债务承担。此时债务的受让人即第三人加入债的关系，与原债务人共担债务，原债务人并不退出合同关系。

（3）债务承担的法律效力。免责的债务承担后，原合同之债务人脱离合同债务关系，债权人向承担人主张权利。并存的债务承担时，原合同债务人与第三人承担的是连带责任还是按份责任须在承担合同中明确；新债务人可以主张原债务人对债权人的抗辩，此外还应当承担与主债务有关的从债务，但专属于原债务人自身的从债务除外。

3. 债的概括承受

债的概括承受的概念。债的概括承受，又称合同债权债务的概括移转，是指合同当事人一方经对方同意将其合同的权利与义务一并转让给第三人，由第三人概括承受的法律行为。《民法典》第五百五十六条规定："合同的权利和义务一并转让的，适用债权转让、债务转移的有关规定。"

第七节　合同权利义务的终止

一、合同权利义务终止的概述

（一）合同权利义务终止的概念

合同权利义务终止，简称合同终止，也称合同的消灭，是指合同双方当事人在合同关系建立以后，因一定的法律事实的出现，使合同确立的权利义务关系消灭，即合同当事人不再具有法律约束力。

合同终止不同于合同效力的停止或减弱，也不同于合同的解除。合同效力的停止是指因债务人行使抗辩权而拒绝债权人的履行请求，从而使债权的效力受到阻止。合同效力的减弱是指债权人不能行使给付请求权而仅能受领债务人的给付。合同的解除与合同的终止一直是一个有争议的问题，各国立法也持有不同的态度。从我国《民法典》的规定来看，合同解除只是合同终止的一种原因。总的来说，合同的终止，意味着合同权利义务关系不复存在。

（二）合同终止的效力

合同终止的效力具体表现为：一是当事人之间的合同关系消灭。债权人不再享有债权，债务人也不再承担债务；二是债权的担保及其他从属的权利、义务消灭。如利息债权、担保物权、利息保证物权、违约金债权等于合同消灭时消灭；三是负债字据的返还；四是后合同义。合同终止后，当事人还是应当遵循诚实信用原则，根据交易习惯履行通知、协助、保密的义务；五是合同终止不影响合同中结算和清理条款的效力。

二、合同终止的情形

根据《民法典》第五百五十七条规定，有下列情形之一的，债权债务终止：①债务已经履行；②债务相互抵销；③债务人依法将标的物提存；④债权人免除债务；⑤债权债务同归于一人；⑥法律规定或者当事人约定终止的其他情形。此外，合同解除的，该合同的权利义务关系终止。

（一）合同解除

1. 合同解除的概念与特点

根据我国《民法典》的规定可知，我国对合解除则采取了广义的概念，包括协商解除、约定解除、法定解除。因此可以这样理解，合同的解除，是指在合同依法成立后而尚未全部履行前，当事人基于法律规定、协商或当事人约定而使合同关系归于消灭的一种法律行为。

合同解除具有以下特点：

（1）合同的解除以当事人之间存在有效合同为前提。无效合同、可撤销合同以及效力待定合同不发生合同的解除。

（2）合同的解除应具备一定的条件。合同依法成立后，任何一方不得擅自解除，除非具备了合同解除的条件。这个条件可以是当事人约定或协商的，也可以法律规定的。

（3）合同解除使合同效力归于消灭。合同解除不仅要具备解除的条件，还需要有当事人的解除行为，即合同不能自动解除。这种解除行为是一种法律行为，可以是单方法律行为，也可以是双方法律行为。

2. 合同解除的种类

（1）协商解除。协议解除是指在合同成立后履行完毕之前，当事人通过协商而解除合同，从而使合同效力归于消灭的行为。《民法典》第五百六十二条第一款规定：“当事人协商一致，可以解除合同。”协议解除的实质在于，它是当事人通过协商一致从而达成一个解除原合同的新合同，这个新的合同又被称为反对合同。这种解除方式在实践中经常用到。

（2）约定解除。约定解除是指在合同成立后履行完毕之前，当事人基于双方事先约定的事由行使解除权，从而使合同效力归于消灭的行为。我国《民法典》第五百六十二条第二款规定：“当事人可以约定一方解除合同的事由。解除合同的事由发生时，解除权人可以解除合同。”约定解除的实质在于，一旦事先约定的条件成就时，当事人就可行使解除权。因此，约定解除为单方解除，此时不需要双方再进行意思表示。

约定解除与协商解除的区别主要体现在二者适用的条件不同：约定解除的条件必须是当事人事先确定的；而协商解除则不须事先约定，往往是在出现了当事人不欲使合同继续存在的情形时，基于当事人的合意而解除合同。

（3）法定解除。法定解除是指在合同成立后且履行完毕之前，一方当事人基于法律规定的事由行使解除权，从而使合同效力归于消灭的行为。法定解除也是一种单方行为，根据《民商法》第五百六十三条规定，有下列情形之一的，当事人可以解除合同：①因不可抗力致使不能实现合同目的；②在履行期限届满前，当事人一方明确表示或者以自己的行为表明不履行主要债务；③当事人一方迟延履行主要债务，经催告后在合理期限内仍未履行；④当事人一方迟延履行债务或者有其他违约行为致使不能实现合同目的；⑤法律规定的其他情形。此外，以持续履行的债务为内容的不定期合同，当事人可以随时解除合同，但是应当在合理期限之前通知对方。

3. 合同解除的程序

（1）解除权行使期限。法律规定或者当事人约定解除权行使期限，期限届满当事人不行使的，该权利消灭。法律没有规定或者当事人没有约定解除权行使期限，自解除权人知道或者应当知道解除事由之日起一年内不行使，或者经对方催告后在合理期限内不行使的，该权利消灭。

（2）行使解除权解除合同，应当通知对方。合同自通知到达对方时解除；通知载明债务人在一定期限内不履行债务则合同自动解除，债务人在该期限内未履行债务的，合同自通知载明的期限届满时解除。对方对解除合同有异议的，任何一方当事人均可以请求人民法院或者仲裁机构确认解除行为的效力。

当事人一方未通知对方，直接以提起诉讼或者申请仲裁的方式依法主张解除合同，人民法院或者仲裁机构确认该主张的，合同自起诉状副本或者仲裁申请书副本送达对方时解除。

4. 合同解除的效力

合同解除后，尚未履行的，终止履行；已经履行的，根据履行情况和合同性质，当事人可以请求恢复原状或者采取其他补救措施，并有权请求赔偿损失。

合同因违约解除的，解除权人可以请求违约方承担违约责任，但是当事人另有约定的除外。

主合同解除后，担保人对债务人应当承担的民事责任仍应当承担担保责任，但是担保合同另有约定的除外。

（二）抵销

1. 抵销的概念与种类

抵销，是指合同双方当事人互负债务时，各自以其债权充当债务之清偿，从而使其债务与对方的债务在对等数额内相互消灭。

抵销基于其产生根据的不同，可以分为法定抵销与约定抵销。法定抵销，是指合同当事人依据法律规定的条件依法行使抵销权。约定抵销，又称合意抵销、意定抵销，是指合同双方当事人基于合意所为的抵销。

2. 法定抵销

（1）法定抵销的适用条件。《民法典》第五百六十八条第一款规定："当事人互负债务，该债务的标的物种类、品质相同的，任何一方可以将自己的债务与对方的到期债务抵销；但是，根据债务性质、按照当事人约定或者依照法律规定不得抵销的除外。"

（2）法定抵销的行使方式。《民法典》第五百六十八条第二款规定："当事人主张抵销的，应当通知对方。通知自到达对方时生效。抵销不得附条件或者附期限。"法律对通知的具体形式没有规定，因此，主张抵销的通知可以采取口头形式、书面形式。

（3）法定抵销的法律效力。双方当事人的债权债务在抵销数额内消灭；法定抵销的意思表示可以溯及可为抵销时，其主要内容包括自可为抵销之时起，利息支付的债务消灭，债务人所发生的损害赔偿责任、违约金责任免除，也不再发生当事人的迟延责任。

3. 约定抵销

《民法典》第五百六十九条规定："当事人互负债务，标的物种类、品质不相同的，经协商一致，也可以抵销。"约定抵销与法定抵销具有同等效力，即都具有消灭当事人之间同等数额的债权债务关系。约定抵销可以改变法定抵销的条件，即在抵销合同中，当事人可以约定减轻或加重法定抵销的条件。抵销合同生效时，发生抵销的效力。

（三）提存

1. 提存的概念

提存，是指由于债权人的原因使债务人无法向其交付合同标的物时，债务人将该标的物提交给提存机关，以消灭合同债务的行为。

2. 提存的条件

（1）提存主体合格。提存涉及三方当事人，即提存人、提存机关和提存受领人。提存人一般为债务人，但又不以债务人为限，凡债务的清偿人均为可提存人。至于提存机关，我国目前还没有专门的提存所，但可以根据提存标的物的性质，选择公安机关、公证处、法院、银行等为提存机关。提存受领人主要是提存之债的债权人，同时，能为受领清偿的第三人也可为提存受领人。

（2）提存的合同之债有效且已届履行期。对于无效合同、可撤销合同、效力待定合同，都不能提存。

（3）提存标的物适当。根据《提存公证规则》第七条的规定，货币、有价证券、票据、提单、权利证书、贵重物品、担保物（金）或其他替代物等可以提存。如果标的物不适于提存或者提存费用过高的，债务人依法可以拍卖或者变卖标的物，提存所得的价款。

3. 提存的适用情形。《民法典》第五百七十条规定，有下列情形之一，难以履行债务的，债务人可以将标的物提存：①债权人无正当理由拒绝受领；②债权人下落不明；③债权人死亡未确定继承人、遗产管理人，或者丧失民事行为能力未确定监护人；④法律规定的其他情形。

4. 提存的法律效力

债务人将标的物或者将标的物依法拍卖、变卖所得价款交付提存部门时，提存成立。提存成立的，视为债务人在其提存范围内已经交付标的物。

标的物提存后，债务人有及时通知义务。债务人应当及时通知债权人或者债权人的继承人、遗产管理人、监护人、财产代管人。

标的物提存后，毁损、灭失的风险由债权人承担。提存期间，标的物的孳息归债权人所有。提存费用由债权人负担。债权人可以随时领取提存物。但是，债权人对债务人负有到期债务的，在债权人未履行债务或者提供担保之前，提存部门根据债务人的要求应当拒绝其领取提存物。债权人领取提存物的权利，自提存之日起五年内不行使而消灭，提存物扣除提存费用后归国家所有。但是，债权人未履行对债务人的到期债务，或者债权人向提存部门书面表示放弃领取提存物权利的，债务人负担提存费用后有权取回提存物。

（四）债务免除

1. 债务免除的概念

债务免除，是指债权人抛弃债权从而使债务全部或部分归于消灭的行为。债务免除是债权人的单方法律行为，即债权人根据其单方的意思表示就可以免除债务人的债务。并且债权人一旦做出了免除债务的意思表示，该意思表示就不得撤回。

2. 债务免除的条件

债务免除是一种法律行为，其成立除了具备民事法律行为成立的一般条件，还应具备以下条件：

（1）债务免除的意思表示应向债务人做出。债务免除的意思表示到达债务人或其代理人时生效。债权人向第三人做出的债务免除的意思表示不产生免除的效力。

（2）债权人应具有处分能力。债权人对法律禁止抛弃的债权而免除债务的，免除无效。

（3）免除不得损害第三人的利益。债权人免除债务人的债务，虽然是债权人的权利，但该权利的行使不得损害第三人的利益。比如，已就债权设定质权的债权人，不得免除债务人的债务而对抗质权人。

3. 债务免除的效力

《民法典》第五百七十五条规定："债权人免除债务人部分或者全部债务的，债权债务部分或者全部终止，但是债务人在合理期限内拒绝的除外。"债务免除可以凭借债权人单方意思产生，但债务人在合理期限内享有拒绝的权利。

（五）混同

1. 混同的概念

混同，是指债权与债务同归于一人，从而使合同关系消灭的事实。混同有广义与狭义之分。广义的混同包括权利与权利的混同、义务与义务的混同、权利与义务的混同；狭义的混同仅指权利与义务的混同。这里的混同即为狭义的混同。

2. 混同的效力

《民法典》第五百七十六条规定："债权和债务同归于一人的，债权债务终止，但是损害第三人利益的除外。"

因此，混同是一种事实，其本身并非行为，无须意思表示，只要有债权债务同归于一人的情形，即发生债权债务消灭的后果。但在法律另有规定或合同标的损害第三人利益时，混同不发生债权债务消灭的效力。例如，在债权出质时，债权人不因混同而消灭；票据的债权人与债务人混同时，债也不当然消灭。

在连带债务中，当连带债务人之一与债权人混同，或者连带债权人与债务人混同时，债权在该连带债务人应负担的债务额限度内消灭，其他连带债务人对剩余部分的债务仍应负连带责任。在连带债权人中一人与债务人混同时，债也仅在该连带债权人所享有的债权额限度内消灭，其他连带债权人对剩余部分的债权仍应享有连带债权。

第八节 合同的责任

一、缔约过失责任

（一）缔约过失责任的概念与特征

1. 缔约过失责任的概念

缔约过失责任，是指在缔约过程中，当事人因自己的过失违反基于诚信原则负有的先合同义务，导致合同不成立，或者合同虽然成立，但不符合法定的生效条件而被确认为无效、可变更或可撤销，并给对方造成损失时所应承担的民事责任。

2. 缔约过失责任的法律特征

（1）法定性。缔约过失责任是基于法律的规定而产生的一种民事责任。依据《民法典》第五百条、第五百零一条规定，只有在符合下列情况下，并给对方造成经济损失的，才应承担该责任：①假借订立合同，恶意进行磋商；②故意隐瞒与订立合同有关的重要事实或者提供虚假情况；③有其他违背诚信原则的行为；④泄露、不正当地使用该商业秘密或者信息。

（2）相对性。缔约过失责任只能发生在缔约阶段，也只能在缔约当事人之间产生。这是该责任与违约责任的一个主要不同之处。

（3）补偿性。缔约过失责任旨在弥补或者补偿因缔约过失行为所造成的财产损害，这是民法意义上的平等、等价原则的具体体现，也是市场交易关系在法律上的内在要求。

（二）缔约过失责任的构成要件

缔约过失责任采取的是过错责任原则，其构成要件主要有：

（1）缔约一方违反先合同义务。所谓“先合同义务”，又称先契约义务或缔约过程中的附随义务，是指自缔约当事人因签订合同而相互磋商，至合同有效成立前，双方当事人基于诚信原则负有的协助、通知、告知、保护、照管、保密、忠实等义务。

（2）违反先合同义务的行为给对方造成了信赖利益的损失。所谓“信赖利益损失”，是指相对方因合理地信赖合同会有效成立却由于合同最终不成立或无效而受到的利益损失。需要注意的是，如果从客观的事实中不能对合同的成立或生效产生信赖的，即使已经支付了大量费用，也不能视为信赖利益的损失，因为这是由于缔约人自己判断失误造成的。

（3）违反先合同义务者主观上存在过错。这里的过错既包括故意也包括过失，但必须是在缔约过程中，违反先合同义务者主观上应具备的条件。

（4）违反先合同义务与对方的损失之间存在因果关系。即相对方的信赖利益损失是由行为人的缔约过失行为造成的，而不是其他行为造成的。

（三）缔约过失责任的赔偿范围

我国现行法律对缔约过失责任的赔偿范围未做明确规定，但通常认为，其赔偿范围限于信赖利益的损失，主要体现直接损失与间接损失两部分。一是直接损失，指因为信赖合同成立和生效而支出的各种费用，比如缔约费用、准备履约和实际履行所支付的费用及利息等；二是间接损失，指如果缔约一方能够获得各种机会，而在因另一方的过错导致合同不成立时，这些机会丧失所带来的损失。比如因信赖合同有效成立而放弃获利机会的损失，亦即丧失与第三人另订合同机会所蒙受的损失；因身体受到伤害而减少的误工收入；其他可得利益损失等。

二、违约责任

（一）违约责任的概念

1. 违约责任的概念

违约责任，又称违反合同的民事责任，是指合同当事人不履行合同义务或者履行合同义务不符合约定时所应承担的民事法律责任。

2. 违约责任与缔约过失责任的区别

违约责任与缔约过失责任不同，二者的区别主要体现在：

（1）成立的前提不同。违约责任以合同有效成立为前提；缔约过失责任只发生在缔约过程中，其成立不已合同成立或有效为前提。

（2）责任方式不同。违约责任的方式多样，比如赔偿损失、支付违约金、实际履行等；缔约过失责任则只有赔偿损失这一种责任。

（3）发生依据不同。违约责任主要基于当事人在合同中的约定，具有约定性；缔约过失责任则是基于法律的明确规定，具有法定性。

（4）归责原则不同。违约责任一般采用严格责任的归责原则，并且法律规定了免责的事由；缔约过失责任则采用过错责任的归责原则，法律没有规定免责事由。

（5）赔偿范围不同。违约责任通常要求赔偿期待利益的损失；缔约过失责任的赔偿往往限于信赖利益的损失。

（二）违约责任的构成要件

1. 违约行为

违约行为是指合同当事人违反合同义务的行为，即合同当事人不履行合同或履行合同不符合约定，这是承担违约责任的前提条件。

2. 不存在免责事由

如果有法定或约定的免责事由，即使有违约行为也不承担违约责任。确立免责事由，主要是基于建立风险合理分配机制及有效防止风险的激励制度。免责事由可以分为法定的免责事与约定的免责事由。根据《民法典》的相关规定，法定的免责事由有以下几种类型：一是不可抗力，这里的不可抗力，是指不能预见、不能避免、不能克服的客观情况，包括台风、洪水等自然灾害和战争等社会现象；二是债权人有过错。约定的免责事由是由双方当事人事预先在合同中约定的，只要其约定不违反法律、社会公序良俗和《民法典》对免责条款的两项限制，那就可以依据此约定免除违约方应承担的违约责任。《民法典》中的两项限制为：提供格式条款一方免除其责任，加重对方责任，排除对方权利的，该条款无效；免除造成对方人身伤害或免除因故意重大过失造成对方财产损失的责任的免责条款无效。

（三）违约行为的形态

违约行为形态，是指违约行为的具体表现形式。根据不同的标准，其可以分为不同的形态，主要的分类有以下几种：

1. 预期违约与实际违约

根据违约发生在合同履行期限届满前还是届满后，违约可以分为预期违约与实际违约。

（1）预期违约。预期违约，又称先期违约，是指在履行期限到来之前，当事人一方无正当理由以明示或暗示的行为表示在履行期限到来后将不履行合同。《民法典》第五百七十八条规定："当事人一方明确表示或者以自己的行为表明不履行合同义务的，对方可以在履行期限届满之前要求其承担违约责任。"可见，预期违约又分为明示预期违约与默示预期违约。需要注意的是，在默示预期违约的构成要件中包括非违约方应有确凿的证据证明对方确有违约行为。如果另一方只是预见或推测一方在履行期限届满时将不履行合同，不能构成确切证据。预期违约制度有利于保护当事人的权益，防止损失进一步扩大。

（2）实际违约。实际违约，是指在履行期限届满之后，当事人不履行或者不完全履行合同义务。实际违约行为的具体类型有：一是拒绝履行，即不履行。这是指在合同期限到来以后，一方当事人无正当理由拒绝履行合同的全部义务。二是迟延履行。这是指合同当事人的履行违反了履行期限的规定。广义的迟延履行包括债务人的给付迟延和债权人的受领迟延，狭义的迟延履行只是债务人的给付迟延。我国《民法典》采用的是广义的概念。三是不适当履行，即质量有瑕疵的履行。这是指当事人交付的标的物不符合合同规定的质量要求。四是部分履行。这是指合同虽然履行但履行不符合数量的规定，或者说履行在数量上存在着不足。五是其他不完全履行的行为，比如在履行地点、方法等方面的不适当履行。

2. 根本违约与非根本违约

根据违约行为是否影响到合同目的的实现，违约可以分为根本违约与非根本违约。

（1）根本违约。这是指合同当事人不履行合同义务，致使合同目的不能实现。此时非违约方可以解除合同。

（2）非根本违约。这是指合同当事人不履行合同义务的行为没有达到合同目的无法实现的程度。此时非违约方不能解除合同。

（四）承担违约责任的方式

根据《民法典》的相关规定，承担违约责任的方式主要有：继续履行、违约补救、损害赔偿、违约金。

1. 继续履行

（1）继续履行的概念。继续履行，又称强制实际履行、依约履行，是指当事人一方不履行合同义务或者履行不符合约定条件时，另一方有权请求法院强制违约方按合同的约定继续履行义务。继续履行是承担违约责任的一种基本方式。

我国《民法典》第五百七十九条规定了金钱债务的继续履行："当事人一方未支付价款、报酬、租金、利息，或者不履行其他金钱债务的，对方可以请求其支付。"《民法典》第五百八十条规定了非金钱债务的继续履行，但下列情形除外：法律上或者事实上不能履行；债务的标的不适于强制履行或者履行费用过高；债权人在合理期限内未要求履行。但需要注意的是，当事人一方不履行债务或者履行债务不符合约定，根据债务的性质不得强制履行的，对方可以请求其负担由第三人替代履行的费用。

（2）继续履行的适用条件。继续履行作为一种违约责任形式，其适用条件包括：一是应有违约行为的存在；二是非违约方应在合理期限内提出继续履行的请求；三是应依据法律和合同的性质能够履行的，比如提供个人服务的合同、一些基于人身依赖关系而产生的合同（委托合同、信托合同、合伙合同等）就不能适用继续履行的形式；四是实际履行在事实上是可能的和在经济上是合理的。

（3）继续履行与损害赔偿的关系。继续履行与损害赔偿这两种违约责任形式可以同时适用，即继续履行仍然不能弥补其他损失的，或者还有其他损失的，对于其他损失仍然需要赔偿。《民法典》第五百八十三条规定："当事人一方不履行合同义务或者履行合同义务不符合约定的，在履行义务或者采取补救措施后，对方还有其他损失的，应当赔偿损失。"

2. 违约补救

（1）违约补救的概念。违约补救有广义与狭义之分，广义的违约补救包括继续履行、损害赔偿、违约金等。这里采用的是狭义的概念，是指履行合同不符合约定，当事人应采取措施予以补救使其尽可能符合约定。

（2）违约补救的具体种类。违约补救常适用于质量不符合约定的合同。《民法典》第五百八十二条规定："履行不符合约定的，应当按照当事人的约定承担违约责任。对违约责任没有约定或者约定不明确，依本法第五百一十条的规定仍然不能确定的，受损害方根据标的性质以及损失的大小，可以合理选择要求对方承担修理、更换、重做、退货、减少价款或者报酬等违约责任。"也就是说，交付的产品质量不符合约定的，受损害方根据标的的性质以及损失的金额，可以合理选择要求对方承担修理、更换、重做、退货、减少价款或者报酬等违约责任。

（3）违约补救与损害赔偿的关系。根据《民法典》第五百八十三条的规定，违约补救与损害赔偿这两种违约责任形式可以同时适用，即违约补救仍然不能弥补其他损失的，或者还有其他损失的，对于其他损失仍然需要赔偿。

3. 损害赔偿

（1）损害赔偿的概念。损害赔偿，又称违约损害赔偿，是指一方当事人因违约行为而给对方造成损失，应依法和依约赔偿对方当事人所受的损失。

（2）损害赔偿的特点。损害赔偿具有以下特点：一是损害赔偿是因债务人不履行合同义务所产生的责任；二是损害赔偿原则上仅具有补偿性而不具有惩罚性；三是损害赔偿具有一定的任意性。基于合同自由原则，当事人在订立合同时，可以预先约定一方当事人在违约时应向另一方当事人支付的一定的金钱；四是损害赔偿以赔偿当事人实际遭受的全部损失为原则。

（3）损害赔偿的范围与限制。损害赔偿的范围包括实际损失与可得利益损失两部分。所谓实际损失，是指因违约给对方造成的现有财产的毁损、灭失、减少和债权人为减少或者消除损害所支出的必要的合理的费用。所谓可得利益，是指合同在履行以后可以实现和取得的利益。可得利益必须是一种通过合同的实际履行才能实现的未来的利益，是当事人订立合同时能够合理预见到的利益。《民法典》第五百八十四条规定："当事人一方不履行合同义务或者履行合同义务不符合约定，给对方造成损失的，损失赔偿额应当相当于因违约所造成的损失，包括合同履行后可以获得的利益，但不得超过违反合同一方订立合同时预见到或者可以预见到的因违反合同可能造成的损失。"

需要注意的是，损害赔偿受到两方面的限制：一是可预见规则的限制。如果损害不可预见，则违约方不应赔偿。采用此限制规则的根本原因在于，只有在交易发生时，订约当事人对其未来的风险和责任可以预见，才能计算其费用和利润，从而正常地进行交易活动。二是减轻损失规则的限制。所谓减轻损失规则，是指在一方违约并造成损失后，另一方应及时采取合理的措施防止损失扩大，否则，无权要求就扩大部分的损失要求违约方赔偿。当事人因防止损失扩大而支出的合理费用，由违约方负担。

4. 违约金

（1）违约金的概念。违约金，是指当事人通过协商预先确定的，在违约发生后做出的独立于履行行为以外的给付。《民法典》第五百八十五条第一款规定："当事人可以约定一方违约时应当根据违约情况向对方支付一定数额的违约金，也可以约定因违约产生的损失赔偿额的计算方法。"

（2）违约金的种类。违约金根据其性质的不同可以分为惩罚性违约金与补偿性违约金两种。所谓惩罚性违约金，是指违约金具有惩罚性质，当一方的违约行为未给对方造成损失时，或者约定违约金的数额大于损失额时，此时的违约金即具有一定的惩罚性质。所谓补偿性违约金，又称赔偿性违约金，则具有赔偿损失的性质，当一方的违约行为给对方造成了损失，并且损失大于或者等于违约金时，此时的违约金即具有补偿性质。我国《民法典》更注重强调后者，虽然违约金的约定属于合同自由的范围，但这种自由要受到国家干预的限制。《民法典》第五百八十五条第二款规定："约定的违约金低于造成的损失的，人民法院或者仲裁机构可以根据当事人的请求予以增加；约定的违约金过分高于造成的损失的，人民法院或者仲裁机构可以根据当事人的请求予以适当减少。"

（3）违约金与其他责任形式的关系。一是违约金与继续履行。在实践中，违约金的支付是独立于履行之外的，如果没有特别约定当事人不得在支付违约金后免除履行主债务的义务，则债务人不得以支付违约金完全代替继续履行。《民法典》第五百八十五条第三款规定："当事人就迟延履行约定违约金的，违约方支付违约金后，还应当履行债务。"因此，违约金的支付与继续履行可以同时适用。二是违约金与损害赔偿。违约金与损害赔偿具有不同的特点，二者不能同时适用。通常，违约金为约定，赔偿金为法定，根据民法意义自治原则，约定优先，因此当事人之间只要约定了违约金，就应当优先适用，但同时也要满足前述《民法典》第五百八十五条第二款的限制。三是违约金与定金。根据《民法典》第五百八十八条规定，违约金与定金只能选择适用其一，即当事人既约定违约金，又约定定金的，一方违约时，对方可以选择适用违约金或定金条款。但是，定金不足以弥补一方违约造成的损失的，对方可以请求赔偿超过定金数额的损失。

本章思考

1. 理解下列术语：

诺成合同　实践合同　要约　承诺　不安抗辩权　定金

合同保全　抵销　提存　债务免除　混同　预期违约　根本违约

2. 简述合同法的基本原则。
3. 比较要约与要约邀请的区别。
4. 试述要约与承诺的认定与法律效力。
5. 试述无效合同、可撤销合同和效力待定合同的认定规则。
6. 试述合同担保中的定金规则。
7. 简述合同的变更的条件与效力。
8. 简述提存的条件与法律效力。
9. 简述缔约过失责任与违约责任区别。

第六章 国际货物买卖法

■本章要点

1. 国际货物买卖的概念与特点
2. 买卖双方的权利与义务
3. 国际货物买卖中的货物保全
4. 买卖双方违约的救济方法
5. 货物所有权与货物风险的转移

第一节 概述

一、国际货物买卖的概念与特点

国际货物买卖通常是由买卖双方以签订国际货物买卖合同的形式进行的。国际货物买卖合同是指不同国家的当事人之间以转让货物所有权为目的所达成的具有国际因素的货物买卖合同。

国际货物买卖的特点主要有：

1. 国际货物买卖中的“国际性”

根据1980《联合国国际货物销售合同公约》（以下简称《公约》）的规定，这里的国际性采用了单一的“营业地”标准，即凡营业地处于不同国家的当事人之间所订立的货物买卖合同，即为国际货物买卖合同。而当事人的国籍、住所、交易标的是否跨越国境等不再作为确定货物买卖合同是否具有国际性的因素。自此，许多国际条约都以“营业地”为标准确定货物买卖的国际性。

2. 国际货物买卖的标的物是“货物”

《公约》中并未明确规定何谓“货物”，但采用了排除法的规定，在第二条规定了不适用该公约的货物买卖包括：①仅供私人、家人或家庭适用的货物的销售；②经由拍卖方式进行的销售；③根据法律执行令状或其他令状的销售；④公债、股票、投资证券、流通票据或货币的销售；⑤船舶、船只、气垫船或飞机的销售；⑥电力的销售。《公约》不调整不被视为货物或有争议的货物，也不调整一般不视为动产的货物。但值得注意的是，《公约》所调整的货物既包括存在物，也包括尚在制造或生产的货物。

3. 国际货物交易的性质是“买卖”

交易性质不同，适用的法律也有所不同。国际货物买卖合同是指卖方将货物所有权转移给买方，买方须支付相应对价给卖方的合同。

二、关于国际货物买卖的立法与惯例

（一）各国国内立法

（1）大陆法系国家通常有两种做法：①民商分立的做法。商法与民法是特别法与一般法的关系，商法优先适用，当商法没有规定的情况下，适用民法的规定。②民商合一的做法。一般在民法的“债”篇中加以规定。

（2）普通法系国家，没有民法与商法的区分，其买卖法由两个部分组成：①由法院判例形式确立的法律原则。②成文法，主要体现为单行法规。典型的成文法如：英国1893年《货物买卖法》、英国现行的1995年修订的《货物买卖法》、美国1906年的《统一买卖法》、1994年《统一商法典》（简称UCC）。

（3）我国没有专门的货物买卖法，民法通则的原则性规定作为一般法适用于货物买卖关系，1999年生效的《合同法》是调整我国货物买卖关系的主要国内立法，该法同时适用于国内和涉外的买卖关系。1986年我国加入了《公约》，因此，在符合公约适用条件的情形下，该《公约》可以适用于与我国有关的国际货物买卖关系。

（二）关于国际货物买卖的国际公约

这里着重介绍与我国国际贸易联系最为密切的《联合国国际货物销售合同公约》。

1. 产生背景

联合国国际贸易法委员会（The United Nations Commission on International Trade Law）从1969年开始，经过大约10年的酝酿准备，于1978年完成起草了一项新的公约，即《联合国国际货物销售合同公约》。该《公约》于1980年3月在维也纳召开的外交会议上获得通过，并于1988年1月1日起生效。我国政府派代表团出席了该会议，参与了《公约》草案的讨论，并于1986年12月11日向联合国秘书处交存了关于该《公约》的核准书，从而成为该《公约》的最早缔约国之一。截至2015年12月29日，该《公约》的缔约国已达到84个。

2. 加入《公约》时的两个保留

我国在加入该《公约》时提出了两个保留：

（1）关于适用《公约》情形的保留。《公约》第一条规定了当营业地在不同国家的当事人之间所订立的货物销售合同可以适用《公约》的两种情形，一是如果这些国家是缔约国；二是如果国际私法规则导致适用某一缔约国的法律。我国对后一种情形予以了保留。因为当时我国由于经济体制的原因，在经济贸易方面制定了两套法律，一套适用于国内商贸，另一套适用于国际商贸，如果对公约不进行保留，那么国内的涉外经贸立法就无法得到适用。但1999年我国实行了统一的《合同法》后，原《中华人民共和国经济合同法》《中华人民共和国涉外经济合同法》《中华人民共和国技术合同法》同时废止，这一保留已无意义。2021 年 1 月 1 日，我国《民法典》开始施行，《合同法》同时废止。

（2）关于合同形式的保留。《公约》第十一条规定，销售合同无须以书面订立或书面证明，在形式方面也不受任何其他条件的限制。销售合同可以用包括人证在内的任何方法证明。我国对此提出了保留，强调营业地位于中国的缔约方缔结的国际销售合同必须采用书面形式。

但需要特别说明的是，2013 年 1 月中国政府正式通知联合国秘书长，撤回对《联合国国际货物销售合同公约》所作“不受公约第十一条及与第十一条内容有关规定的约束”的声明，该撤回已正式生效。至此，我国《合同法》与《公约》对合同形式的规定及适用趋于统一。

（三）关于国际货物买卖的商事交易习惯

这里着重介绍影响较大并在实践中得到广泛应用的国际商会编纂的《国际贸易术语解释通则》（2000 年），同时对 2010 的最新版本进行比较。

资料卡 6. 1

国际商会简介①

国际商会（The International Chamber of Commerce，ICC）于 1919 年在美国发起，1920 年正式成立。其总部设在法国巴黎，发展至今已拥有来自 130 多个国家的成员公司和协会，国际商会是为世界商业服务的非政府间组织，是联合国等政府间组织的咨询机构。

国际商会以贸易为促进和平、繁荣的强大力量，推行一种开放的国际贸易、投资体系和市场经济。由于国际商会的成员公司和协会本身从事于国际商业活动，因此它所制定用以规范国际商业合作的规章，如《托收统一规则》《跟单信用证统一惯例》《国际商会 2000 国际贸易术语解释通则》等被广泛地应用于国际贸易中，并成为国际贸易不可缺少的一部分，国际商会属下的国际仲裁法庭是全球最高的仲裁机构，为解决国际贸易争议起着重大的作用。

资料卡 6. 2

中国国际商会简介②

中国国际商会（China Chamber of International Commerce，CCOIC ）是在中国从事国际商事活动的企业、团体和其他组织组成的国家级国际性会员制商会组织（民政部登记证号：社证字第 4768 号）。

1988 年，国务院批准成立中国国际商会。中国国际商会以为会员提供专属优质服务为宗旨，其职责是向国际组织和政府部门反映中国工商业界的利益诉求，参与国际经贸规则与惯例的制定和推广，促进国内外经贸交流与合作，提供法律服务、商务咨询、信息资讯和业务培训等服务，倡导社会责任与公益事业等。

---

① 资料来源：http://baike.soso.com/v266614.htm？ pid=baike.box.

② 资料来源：http://www.ccoic.cn 中国国际商会。

中国国际商会于1994年代表中国加入了国际商业组织——国际商会，国际商会中国国家委员会（The Affiliate of International Chamber of Commerce in China，ICC CHINA）秘书局设在中国国际商会。中国国际商会在开展与国际商会（ICC）相关业务时，使用ICC CHINA的名义。中国国际商会组织会员单位，全面深入地参与国际商会的各种活动，利用国际商会的全球商业网络，同各国商界、政府相关机构以及国际组织建立广泛联系，促进中外企业的合作与交流，推动中国经济融入世界的进程。

《国际贸易术语解释通则》（International Rules for the Interpretation of Trade Terms）最早由国际商会（ICC）于1936年制定，后分别于1953年、1967年、1976年、1980年、1990年、2000年和2010年进行了修改和补充，其中2000年版和2010年版影响较大，下面分别对此进行介绍。

1.《2000年国际贸易术语解释通则》

《2000年国际贸易术语解释通则》从2000年1月1日起生效，按照卖方的责任逐渐增大，买方的责任逐渐减小的规律规定了13种贸易术语，分为E组、F组、C组和D组。其中，FOB、CIF、CFR在海运中常用，FCA、CPT、CIP随着多式联运的不断发展，其作用也在日益扩大。

（1）E组术语（内陆交货合同）。

E组中只有1种术语，即EXW（工厂交货）。该术语全称为Ex work（named place），其中文意为：工厂交货（指定地点）。

该术语指出口方在自己的工厂交货，并由进口方负责运输和保险。在13个贸易术语中，这个术语的特点是卖方的责任最小，而买方的责任最大。

（2）F组术语（主要付费未付——装运合同）。

①FCA。该术语全称为Free Carrier（named place），其中文意为货交承运人（指定地点）。该术语指卖方只要将货物在指定地点交给由买方指定的承运人，并办理了出口清关手续，即履行了其交货义务，货物的风险亦从交货转移至买方。买方负责运输和保险

②FAS。该术语全称为Free Alongside Ship（named port of shipment），其中文意为船边交货（指定装运港）。该术语指卖方在指定的装运港将货物交至买方指定船只的船边，即履行其交货义务。在交货时风险转移，即风险的转移以指定的船边为界。在办理海关清关手续的义务上，该术语要求卖方办理出口清关手续，而买方办理进口清关手续。该术语仅适用于海运或内河运输。与FOB不同的是，卖方不需要安排装货的事宜，与港口接洽安排装货是买方的事情。

③FOB（船上交货）。该术语全称为Free On Board（named port of shipment），其中文意为船上交货（指定装运港），在我国又称“离岸价格”。该术语指卖方在合同规定的装运港负责将货物装到买方指定的船上，并负担货物越过船舷前的一切费用和风险。这意味着买方必须从货物在装运港越过船舷时起承担一切费用以及货物灭失或损坏的一切风险。该术语仅适用于海运或内河运输。在船舷无实际意义的情况下，如在滚装/滚卸或集装箱运输的场合，使用FCA术语更为合适。

FOB的主要特征：第一，卖方必须承担把货物交到船上的责任并支付有关费用；第二，卖方在装运港交货；第三，货物风险从越过船舷时起即转移至买方；第四，买方

负责运输与保险。

FOB 在使用中应注意，FOB 条件下卖方的交货义务有两项：第一，将货物装上船；第二，装船之后，必须及时向买方发出已装船通知。而通知义务往往被忽视，如果卖方没有及时通知买方，即构成违约。

（3）C 组术语（主要运费已付——装运合同）。

①CFR。该术语全称为 Cost and Freight（named port of destination），其中文意为成本加运费（指定目的港）。该术语指在装运港货物越过船舷，卖方即完成交货，卖方必须支付将货物运至指定目的港所需的运费。但货物风险是在装运港船舷转移的。

CFR 在使用中应注意：装船运输由卖方负责，而购买保险由买方负责，若衔接不好，容易出现漏保的现象，因此，卖方在装船后应给买方充分的通知，否则，卖方应承担货物在运输途中的风险。

CFR 与 CIF 相比，在价格构成中少了保险费，因此，在 CFR 价格条件下，除了保险是由买方办理外，其他方面的双方义务与 CIF 基本相同。

②CIF。该术语全称为 Cost，Insurance and Freight（named port of destination），其中文意为成本、保险费加运费（指定目的港）。在我国被称为“到岸价格”。该术语指卖方除必须负有与 CFR 术语相同的义务外，还必须办理货物在运输途中应由买方承担的货物灭失或损坏的风险的保险。卖方签订保险合同并支付保险费。买方应注意根据 CIF 术语，只能要求卖方投保最低的保险险别。货物装船后灭失或损坏的风险及货物装船后所发生的任何额外费用，则自货物于装运港越过船舷时起从卖方转由买方承担。

CIF 的主要特点：卖方是以向买方提供适当的装运单据来履行其交货义务的，而不是以向买方交付货物是实物来完成其交货义务。

与 FOB 的区别：一是货物的价格构成不同；二是卖方承担的责任不同；三是贸易术语的表述不同，如“FOB 上海”中的上海指的是装运港，而“CIF 上海”中的上海指的是目的港。

③CPT。术语全称为 Carriage Paid To（named place of destination），其中文意为运费付至（指定目的地）。卖方向其指定的承运人交货，但卖方还必须支付将货物运至目的地的运费。此术语适用于各种运输方式。在货物由多个承运人先后联合承运的情况下，如果由后继承运人将货物运至目的地，则风险自货物交付第一承运人时起由卖方转移至买方。

④CIP 。该术语全称为 Carriage and Insurance Paid TO（named place of destination），其中文意为运费和保险费付至（指定目的地）。该术语指卖方除必须负有与 CPT 术语相同的义务外，还必须办理货物在运输途中应由买方承担的货物灭失或损坏风险的保险。由卖方签订保险合同并支付保险费。不过，买方应注意，根据 CIP 术语，只能要求卖方以最低的保险险别投保。

（4）D 组术语（到货合同）。

①DAF。该术语全称为 Delivered at Frontier（named place），其中文意为边境交货（指定地点）。

②DES。该术语全称为 Delivered EX Ship（named port of destination），其中文意为船上交货（指定目的港）。

③ DEQ。该术语全称为 Delivered EX Quay（named port of destination），其中文意为

目的港码头交货（关税已付）（指定目的港）。

④DDU。该术语全称为 Delivered Duty Unpaid（named place of destination），其中文意为未完税交货（指定目的地）。

⑤DDP。该术语全称为 Delivered Duty Unpaid（named place of destination），其中文意为完税后交货（指定目的地）卖方必须承担将货物运至目的地的一切风险和费用，包括办理出口及进口手续。

资料卡 6.3

《2000 年通则》解释的贸易术语

贸易术语	交货地点	风险转移	运输	保险	运输方式
EXW 工厂交货	卖方工厂	交货时	买方	无义务	各种运输
FCA 货交承运人	交承运人	交货时	买方	无义务	各种运输
FAS 船边交货	装运港船边	交货时	买方	无义务	海运 内河
FOB 船上交货	装运港船上	装运港船舷	买方	无义务	海运 内河
CFR 成本加运费	装运港船上	装运港船舷	卖方	无义务	海运 内河
CIF 成本运费保险费	装运港船上	装运港船舷	卖方	卖方	海运 内河
CPT 运费付至	交承运人	交货时	卖方	无义务	各种运输
CIP 运费保险费付至	交承运人	交货时	卖方	卖方	各种运输
DAF 边境交易	边境指定地点	交货时	卖方	无义务	陆上运输
DES 目的港船上交货	目的港船上	交货时	卖方	无义务	海运 内河
DEQ 目的港码头交货	目的港码头	交货时	卖方	无义务	海运 内河
DDU 未完税交货	指定目的地	交货时	卖方	无义务	各种运输
DDP 完税交货	指定目的地	交货时	卖方	无义务	各种运输

注：在《Incoterms 2000》中，除了 CIF 和 CFR 之外，在保险合同的项目下，卖方和买方的义务中均注明“无义务”，所谓无义务，是指一方对另一方不承担义务的情况。但在 D 组中，均为到货合同，即卖方在目的地完成交货，那么在交货前的风险自然由卖方承担。因此，卖方为了货物的安全，应自费办理保险。

2. 2010 年国际贸易术语解释通则

2010 年 9 月国际商会公布了新版本《国际贸易术语解释通则 2010——国际商会制定的适用于国内和国际贸易的术语通则》（以下简称《2010 年通则》），于 2011 年 1 月 1 日正式实施。值得一提的是，《2000 年通则》并不是自动作废，因为国际贸易惯例本身不是法律，对国际贸易当事人不产生必然的强制性约束力。

《2010 年通则》考虑了无关税区的不断扩大，商业交易中电子信息使用的增加，货物运输中对安全问题的进一步关注以及运输方式的变化。《2010 年通则》更新并整合与“交货”相关的规制，将术语总数由原来的 4 组 13 个减少至 2 组 11 个，并对所有规制做出更加简洁、明确的陈述。

资料卡 6.4

《2010 年通则》解释的贸易术语

组别	贸易术语	中文名称
适用于任何运输方式或多种运输方式的术语	EXW (ex works)	工厂交货（指定交货地点）
	FCA (free carrier)	货交承运人（指定交货地点）
	CPT (carriage paid to)	运费付至（指定目的地）
	CIP (carriage and insurance paid to)	运费保险费付至（指定目的地）
	DAT (delivered at terminal)	运输终端交货（指定港口或目的地运输终端）
	DAP (delivered at place)	目的地交货（指定目的地）
	DDP (delivered duty paid)	完税后交货（指定目的地）
适用于海运和内河水运的术语	FAS (free alongside ship)	船边交货（指定装运港）
	FOB (free on board)	船上交货（指定装运港）
	CFR (cost and freight)	成本加运费（指定目的港）
	CIF (cost insurance and freight)	成本、保险费加运费（指定目的港）

《2000 年通则》与《2010 年通则》的主要区别：

（1）术语分类调整：E、F、C、D 四组贸易术语适用于两类贸易，即水运和各种运输方式。

（2）贸易术语的数量减少。由原来的 13 种减少为 11 种：

①删除《2000 年通则》中 D 组贸易术语，即 DDU、DAF、DES、DEQ，只保留 D 组中的 DDP 术语。

②新增两种 D 组贸易术语，即 DAT 与 DAP：DAT（Delivered at Terminal），目的地或目的港集散站交货。该术语类似于 DEQ 术语，指卖方在指定的目的地卸货后将货物交给买方处置即完成交货，术语所指目的地包括港口。卖方应承担将货物运至指定的目的地的一切风险和费用（除进口费用外）。本术语适用于任何运输方式或多式联运；DAP（Delivered at Place），目的地交货。该术语类似于 DAF、DES 和 DDU 术语，指卖方在指定的目的地交货，只需做好卸货准备无须卸货即完成交货。术语所指到的到达车辆包括船舶，目的地包括港口。卖方应承担将货物运至指定的目的地的一切风险和费用（除进口费用外）。本术语适用于任何运输方式、多式联运方式及海运。

③E 组、F 组、C 组的贸易术语基本没有变化。

（3）新贸易术语通则取消了"船舷"的概念。卖方承担货物装上船为止的一切风险，买方承担货物自装运港装上船之后的一切风险。比如：FOB 术语中，一直以来风险转移以"在装运港越过船舷"为界限，但这一原则在实践中缺乏操作性，比如由于装货方式的改进，有些货物在装船时并不需要越过船舷，此时"以船舷为界"就失去了意义。《2010 年通则》将风险转移的界限修改为"以约定的交货日期或交货期限届满之日"，这样修改既增强了可操作性，同时也更有利于平衡当事人的权益。

（4）在 FAS、FOB、CFR 和 CIF 等贸易术语中加入了在货物运输期间被多次买卖（连环贸易）的责任义务的划分。

(5) 赋予电子单据与书面单据同样的效力，增加对出口国安检的义务分配，要求双方明确交货位置，将承运人定义为缔约承运人。

(6) 适用的贸易合同范围扩大。考虑到对于一些区域贸易集团内部贸易的特点，《2010年通则》不仅适用于国际销售合同，也适用于国内销售合同。

其他贸易术语的内容基本没有变化，从E组到D组，11种贸易术语还是呈现出卖方责任逐渐增大，买方责任逐渐减小的特点。

第二节　买卖双方的义务

买卖双方的义务是国际货物买卖合同的核心内容。本节的内容主要以《联合国国际货物销售合同公约》为依据进行介绍。

一、卖方的义务

根据《公约》的规定，卖方的主要义务包括三项：①交付货物和移交单据；②货物相符义务，即品质担保义务；③权利担保义务，也称第三方要求。

（一）交付货物和移交单据

对于货物销售合同的卖方而言，交付货物和移交货物单据是其最基本的合同义务。

1. 交货方式

所谓交货（delivery），是指卖方自愿地转移货物的占有权，使货物的占有权从卖方手中转移到买方手中。交货的方式可以由买卖双方在合同中约定。在国际货物销售中，存在两种交货方式：

(1) 实际交货（physical delivery）。实际交货指将货物本身连同单据一并转移给买方。比如，在EXW、DES、DEQ、DDP等贸易术语中，卖方必须在指定的地点将货物置于买方的支配之下，这就是一种实际交货的方式。

(2) 象征性交货（symbolic delivery）。象征性交货指卖方将代表货物所有权的证书交给买方就视为完成交货的义务。比如在CIF贸易术语中，当卖方将货物交给了指定的承运人，取得了提单或类似的装运单据，并将该提单或单据交给买方，就视为已经履行了交货义务。

2. 交货地点

《公约》第三十一条规定，如果根据合同，卖方没有义务在其他特定地点交货，那么，其交货义务如下：①如果销售合同涉及货物的运输，卖方就应当把货物交给第一承运人，以由后者运交给买方；②在不涉及货物运输的情况下，如果合同指定的是特定货物或从特定存货中提取的或尚待制造或生产的未经特定化的货物，而且双方当事人在订立合同时已经知道这些货物是在某一特定地点，或将在某一特定地点制造或生产，那么，卖方就应当在该地点把货物交由买方处置；③在其他情况下，卖方应当在订立合同时的营业地把货物交由买方处置。

3. 交货时间

《公约》第三十三条规定，卖方必须按以下规定的日期交货：①如果合同规定了交货日期，或者，虽合同未明确规定交货日期，但从合同中可以确定交货日期，卖方就应当在该日期交货；②如果合同规定有一段时间，或从合同中可以确定一段时间为交货期，那么除非情况表明应由买方选定一个日期以外，卖方就应在该段时间内的任何时候交货；③在其他情况下，卖方应在订立合同后的一段合理时间内交货。

4. 移交单据

《公约》第三十四条规定，如果按照合同的规定，卖方有义务移交与货物有关的单据，那么，卖方就必须按照合同规定的时间、地点和方式移交这些单据。如果卖方在合同所规定的交单时间以前已经移交了这些单据，卖方可以在合同所规定的交单时间到达以前，纠正单据中任何不符合合同规定的情形，但是，卖方的这种权利的行使不利使买方遭受不合理的不便或承担不合理的开支。而且，在这种情况下，买方仍然保留根据公约的规定其所具有的要求损害赔偿的任何权利。

有关货物的单据一般包括提单、装箱单、保单、商业发票、领事发票、原产地证书、重量证书或品质检验证书等。

（二）货物相符的义务（品质担保义务）

1. 明示义务

《公约》第三十五条第一款规定，卖方交付的货物必须与合同所规定的数量、质量和规格相符，须按照合同所规定的方式装箱或包装。

2. 默示义务

《公约》第三十五条第二款规定，除双方当事人另有约定外，货物必须符合以下规定，否则即为与合同不符：①货物适用于同规格货物通常的目的；②货物适用于订立合同时曾明示或默示地通知卖方的任何特定目的，除非情况表明买方并不依赖卖方的技能和判断力，或者这种依赖对卖方是不合理的；③货物的质量与卖方向买方提供的货物样品或样式相同；④货物按照同类货物通用的方式装箱或包装，如果没有此种通用方式，则按照足以保全和保护货物的方式装箱或包装。

买方有权检验货物，以确定货物是否与合同相符。如果因货物与合同不符而向卖方索赔，买方必须在发现或理应发现不符情形后一段合理时间内通知卖方，说明不符合同情形的性质，否则，买方就丧失就货物与合同不符而向卖方索赔的权利。

但是，无论如何，如果买方未在其实际收到货物之日起 2 年内将货物不符合同的情形通知卖方，那么，买方就丧失因货物与合同不符而主张损害赔偿的权利，除非这一时限与合同所规定的保证期限不一致。

（三）权利担保义务（第三方要求）

卖方保证对其出售的货物享有合法权利，没有侵犯任何第三人权利，第三人也不能就货物向买方主张任何权利。

1. 具体内容

权利担保义务是法定义务，无须合同约定，其具体内容包括：①卖方有权出售；②货物不存在任何未曾披露的担保物权；③没有侵犯他人的知识产权。

2.《公约》的相关规定

《公约》第四十一条规定了卖方的一般权利担保义务，即卖方所交付的货物，必须是第三方不能提出任何权利或要求的货物，除非买方同意在这种权利或要求的条件下收取货物。

《公约》第四十二条规定了卖方的知识产权权利担保义务，即卖方所交付的货物，必须是第三方不能根据工业产权或其他知识产权主张任何权利或要求的货物。但以卖方在订立合同时已经知道或不可能不知道的权利或要求为限，而且这种权利或要求根据以下国家的法律规定是以工业产权或其他知识产权为基础的：①如果双方当事人在订立合同时预期货物将在某一国境内转售或做其他使用，则根据货物将在其境内转售或做其他使用的国家的法律；②在任何其他情况下，根据买方营业地所在国家的法律。

上述对卖方规定的义务不适用于以下情况：①买方在订立合同时已经知道或不可能不知道此项权利或要求；②此项权利或要求的发生，是由于卖方要遵照买方所提供的技术图样、图案、程式或其他规格。

案例 6.1

卖方的权利担保责任①

某年，我国某机械进出口公司向一法国商人出售一批机床。法国又将该机床转售到美国及一些欧洲国家。机床进入美国后，美国进出口商被起诉侵犯了美国某一有效的专利权，法院判令被告赔偿专利人损失，随后美国进口商向法国出口商追索，法国商人又向我方索赔。

问题：我方是否应该承担责任，为什么?

评析：根据《公约》规定，作为卖方的我国某机械进出口公司应该向买方——法国商人承担所出售的货物不会侵犯他人知识产权的义务，但这种担保应该以买方告知卖方所要销往的国家为限，否则，卖方只保证不会侵犯买方所在国家的知识产权人的权利。

二、买方的义务

根据《公约》的规定，买方的义务主要包括两个：一是支付货款，二是收取货物。

（一）支付货款

支付货款是买方在贸易合同中最基本的义务。

1. 确定货物的价格

根据《公约》第五十五条规定，如果合同已经订立，但没有明示或暗示地规定价格或规定如何确定价格，在没有任何相反表示的情况下，双方当事人应视为已默示地引用订立合同时此种货物在有关贸易的类似情况下销售的通常价格。

《公约》第五十六条规定，如果价格是按货物的重量规定的，如有疑问，应按净重确定。

温故知新

根据《联合国国际销售合同公约》的规定，如果合同没有明示或默示地规定货物的价格或规定价格的方法时，应（　　）。

A. 按交货时的合理价格来确定货物的价格

B. 按提货时的合理价格来确定货物的价格

① 资料来源：http://news.9ask.cn/gjmy/fg/201004/542213.html.

C. 按照进口国法律规定来确定货物的价格

D. 按订立合同时的通常价格来确定货物的价格

【参考答案】D

2. 付款地点

根据《公约》第五十七条的规定，如果买方没有义务在其他特定地点支付货物价款，那么，买方就必须在以下地点向卖方支付价款：①卖方的营业地；②在移交货物或单据支付价款的场合，移交货物或单据的地点。需要注意的是，如果在订立合同后，卖方的营业地发生了变动，那么，卖方就必须承担因其营业地变动而使买方增加的与支付价款有关的费用。

3. 付款时间

《公约》第五十八条对买方的付款时间规定了 3 条规则：①如果按照合同的规定，买方没有义务在任何其他特定的时间内付款，那么，买方就必须于卖方按照合同和公约的规定将货物或控制货物处置权的单据交给买方处置时付款。卖方可以将买方的付款作为其移交货物或单据的条件；②如果合同涉及货物的运输，卖方可以将在买方付款后，才把货物或控制货物处置权的单据移交给买方，作为发运货物的条件；③买方在未有机会检验货物前，无义务支付货款，除非这种机会与双方当事人所约定的交货或付款程序相抵触。比如双方采用 FOB、不可撤销信用证的方式。

（二）收取货物

买方的第二项基本合同义务是收取货物。按照《公约》第六十条的规定，买方收取货物的义务有以下两个方面：①采取一切理应采取的行动，以期卖方能交付货物；②接收货物。值得一提的是，“接收”并非“接受”。“接受”是买方认为货物在品质、数量等各方面均符合合同的要求时的行为。如果货到目的地经检验后，货物不符合合同规定，买方也应“接收”货物，但可向卖方及时提出索赔。假如买方将货物置于码头或露天任其遭受风吹雨打，则买方违反了收取货物的义务，由此造成的损失应由买方负责。

三、买卖双方的共同义务

（一）合同履行中的通知义务

在履行合同的过程中，买卖双方需要根据合同的实际履行情况，相互发出通知。如果不发出通知，则违反了《公约》规定的通知义务。

《公约》对不同通知的效力分别进行了规定：

1. 发出即生效

通知发出方履行了义务，该通知发出即产生效力，对方收到与否都不影响发送方的权利。这类通知包括：检验缺陷的通知、要求索赔或补救的通知、交付宽限期的决定的通知、宣告合同无效的通知。

2. 到达才生效的通知

如果收到的通知是进一步行为或不行为、或产生某种后果的条件，则通知只有在收到后才产生效力。这类通知包括：为对方设立的履约宽限期和合理期限的通知、遇到履行障碍的一方发出的通知。

（二）保全货物

保全货物是公约对不同情况下的买方和卖方规定的一项非常富于实务性的义务。《公约》第八十五条至八十八条是关于保全货物的规定。

（1）保全货物的含义。保全货物是指在一方当事人违约时，另一方当事人仍持有货物或控制货物的处置权时，该当事人有义务对他所持有的或控制的货物进行保全。其目的是为了减少违约一方当事人因违约而给自己带来的损失。

（2）保全货物的条件。买卖双方都有保全货物的义务，但条件不同：①卖方：买方没有支付货款或接受货物，而卖方仍拥有货物或控制货物的处置权。②买方：买方已接受了货物，但打算退货。

（3）保全货物的方式。保全货物的方式：①将货物寄放于第三方的仓库，由违约方承担费用，但费用必须合理；②将易坏货物出售，并应将出售货物的打算在可能的范围内通知对方。出售货物的一方可从出售货物的价款中扣除保全货物和销售货物发生的合理费用。

（4）提前发出意向通知。如果另一方当事人在收取货物、收回货物、支付价款或保全货物费用方面有不合理的迟延，那么，有义务保全货物的当事人可以采取任何适当办法出售货物，但必须提前向另一方当事人发出合理的意向通知。

第三节　买卖双方违约的救济方法

一、卖方违约的救济方法

卖方违约主要有不交货、延迟交货或所交货物与合同不符三种情形。《公约》第四十五条至第五十二条对卖方违约的救济方法做了详细规定，卖方违约的救济方法分以下几种：

1. 要求实际履行合同义务

公约将此作为第一补救办法，目的是为了保证合同履行的稳定性。根据《公约》第四十六条规定，有三种情形：①买方可以要求卖方履行义务，除非买方已采取与此要求相抵触的某种补救办法。②如果货物不符合同，买方只有在此种不符合同情形构成根本违反合同时，才可以要求交付替代货物。而且关于替代货物的要求，应当在向对方发出不符合合同通知的同时或者之后的一段合理时间内提出。③如果货物不符合同，买方可以要求卖方通过修理对不符合同之处做出补救，除非他考虑了所有情况之后，认为这样做是不合理的。修理的要求应当在向对方发出不符合合同通知的同时或者之后一段合理时间内提出。

2. 给卖方合理宽限期

这是针对卖方延迟交货而规定的一种救济方法。根据《公约》第四十七条规定，买方可以规定一段合理时限的额外时间，让卖方履行其义务。除非买方收到卖方的通知，声称他将不在所规定的时间内履行义务，买方在这段时间内不得对违反合同采取任何补救办法。但是，买方并不因此丧失他对迟延履行义务可能享有的要求损害赔偿的任何权利。

3. 减低货价

如货物与合同不符，无论货款是否已付，买方都可要求减低价款。减价应按实际交付的货物在交货时的价值，与符合合同的货物在当时的价值两者之间的比例进行计算。但如果卖方已经对货物不符合同的规定做了补救，或者买方拒绝卖方对此做出补救，则买方无权采用这种救济方法。

案例 6.2

如何计算减价后应支付的货款①

买卖双方之间达成一笔关于粮食买卖的合同，合同规定卖方应在10月10日交付一级粮食100MT，价格为200美元/MT，总价为20 000美元。但卖方直到11月10日才交货，并且交的是三级的粮食。11月份粮食的整体价格下降50%，即一级粮食的价格为100美元，三级粮食的价格为50美元。这时买方应支付的货款为多少？

解：$20\,000 - 20\,000 \times \frac{5\,000}{10\,000} = 10\,000$（美元）

4. 买方宣告合同无效

宣告合同无效是买卖双方都可以采取的最为严厉的救济手段。宣告合同无效解除了双方在合同中规定的义务，即使合同已经部分履行或全部履行，也应该相互返还财产，使合同恢复到未成立以前的状态。宣告合同无效不仅会造成社会财富的极大浪费，更不利于交易的进行。因此《公约》对于这一救济措施采用了非常谨慎的态度，规定只有在一方根本违反合同时，另一方才可以采用宣告合同无效的救济措施。

当卖方根本违约时，买方可以宣告合同无效。根本违约在这里具体包括三项内容：①卖方不交付货物，延迟交货或交货不符或所有权有瑕疵；②卖方声明他不在规定时间内履行合同；③在买方给予的宽限期届满后仍不履行合同。另外，需要注意的是，买方宣告合同无效的声明，只有在向卖方发出通知时才产生效力。还有若货物部分符合合同，买方应接受符合的部分，只有当卖方完全不交货或不按规定交货构成根本违约时，才能宣告合同无效。

根据《公约》规定，宣告合同无效并不妨碍另一方采取损害赔偿措施，合同中有关解决争议的条款仍然有效。

资料卡 6.5

根本违约②

根本违约是从英国普通法上发展出来的一种制度，其影响力之大在联合国国际货物销售合同公约、国际商事合同通则、欧洲合同法原则中均有体现。

在19世纪的英国，法院开始将合同条款依其重要程度之轻重区分为“条件”（condition）和“担保”（warranty），相应地有不同的法律效果。“条件可定义为一种对事实的陈述，或者一个允诺，它构成了合同的基本条款（an essential term of the contract）；如果此一对事实的陈述被证明为不真实，或者该允诺未经履行，则无辜方可将此种违反

---

① 资料来源：田东文. 国际商法［M］. 2版. 北京：机械工业出版社，2014：165.

② 资料来源：韩世远. 根本违约论［J］. 吉林大学社会科学学报，1999（4）.

作为毁约，并使他从合同的继续履行中解脱出来。”换言之，违反条件被作为根本违约，非违约方可以因此而解除合同。而担保作为合同中次要的和附属性的条款，当它被违反时，并不能够使无辜方以毁约待之，不能够解除合同而只能够请求损害赔偿。

不过，上述产生于19世纪的英国普通法上的合同条款分类方法，在近些年有了新的发展。英国的法官们通过发展出一类称为中间条款（intermediate terms，or innominate terms）的合同条款新类型，对非违约方的合同解除权加以了限制。从此，该条款打破了19世纪的过分强调条款之性质的“条件”和“担保”之分类，开辟出了一个更富于弹性的基于违约及其后果的严重程度的检验方式。如果合同不履行并非违反条件，而是违反中间条款，非违反方当事人将自己从继续履行中解脱出来的权利将取决于违约及其后果的严重程度。英国法院近年来不断扩大中间条款的范围，除了法律或合同明文规定了为条件或担保的条款，几乎所有条款都可以被视为中间条款。

总的说来，英国普通法上在判断是否构成根本违约问题上，经历了一个从以所违反的合同条款的性质为依据到以违约及其后果的严重程度为依据的过程，目前英国法已主要是根据违约及其后果的严重程度判断是否构成根本违约。

英国普通法上对合同条款所作的“条件”与“担保”之分类，对美国合同法也产生了较大的影响，美国法没有使用“根本违约”之概念，通常使用的是“重大违约”（marterial breach）或“实质不履行”（substantial non-performance）。当一方当事人构成重大违约时，另一方有权解除合同。尽管“重大违约”与“违反条件”在法律后果上相似，但实际上却代表着两种完全不同的思维方法。“条件”是对合同条款性质的表述，判断某一条款是否属于“条件”，必须考察双方当事人在订立合同时是否把它当作合同的要素（essence），因而是主观性的；“重大”违约则是对违约后果的描述，判断违约是否重大，必须考察违约给对方所造成的实际损害的大小，因而是客观的。

就大陆法系的情况而言，在法国，法院在判断是否允许非违约方解除合同时，违约的严重程度是一个重要的参考因素，唯法国法就违约严重程度之判断并未形成任何统一的明确的标准和概念。德国对违约的严重程度虽然没有给出一个统一的标准，但值得注意的是，当因一方的原因致部分给付不能、给付迟延或不完全给付时，如果“合同的履行对于对方无利益”，对方得解除合同。此处所谓“无利益”，是指受害方已无法获得订立合同所期待获得的利益。学说上认为德国法此一概念与英美法中的“根本违约”或“重大违约”颇为相似，惟其内容及适用要窄一些。

1980年《联合国国际货物销售合同公约》第二十五条规定，根本违约是指“一方当事人违反合同的结果，如使另一方当事人蒙受损害，以致于实际上剥夺了他根据合同规定有权期待得到的东西，即为根本违反合同，除非违反合同一方并不预知而且一个同等资格、通情达理的人处于相同情况中也没有理由预知会发生这种结果”。从公约这一界定中可以看出这里已转向了违约所致损害的程度，公约对根本违约的构成有两个要件：一是违约后果的严重程度；二是违约后果的可预见性。

国际统一私法协会1994年《国际商事合同通则》也有关于根本违约的规定，只不过其所使用的概念是“根本不履行”，此即第7.3.1条（终止合同的权利）：“①合同一方当事人可终止合同，如另一方当事人未履行其合同义务构成对合同的根本不履行。②在确定不履行义务是否构成根本不履行时，应特别考虑到以下情况：不履行是否实质性地剥夺了受损害方当事人根据合同有权期待的利益；对未履行义务的严格遵守是否为合同项下的实质内容；不履行是否有意所致还是疏忽所致；若合同终止，不履行方当事人是否将因已准备或已履行而蒙受不相称的损失。3. 在延迟履行的情况下，只要另一方当事人未在第 7.1.5 条允许的额外期限届满前履行合同，受损害方当事人亦可终止合同。"

在我国《民法典》中，根本违约系作为非违约方当事人解除合同的理由之一加以规定的，第五百六十三条第（4）项规定："当事人一方迟延履行债务或者有其他违约行为致使不能实现合同目的。"

5. 损害赔偿

损害赔偿是买卖双方都可以采用的一种重要的救济方式。

（1）损害赔偿的责任范围。《公约》第七十四条规定，一方当事人违反合同应负的损害赔偿额，应与另一方当事人因他违反合同而遭受的包括利润在内的损失额相等。这种损害赔偿不得超过违反合同一方在订立合同时，依照他当时已知道或理应知道的事实和情况，对违反合同预料到或理应预料到的可能损失。需要注意的是，违约责任的损害赔偿并不以过失为构成要件，只要给另一方当事人造成损失，就应承担责任。

（2）可以与其他一些救济方法并用。《公约》第七十五条规定，如果合同被宣告无效，而在宣告无效后一段合理时间内，买方已以合理方式购买替代货物，或者卖方已以合理方式把货物转卖，则要求损害赔偿的一方可以取得合同价格和替代货物交易价格之间的差额以及按照第七十四条规定可以取得的任何其他损害赔偿。

（3）减轻损失原则。《公约》第七十七条规定，声称另一方违反合同的一方，必须按情况采取合理措施，减轻由于该另一方违反合同而引起的损失，包括利润方面的损失。如果他不采取这种措施，违反合同一方可以要求从损害赔偿中扣除原可以减轻的损失数额。

案例 6.3

额外损失是否赔偿①？

案情：某年 11 月，美国 S 公司与北京 A 公司签订了购进 100 吨钼铁的买卖合同，交货条件是天津 FOB 每吨 3 000 美金，于 2004 年 2 月前交货。合同签订后，A 公司立即与各生产厂家联系，但由于当时钼铁市场需求量很大，各厂家供货成问题，A 公司向 S 公司要求推迟交货期，遭到 S 公司拒绝。2004 年开始，国际市场钼铁价格暴涨，A 公司要求 S 公司抬高合同价格，也遭到拒绝。2 月前，A 公司未能履行交货义务，4 月份，国际市场钼铁价格已涨到合同签订时的近 2 倍。6 月 5 日，S 公司根据合同中仲裁条款向中国贸易仲裁委员会提请仲裁，要求 A 公司赔偿 S 公司于 6 月初补进的 100 吨钼铁与合同价格的差额货款。

问题：S 公司的要求是否合法？应由哪家公司对未能及时补进货物而产生的额外损失负责？

评析：S 公司的请求不合法，应由 S 公司自行承担因未能及时补进货物而产生的额外损失。

理由：本案主要涉及国际货物买卖合同违约后的损害赔偿问题。根据《联合国国

① 资料来源：http://news.9ask.cn/gjmy/fg/201004/542221.html.

际货物销售合同公约》(简称《公约》)的规定，损害赔偿是一种主要的救济方法。当一方违反合同时，另一方有权利要求赔偿损失，而且要求损害赔偿的权利，并不因已采取其他救济方法而丧失。另外《公约》第七十四条至七十七条对损害赔偿的责任范围和计算方法作了具体的规定。第七十四条的规定对买卖双方都同样适用，而且适用于因各种不同的违约事项所提出的损害赔偿要求。这里，《公约》没有采用过失责任原则，而是采取了严格责任原则。根据《公约》的规定，当一方请求损害赔偿时，无须证明违约的一方有过失。只要一方违反合同，并给对方造成了损失，对方就可以要求其赔偿损失。另外，《公约》第七十七条规定适用于买方或卖方的各种违约索赔情况。本案中买方美国S公司明知卖方不能按时履行合同，买方有义务自行及早购买合同标的的替代物，却不及时采取措施减轻损失。

二、买方违约的救济方法

买方违约主要是指买方拒付货款和拒收货物。《公约》第六十一条至第六十五条规定了买方违约的救济方法，除了与卖方一样也具有请求损害赔偿的权利外，还有以下几种方法：

1. 实际履行

卖方可以要求买方支付货物价款、收取货物或履行其任何其他合同义务。

2. 给予宽限期

卖方可以规定一段合理时限的额外时间，让买方履行义务。除非卖方收到买方的通知，声称他将不在所规定的时间内履行义务，卖方不得在这段时间内对违反合同采取任何补救办法。但是，卖方并不因此丧失他对迟延履行义务可能享有的要求损害赔偿的任何权利。

3. 宣告合同无效

根据《公约》第六十四条规定，卖方在以下情况下可以宣告合同无效：①买方不履行其在合同或本公约中的任何义务，等于根本违反合同；②买方在规定的额外时间内不履行支付价款的义务或收取货物，或买方声明他将不在所规定的时间内这样做。但是，如果买方已支付价款，无特殊情况时，卖方必须在合理时间内行使上述权利，否则将丧失这一权利。

案例6.4

可以宣告整个合同无效吗？

中国食品粮油公司向美国一家公司订购500吨优良大米，合同规定分6批完成。前两批大米均按期按质到货，但在收到第3批大米时，中国公司发现该批大枣发霉变质，存在严重的质量问题。

此种情况下，根据《联合国国际货物销售合同公约》的规定：

(1) 中国食品粮油公司应该如何处理？

(2) 为什么？

评析：本案考查的是分批交付货物无效处理的问题。

(1) 中国食品粮油公司有权宣告合同对该批货物无效。

(2)《联合国国际货物买卖合同公约》第七十三条第一款规定，对于分批交付货物的合同，如果一方当事人不履行对任何一批货物的义务，便对该批货物构成根本违反合同，则另一方当事人可以宣告合同对该批货物无效。本案中合同项下的各批货物是相互依存、不可分割的，因此买方可以宣告整个合同无效。

4. 卖方可自行订明货物规格

根据《公约》第六十五条规定，有两种情况可以自行订明货物规格：①如果买方应根据合同规定订明货物的形状、大小或其他特征，而他在议定的日期或在收到卖方的要求后一段合理时间内没有订明这些规格，则卖方在不损害其可能享有的任何其他权利的情况下，可以依照他所知的买方的要求，自己订明规格；②如果卖方自己订明规格，他必须把订明规格的细节通知买方，而且必须规定一段合理时间，让买方可以在该段时间内订出不同的规格。如果买方在收到这种通知后没有在该段时间内这样做，卖方所订的规格就具有约束力。

第四节 货物所有权与风险的转移

一、货物所有权的转移

（一）确定货物所有权的意义

确定货物所有权的重要意义主要表现在：①如果因意外事故导致货物灭失损害，除非当事人另有约定，这种损失的风险将随所有权转移，由买方承担。②针对货物损失向第三人（如保险人、承运人）起诉的权利也取决于起诉方是否拥有所有权。③当买卖双方有一方破产时，认定交易中的货物所有权就非常重要了。如果是卖方破产，即使其占有货物，但货物所有权已转移到买方，买方可以对抗卖方清算人。如果是买方破产，即使其占有货物，卖方仍保留货物的所有权，买方可以以此对抗买方破产清算人。

（二）各国法的规定

由于各国国情和经济发展状况都存在极大差异，各国的法律难以统一。《公约》在无法调和各国法律冲突的情况下，仅规定了卖方的所有权担保义务，而对所有权何时转移以及合同对所有权可能产生的影响都没有规定。因此，关于所有权的转移应该根据当事人所选择的国际惯例以及各国的国内法律来解决。

1. 大陆法系国家的一般规定

大陆法系国家关于货物所有权的问题存在两种不同的规定方式：

（1）双方当事人在合同予以明确约定。如果没有约定，则货物所有权于合同成立之时起转移至买方。法国、比利时、意大利、葡萄牙等国均实行这一原则。

（2）区分动产与不动产。如果为动产，货物所有权于货物交付时转移至买方，如果为不动产，其所有权向主管机关登记时转移。德国、荷兰、西班牙等国则实行这一原则。

2. 英美法国家的一般规定

（1）英国《1979 年货物买卖法》。货物所有权转移也分为两种情况：①特定化货物。其所有权转移应依据双方当事人的合同约定；②非特定化货物，其所有权转移一般在货物特定化的时候才可转移给买方。所谓货物特定化，是指将货物无条件地划拨于合同项下的行为。

（2）美国《统一商法典》。货物在特定于合同项下之前的所有权不发生转移，除双方另有约定外，特定化后的货物所有权在交货时发生转移。

3.《公约》的有关规定

《公约》对货物所有权转移的问题没有做出具体规定，只是在第三十条规定了卖方有义务将货物所有权转移给买方，并保证其所交货物必须是第三方不能提出任何权利要求或请求权的货物。至于所有权转移中的细节，如时间、地点和条件等均未做任何规定。

4. 我国的相关规定

我国没有专门的货物买卖法，根据《民法典》的规定，依据合同或其他合法方法取得财产的，财产的所有权从交付时起转移，法律另有规定的除外。另外还规定买卖合同可以设定货物留置权，当事人可以在买卖合同中约定买方未履行支付价款或其他主要义务的，货物所有权属于卖方。总体来看，我国《民法典》对货物所有权转移的原则是：有约定依约定，无约定的货物所有权在交付时转移。

二、货物风险的转移

货物发生损失的原因很多，因双方责任导致的损失，由责任方承担，因风险造成的损失则应由承担风险的一方当事人来承担。国际货物买卖合同中的风险一般是指货物在高温、水浸、火灾、严寒、盗窃或者查封等非正常情况下发生的短少、变质或灭失的损失。在国际货物买卖合同中货物风险的划分和转移非常重要，其目的是确定由谁对货物风险承担责任。比如货物所有权已经转移给买方，但风险仍由卖方承担，一旦货物发生毁损或灭失，卖方仍需向买方交付货物；反之，若风险已经转移至买方，即使货物发生毁损或灭失，买方仍需向卖方支付货款。

《公约》第六十六条至第七十条对货物风险转移做出了一些原则性规定，且与贸易术语关系密切。

1. 风险转移的效果

根据《公约》第六十六条规定，货物在风险移转到买方承担后遗失或损坏，买方支付价款的义务并不因此解除，除非这种遗失或损坏是由于卖方的行为或不行为所造成。

2. 风险转移的时间

关于这一问题，一般有两类规定，一是将风险转移与货物所有权联系在一起；二是将两者分开，《公约》采用的就是这一类。

（1）货物涉及运输时的风险转移。根据《公约》第六十七条规定，如果销售合同涉及货物的运输，但卖方没有义务在某一特定地点交付货物，自货物按照销售合同交付给第一承运人以转交给买方时起，风险就移转到买方承担。如果卖方有义务在某一特定地点把货物交付给承运人，在货物于该地点交付给承运人以前，风险不移转到买方承担。卖方受权保留控制货物处置权的单据，并不影响风险的移转。需要注意的是，在货物以货物上加标记、或以装运单据、或向买方发出通知或其他方式清楚地注明有关合同以前，风险不移转到买方承担。

温故知新

据《联合国国际货物买卖合同公约》规定，如买卖合同对风险没有约定，且卖方没有义务在某一特定地点将货物交给承运人，则货物风险转移的时间为（　　）。

A. 卖方将货物交给第一承运人时　　B. 卖方将货物交给买方时

C. 卖方将货物在该特定地点交给承运人时　　D. 卖方将货物起运时

【参考答案】A

（2）货物在运输途中的风险转移。《公约》第六十八条规定了货物在运输途中销售，即“路货”风险的转移时间：对于在运输途中销售的货物，从订立合同时起，风险就移转到买方承担。但是，如果情况表明有此需要，从货物交付给签发载有运输合同单据的承运人时起，风险就由买方承担。尽管如此，如果卖方在订立合同时已知道或理应知道货物已经遗失或损坏，而他又不将这一事实告之买方，则这种遗失或损坏应由卖方负责。

（3）其他情况下风险转移的时间。《公约》第六十九条对其他情况下风险的转移做了规定：①在卖方营业地交货，此时，风险从买方接收货物时转移给买方。如果买方不在适当时间内接收货物或在货物交买方处置时遭到无理拒收的，认为是买方违约，此时风险移转到买方承担。②如果买方有义务在卖方营业地以外的某一地点接收货物，当交货时间已到而买方知道货物已在该地点交给他处置时，风险开始转移给买方。③如果合同指的是当时未加识别的货物，则这些货物在未清楚注明有关合同以前，不得视为已交给买方处置。

3. 风险转移与卖方违约的关系

根据《公约》第七十条规定，如果货物的损坏或灭失是由于卖方违反合同所致，则买方仍然有权向卖方提出索赔，采取因此种违反合同而可以采取的各种补救办法。

本章思考

1. 理解下列术语：

FOB　　CFR　　CIF　　保全货物　　根本违约

2. 比较 FOB、CFR、CIF 三个贸易的异同。

3. 试论国际货物买卖中买卖双方的义务。

4. 试论保全货物的意义和方式。

5. 简述卖方违约时买方可以采取的救济措施。

6. 简述《联合国国际货物销售合同公约》中关于货物风险转移的规定。

第七章

国际货物运输与保险法

■本章要点

1. 班轮运输、租船运输的概念与种类
2. 关于约束提单的公约
3. 有关铁路运输的公约
4. 有关航空运输的公约
5. 海上货物运输保险的基本原则
6. 海上货物运输承保的风险范围

第一节　概述

一、国际货物运输合同的概念及特点

国际货物运输合同是指承运人采用某种运输方式将货物托运人托运的货物从一国运至另一国，而由托运人支付运费的合同。

国际货物运输合同除了具有国际性、双务有偿性、诺成性等特征外，还具有不同于一般合同的特点：

（1）国际货物运输合同多为格式合同，受相应的国际立法或国内立法强制性规范的调整。为了防止承运人利用其优势地位侵害货主的合法权益，一些国际公约和国内立法对国际货物运输合同的当事人的权利、义务、责任和豁免做了强制性规定，当事人一旦选择适用或根据冲突规则适用某一立法，该立法就对其有约束，因此可以说，国际货物运输合同当事人“意思自治”的权利是受到相应限制的。

（2）国际货物运输合同往往是为第三人利益订立的合同。国际货物运输合同的当

事人是托运人和承运人，而收货人则不是合同的当事人，属于合同的利害关系人[①]。但是由于作为合同证明的运输单据转移至收货人手中，因此使其享有了向承运人要求提货的权利，从而可以直接取得合同规定的利益。因此，根据当事人的约定或法律的规定，收货人也应承担合同项下的某些义务，比如《中华人民共和国海商法》（以下简称《海商法》）第七十八条就明确规定承运人和收货人之间的权利义务关系，依据提单的规定而确定，并规定了收货人及时领取货物的义务。

二、国际货物运输的种类

国际货物运输的方式和种类很多，也比国内运输更为复杂，但总的来看，海上货物运输是目前采用最广泛的运输方式，因此本章也着重介绍海上货物运输以及海上货物保险。

1. 国际海上货物运输

这是历史最为悠久的运输方式，具有运输量大、运费低廉、对货物的适应性强等优越性。近年来，随着航海技术的提高及货物包装方式的改进，集装箱运输成为海上货物运输的主要方式，从而使海上运输固有的风险大、航速慢等缺点得到了很大的改善。

2. 国际铁路货物运输

与其他运输方式相比，国际铁路运输具有运输速度快、运输量大、安全可靠、运输成本低、运输准确性和连续性强以及受气候因素影响小等特点，因此其在以陆路连接的不同国家之间的货物运输中占有较高的比例。

3. 国际航空货物运输

航空运输业开始于20世纪初，是一种出现时间较晚但是发展速度很快的运输方式。国际航空运输的优势和局限都比较明显，其具有运送速度快、手续简便、节省费用（如保险、包装、储存等）、安全准确并且不受地面条件的影响，可以深入内陆地区等优点，同时其具有运费较高、舱容有限、受气候影响较大等局限性。但随着航空技术的发展，飞机的运载能力、运航性能等不断提高，国际航空运输在国际贸易中将越来越显现其优越性。

4. 国际货物多式联运

这种运输方式是在集装箱运输的基础上产生和发展起来的新型运输方式，也是近年来发展较快的一种综合连贯的运输方式。联运经营通过运用上述运输方式中的一种或多种，有效解决了不同国家的两地间无法以单一运输方式完成运输的问题。

三、国际货物运输单证

目前，国际货物运输中常用的运输单证有运单和提单两种。

1. 运单（waybill or consignment note）

运单是由承运人签发的，证明货物运输合同和货物由承运人接管或装船，以及承运人保证将货物交给指定的收货人的一种不可流通的单证。

---

① 1990年《国际海事委员会海运单统一规则》第三条规定了代理原则，即托运人同时是收货人的代理人，收货人被视为海运单所包含的运输合同的当事人之一。这与传统的理论是不同的。

运单根据运输方式的不同可以分为海上货运单、铁路运单、航空运单。运单通常由托运人填写有关的货物信息和运输要求，承运人将之与货物核查无误后予以签字确认。因此，运单具有合同证明和货物收据的作用。但是需要注意的是，运单不具有物权凭证的作用，是一种不可转让的债权凭证。

2. 提单（bill of lading，B/L）

提单是国际海上货物运输所特有的单证，同时也是象征性交货和银行结汇的重要贸易单证，其与国际贸易术语、信用证共同构成现代国际贸易体系的三大支柱。提单与运单最大的区别在于提单具有物权凭证的作用，可以流通、转让。

3. 国际货物多式联运单据（international multimodal transport document）

根据《联合国国际货物多式联运公约》的规定，多式联运单据是在多种运输方式运送货物的情况下，由多式联运经营人签发的证明货物已由其接管并将负责完成国际多式联运的合同。多式联运单据的作用具体有：多式联运单据是多式联运合同的证明，也是多式联运经营人在货物接收地接管货物和在目的地交付货物的凭证。

四、《UCP600》基本规范

运输与支付是两个伴随国际贸易活动的紧密相连的基本行为，在目前的国际贸易支付中，信用证成为最常用的一种支付工具，其主要依据的规则是《跟单信用证统一惯例》。

跟单信用证统一惯例（Uniform Customs and Practice for Documentary Credits，UCP），是国际银行界、律师界、学术界自觉遵守的规则，是全世界公认的、到目前为止最为成功的一套非官方规定。

2006 年 10 月 25 日，经 71 个国家和地区 ICC 委员会以 105 票赞成，《跟单信用证统一惯例》（2007 年修订本）第 600 号出版物（简称《UCP600》）最终得以通过。与《UCP500》相比，《UCP600》重新规整、定义了相关术语，条文数量虽然减少了 10 条，只有 39 条，但是却更准确、清晰，更易掌握和操作。实质性的变动主要有：改进了议付的定义；银行审单时间缩短为 5 个工作日；删除了信用证可撤销的表述；增加了银行对不符单据的处理方式；审单标准表述改为“不必完全一致，但不冲突”；改进了有关转让信用证的规定。从《UCP600》的内容变化来看，总体上遵循一个基本原则，即扶持信用证在国际结算中的地位，对信用证业务的运行起到更好的规范作用。

案例 7.1

这批货物是分批装运吗[①]？

我国某农产品进出口公司向国外某贸易公司出口一批花生仁，国外客户在合同中规定的开证时间内开出一份不可撤销信用证，其中装运条款规定“Shipment from Chinese port to Singapore in May，Partial shipment prohibited”。农产品进出口公司按证中规定，于 5 月 15 日将 200 公吨花生仁在福州港装上“嘉陵”号轮，又由同轮在厦门港续装 300 公吨花生仁，5 月 20 日农产品进出口公司同时取得了福州港和厦门港签发的两套提单。农产品公司在信用证有效期内到银行交单议付，却遭到银行以单证不符为

① 资料来源：https://www.docin.com/p-2160051987.html.

由拒付货款。

问：银行的拒付是否有理？为什么？

评析：银行的拒付没有道理。信用证中的装运条款规定："Shipment from Chinese port to Singapore in May, Partial shipment prohibited." 即规定不允许分批装运。而我方的两百公吨货物分别在福州和厦门装运，且同为"嘉陵"号，因此，本案的主要问题是要确定运往同一目的地的货物在不同的时间和地点分别装上同一航次，同一艘载货船只，属不属于分批装运的问题。

《UCP600》第三十一条规定："表明使用同一运输工具并经由同次航程运输的数套运输单据在同一次提交时，只要显示相同目的地，将不视为部分发运，即使运输单据上标明的发运日期不同或装卸港、接管地或发送地点不同。"由此可见，本案中，我方的做法不属于分批装运。所以，银行拒绝付款没有道理。

第二节　国际海上货物运输法

一、国际海上货物运输的种类

国际海上货物运输按照其运输特点和法律特征，一般可以分为班轮运输和租船运输两种。

1. 班轮运输（line transport）

班轮运输，也称定期运输或提单运输，是船舶在固定的航线上和港口间按事先公布的船舶表航行，从事货物运输业务并按事先公布的费率收取运费的运输方式。班轮运输的特点表现为：①"四固定"，即航线固定、港口固定、船期固定和费率相对固定；②"一负责"，班轮运输的运费中包括装卸费、班轮公司和托运人不计滞期费和速遣费。因此，班轮运输适合于一般杂货和小额货物运输，手续简便，方便货方操作。

2. 租船运输（shipping by chartering）

租船运输，也称不定期运输，是租船人与船东临时商谈租船合同加以确定，运价一般比班轮运费低，它是通过租船市场并由船舶经纪人参与进行的。租船运输根据租用方式的不同，分为航次租船（voyage charter）、定期租船（time charter）和光船租船（bare boat charter）。

二、国际海上货物运输合同

（一）海上货物运输合同的含义与特征

根据我国《海商法》第四十一条规定，海上货物运输合同，是指承运人收取运费，负责将托运人的货物经由一港运至另一港的合同。

海上货物运输合同的特征主要体现在：

（1）合同主体。运输合同的主体是承运人和托运人。承运人常被称为船方，通常指的是船舶所有人，但也有可能是船舶经营人或船舶承租人。

（2）海上货物运输合同是承揽合同。承运人与托运人签订运输合同的目的，是要求承运人完成对货物从一个港口运至另一港口的位移服务，而不是要求其单纯提供劳务，因此海上货物运输合同不是雇佣合同，而是属于承揽合同的性质。

（3）海上货物运输合同是诺成性合同。当双方当事人就货物及法律上运输条款达成一致，只要不违反法律的强制规定，运输合同即告成立并生效。

（4）“货物”的范围。中国《海商法》第四十二条第五款对货物的规定除了通常意义上的货物外，还包括活动物、由托运人提供的用于集装货物的集装箱、货盘或者类似的装运器具。而对风险较大的活动物、舱面货是否属于海商法所调整的“货物”，各国立法不同。

（二）海上货物运输合同的种类

1. 班轮货物运输合同

此种合同通常并不缔结书面的运输合同，运输合同的存在及其内容通常由提单或海运单证明，如果没有相反证明，提单或海运单背面所记载的条款即为运输合同的内容。

2. 租船运输合同

不同的租船方式，其合同的性质也不同。

（1）航次租船合同。航次租船合同这是典型的运输合同。其在租船运输中应用较广，是指船舶出租人向承租人提供船舶或者船舶的部分舱位，装运约定的货物，从一港运至另一港，由承租人支付约定运费的合同。航次租船合同多以标准格式出现，常见的有波罗的海国际航运公会制订的《统一杂货租船合同》（简称“金康”合同）、《澳大利亚谷物租船合同》（简称“奥斯特拉尔”）等。

我国《海商法》对航次租船合同中出租人与承租人的责任做出了比较详细的规定，值得注意的是，这些规定仅在合同没有约定或没有不同约定时适用。

第一，出租人的主要义务与权利。①出租人应当提供约定的船舶。经承租人同意，可以更换船舶。但是提供的船舶或者更换的船舶不符合合同约定的，承租人有权拒绝或者解除合同。因出租人过失未提供约定的船舶致使承租人遭受损失的，出租人应当负赔偿责任。②出租人应在约定的受载期限内提供船舶，否则承租人有权解除合同。但是，出租人将船舶延误情况和船舶预期抵达装货港的日期通知承租人的，承租人应当自收到通知时起48小时内，将是否解除合同的决定通知出租人。因出租人过失延误提供船舶致使承租人遭受损失的，出租人应当负赔偿责任。③出租人应当在合同约定的卸货港卸货。合同订有承租人选择卸货港条款的，在承租人未按照合同约定及时通知确定的卸货港时，船长可以从约定的选卸港中自行选定一港卸货。出租人未按照合同约定，擅自选定港口卸货致使承租人遭受损失的，应当负赔偿责任。

第二，承租人的主要义务与权利。①承租人可以将其租用的船舶转租。转租后，原合同约定的权利和义务不受影响。②承租人应当提供约定的货物。经出租人同意，可以更换货物。但是更换的货物对出租人不利的，出租人有权拒绝或者解除合同。因未提供约定的货物致使出租人遭受损失的，承租人应当负赔偿责任。③承租人未按照合同约定及时通知确定的卸货港，致使出租人遭受损失的，应当负赔偿责任。

（2）定期租船合同。定期租船合同兼具运输合同和财产租赁合同的性质。定期租船合同，是指船舶出租人向承租人提供约定的由出租人配备船员的船舶，由承租人在约定的期间内按照约定的用途使用，并支付租金的合同。

根据我国《海商法》的规定，出租人与承租人的权利与义务如下：

第一，出租人的主要义务与权利。①出租人应当按照合同约定的时间交付约定的船舶，否则承租人有权解除合同。因出租人过失未提供船舶或者延误提供船舶致使承租人遭受损失的，出租人应当负赔偿责任。②出租人交付的船舶具有适航性。交付的船舶应当适于约定的用途，否则承租人有权解除合同，并有权要求赔偿因此遭受的损失。船舶在租期内不符合约定的适航状态或者其他状态，出租人应当采取可能采取的合理措施，使之尽快恢复。船舶不符合约定的适航状态或者其他状态而不能正常营运连续满 24 小时的，对因此而损失的营运时间，承租人不付租金，但是前述状态是由承租人造成的除外。

第二，承租人的主要义务与权利。①承租人应当向出租人支付租金或者履行合同约定的其他义务。否则出租人对船上属于承租人的货物和财产以及转租船舶的收入有留置权。②承租人应当保证船舶在约定航区内的安全港口或者地点之间从事约定的海上运输。否则出租人有权解除合同，并有权要求赔偿因此遭受的损失。③承租人应当保证船舶用于运输约定的合法的货物。承租人将船舶用于运输活动物或者危险货物的，应当事先征得出租人的同意。④承租人可以将租用的船舶转租，但是应当将转租的情况及时通知出租人。租用的船舶转租后，原租船合同约定的权利和义务不受影响。

资料卡 7.1

航次租船合同与定期租船合同的区别[①]

	航次租船合同	定期租船合同
合同性质	运输合同	运输合同，兼具财产租赁性质
运营管理及费用	出租人负责	承租人负责
出租人责任	适用提单运输中承运人的责任	按约定提供适航船舶
租金的计算标准	按航程计算	按时间计算
承租人性质	货主或托运人	租船从事海运业务的运输公司

（3）光船租赁合同。光船租赁合同的性质为财产租赁合同，而非运输合同。光船租赁合同，是指船舶出租人向承租人提供不配备船员的船舶，在约定的期间内由承租人占有、使用和营运，并向出租人支付租金的合同。

根据我国《海商法》的规定，出租人与承租人的权利与义务如下：

第一，出租人的主要义务与权利。①出租人应依约向承租人交付船舶以及船舶证书。交船时，出租人应当做到谨慎处理，使船舶适航。交付的船舶应当适于合同约定的用途，否则承租人有权解除合同，并有权要求赔偿因此遭受的损失。②因船舶所有权争议或者出租人所负的债务致使船舶被扣押的，出租人应当保证承租人的利益不受影响；致使承租人遭受损失的，出租人应当负赔偿责任。③未经承租人事先书面同意，出租人不得在光船租赁期间对船舶设定抵押权。出租人违反此规定致使承租人遭受损失的，应当负赔偿责任。

第二，承租人的主要义务与权利。①在光船租赁期间，承租人负责船舶的保养、

---

① 资料参考：田东文. 国际商法 [M]. 2 版. 北京：机械工业出版社，2014：191.

维修和保险。承租人应当按照合同约定的船舶价值，以出租人同意的保险方式为船舶进行保险，并负担保险费用。②在光船租赁期间，因承租人对船舶占有、使用和营运的原因使出租人的利益受到影响或者遭受损失的，承租人应当负责消除影响或者赔偿损失。③在光船租赁期间，未经出租人书面同意，承租人不得转让合同的权利和义务或者以光船租赁的方式将船舶进行转租。④承租人应当按照合同约定支付租金。承租人未按照合同约定的时间支付租金连续超过 7 日的，出租人有权解除合同，并有权要求赔偿因此遭受的损失。船舶发生灭失或者失踪的，租金应当自船舶灭失或者得知其最后消息之日起停止支付，预付租金应当按照比例退还。⑤订有租购条款的光船租赁合同，承租人按照合同约定向出租人付清租购费时，船舶所有权即归于承租人。

三、提单

在国际海上运输中提单是使用频率最高的运输单证，因此这里专门进行介绍。

（一）提单的定义与作用

提单，是指用以证明海上货物运输合同和货物已经由承运人接收或者装船，以及承运人保证据以交付货物的单证。

提单的作用主要体现在以下几点：

（1）提单是运输合同的证明。在班轮运输中，如果托运人于承运人之间事先订有货运协议（如订舱单、托运单），提单就是双方运输合同的证明；如果事先无货运协议，提单则可以看作就是双方订立的运输合同，其背面所记载的条款即为运输合同的内容。

（2）提单是收货凭证。当托运人将货物交给承运人后，承运人（船长或者代理人）签发给托运人提单以证明收到了提单上所列的货物，同时提单也是承运人向收货人据以交付货物的保证。

（3）提单是物权凭证。这是提单最根本的作用，作为权利凭证，提单可以进行买卖和自由转让，谁持有提单，谁就有权提取货物。

温故知新

下列不属于提单的主要作用的是（　　）。

A. 物权凭证　　　　B. 装船凭证

C. 收货凭证　　　　D. 运输合同的证明

【参考答案】B

（二）调整提单的三个国际公约

1. 海牙规则（Hague Rules）

《海牙规则》全称为《统一提单的若干法律规则的国际公约》，1924 年 8 月 25 日订立于布鲁塞尔，于 1931 年 6 月 2 日生效。全文共 16 条，主要规定了承运人的最低限度责任与义务，权利与豁免；责任起讫，最低赔偿限额，托运人义务以及索赔与诉讼时效等，目前有 88 个成员。

2. 维斯比规则（Visby Rules）

《维斯比规则》，全称为《修改统一提单若干法律规定的国际公约议定书》。1968 年 2 月 23 日签订于布鲁塞尔，于 1977 年 6 月 23 日生效，目前有 29 个成员，影响不大。

3. 汉堡规则（Hamburg Rules）

《汉堡规则》，全称为1978年《联合国海上货物运输公约》，1978年3月汉堡会议通过，于1992年11月1日生效。至1996年6月14日已有25个缔约成员。该规则按照船方和货方合理分担风险的原则，适当加重了承运人的责任，使双方权利义务趋于合理、平等。

资料卡7.2

调整提单三个国际公约的比较①

	《海牙规则》	《维斯比规则》	《汉堡规则》
归责原则		不完全过失责任	推定过失责任
责任期间		钩至钩	港至港
迟延交货		无规定	承运人承担赔偿责任
管辖权		无规定	被告营业地、合同签订地、装卸港等地法院
责任限制	100英镑/件	1万金法郎/件或30法郎/kg，改为666.67结算单位/件或2结算单位/kg，取高值	835结算单位/件或2.5结算单位/kg，取高值
运输对象	甲板货和活动物除外	①同《海牙规则》；②集装箱	包括甲板货和活动物
诉讼时效	1年	1年，但可协议延长	2年
适用范围	所有缔约国签发的提单	①同《海牙规则》；②在缔约国签发、从一个缔约国港口开始运输的提单；③当事人选择适用	①在某一缔约国签发的提单；②装、卸港位于缔约国的提单；③当事人选择适用

（三）我国《海商法》关于提单的规定

我国虽然不是前述三个国际公约的缔约国，但我国在制定《海商法》中有关提单的法律规定时是以《海牙规则》为基础的，同时吸收了《汉堡规则》中华关于清洁提单、延迟交货的概念。

《海商法》中对提单做了如下规定：

1. 收货待运提单视为已装船提单的情形

根据《海商法》第七十四条的规定，货物装船前，承运人已经应托运人的要求签发收货待运提单或者其他单证的，货物装船完毕，托运人可以将收货待运提单或者其他单证退还承运人，以换取已装船提单；承运人也可以在收货待运提单上加注承运船舶的船名和装船日期，加注后的收货待运提单视为已装船提单。

2. 承运人的责任

承运人的责任包括以下四点：①承运人或者代其签发提单的人，知道或者有合理的根据怀疑提单记载的货物的品名、标志、包数或者件数、重量或者体积与实际接收的货物不符，在签发已装船提单的情况下怀疑与已装船的货物不符，或者没有适当的

① 资料参考：田东文. 国际商法［M］. 2版. 北京：机械工业出版社，2014：181.

方法核对提单记载的，可以在提单上批注，说明不符之处、怀疑的根据或者说明无法核对。②承运人或者代其签发未在提单上批注货物表面状况的，视为货物的表面状况良好。③承运人或者代其签发提单的人签发的提单，是承运人已经按照提单所载状况收到货物或者货物已经装船的初步证据；承运人向善意受让提单的包括收货人在内的第三人提出的与提单所载状况不同的证据，不予承认。④承运人签发提单以外的单证用以证明收到待运货物的，此项单证即为订立海上货物运输合同和承运人接收该单证中所列货物的初步证据。承运人签发的此类单证不得转让。

3. 收货人、提单持有人的权利

收货人、提单持有人不承担在装货港发生的滞期费、亏舱费和其他与装货有关的费用，但是提单中明确载明上述费用由收货人、提单持有人承担的除外。

4. 提单的转让

根据《海商法》第七十九条的规定，提单的转让，依照下列规定执行：①记名提单：不得转让。②指示提单：经过记名背书或者空白背书转让。③不记名提单：无须背书，即可转让。

案例 7.2

提单与损失赔偿案①

某年4月1日，中国甲公司与加拿大乙公司签订了一份国际货物买卖合同。合同约定：交货条件为CIF宁波；货物应于当年5月1日之前装船；买方应于4月10日之前开出以卖方为受益人的不可撤销的即期信用证。4月5日，买方开出了信用证。4月24日，卖方向承运人瑞典丙公司提交货物，并向英国丁保险公司投保。4月27日，承运人向卖方签发了提单。提单载明：承运人为瑞典丙公司；提单签发日期为4月27日；本提单生效后为已装船提单。卖方即向买方发出货物已装船及已办理保险的通知。随后，卖方凭借提单及有关单据向议付行结汇。实际上，货物于5月5日才开始装船，至5月15日始装运完毕，船舶于5月25日抵达目的港。另外，在运输途中，由于遭遇台风和海啸，货物遭受部分损坏。接到卖方的通知以后，买方即与韩国戊公司签订了一份货物转售合同，交货日期为5月15日。但由于货物于5月25日才抵达目的港，买方无法如期向韩国戊公司交货；韩国戊公司解除了合同。由此，买方不但丧失了其预期利润，而且还承担了向韩国戊公司的损害赔偿，此外，由于市场行情发生了很大的变化，买方只得以低价就地转售，又遭受了一笔损失。买方在查实情况后，即向法院起诉。但承运人丙公司提出：其所签发的提单只是一份备运提单，只有在货物实际装船以后，才能被认为是已装船提单，这是国际惯例。因此，买方的损失与其无关。

问题：(1) 承运人丙公司的理由是否成立？为什么？

(2) 承运人丙公司签发上述提单属于什么性质的行为？为什么？

(3) 货物在运输途中遭受的损失由谁承担？为什么？

(4) 如何确定被告方的赔偿范围？

评析：(1) 不成立。已装船提单是在货物已经实际装船以后签发的提单。但在本案中，承运人签发的提单实质上符合已装船提单的特征，构成一份已装船提单。

① 资料来源：http://news.9ask.cn/gjmy/fg/201004/542214.html.

（2）属于签发了预借提单。由于提单是在货物未开始装船或未全部装船的情况下签发的提单。

（3）应由卖方承担，因为在CIF术语下，货物在运输途中的一切风险归于卖方，买方及保险人不对此承担责任。

（4）根据《联合同国际货物销售合同公约》第七十四条，赔偿范围应为买方的全部实际损失。这种损害赔偿不得超过违反合同一方在订立合同时，依照他当时已知道或理应知道的事实和情况，对违反合同预料或理应预料到的可能损失。

四、国际海上货物运输承运人的强制性义务

为了防止承运人减轻自己的义务和责任，保护货方的合法权益，各国际组织在制定的公约中基本都规定承运人除了承担一般运输合同承运人的基本义务外，还应承担强制性的义务和责任，承运人利用提单背面条款和其他约定减轻这些义务的行为是无效的[①]。

（一）船舶的适航性

适航性（sea worthiness）最早是英国普通法中的概念。根据《海牙规则》第三条第一款的规定，船舶的适航性包括三个方面：

（1）适船。适船即船舶必须在设计、结构、条件和设备等方面经受得起航程中通常出现的或可能合理预见的一般风险。

（2）适员。适员即配备合格、数量适当的船长和船员，船舶航行所用的各种设备必须齐全，资料、淡水、食品等供应品必须充足，以便船舶. 能安全地把货物运送到目的地。

（3）适货。适货即适宜于接收、保管和运输货物。货舱、载货处所设备完善，能满足所运货物的要求，包括货舱清洁、干燥、无味、无污水和通风畅通，舱盖严密，装卸货机械和索具齐全并处于有效工作状态。

值得注意的是，这里的适航性并不是绝对的，而是相对适航，即只要承运人“谨慎处理”使船舶适航。何谓“谨慎处理”，一般是指承运人在考虑一致或事前能合理预见到所有情况后所采取的合理措施。如果承运人能够证明船舶不适航是由于虽然经过谨慎处理仍不能发现的潜在的缺陷所致，承运人可以免责。在海运业务中，承运人往往以船舶领有适航证书作为其已经流行提供适航船舶义务的依据。

（二）妥善和谨慎地管理货物

承运人要妥善、谨慎地承担货物在转载、搬运、积载、运送、保管、照料和装卸等七个环节的责任。“妥善”要求承运人及其代理人应发挥通常要求的或为所运货物特殊要求的知识和技能，并建立有效的工作系统。“谨慎”则要求承运人及其代理人在管理货物时表现出一名能胜任海上货物运输工作的人所应表现出的合理谨慎程度，采用合理有效的方法处理货物。

---

① 从英国法的规定来看，承运人的强制性义务并不是条件条款，而是一个中间条款，即只有承运人违反强制性义务达到损害货主根本利益，使其合同目的的落空的程度，托运人才能解除合同。否则，货主只能要求承运人对此承担赔偿责任。

与适航义务不同的是，这个义务是承运人的绝对性义务，是一种严格责任。虽然在某些场合承运人可以援引免责条款，但如果他没有采取减少损失的措施，致使损失扩大，也可能被认为是不谨慎的，对扩大的损失应承担赔偿责任。

（三）不得进行不合理绕航

承运人应以合理的速度，按照合理的航线或地理上、习惯上的航线将货物运送到目的港交货，不得无故绕航。但如果为了海上拯救生命或救助财产，或有其他合理理由（如为了避免船舶发生危险）所进行的绕航，均不能认为是违反运输合同的行为，承运人对由此造成的损失概不负责。

案例 7.3

买方可以拒收货物吗①？

一份买卖日用品的 CIF 合同规定“9 月份装运”，即期信用证的有效期为 10 月 15 日，卖方 10 月 6 日向银行办理议付所提交的单据中，包括 9 月 29 日签发的已装船清洁提单。经银行审核，单单相符、单证相符，银行接受单据并支付了货款。但买方收到货物后，发现货物严重受损，且短少 50 箱。买方因此拒绝收货，并要求卖方退回货款。

问：（1）买方有无拒收货物并要求退款的权利，为什么？

（2）买方应该如何处理才合理？

评析：（1）买方没有拒收货物并要求退款的权利。因为：首先，在信用证支付方式下，银行承担第一付款责任，只要银行审核单据时，确认卖方所提交的单据表面上与信用证的规定相符，付款银行就应该履行付款义务。其次，CIF 术语成交术语象征性交货，卖方凭单交货，卖方凭单付款。本案中，我方已于 10 月 6 日向银行提交单据，经银行审核，单单相符、单证相符并支付了货款，这说明我方已完成了交货，我方可以按信用证的规定取回货款。

（2）买方应与有关方面联系，确认货物受损和短少的原因，然后凭保险单及其他证据向有关方面提出索赔以弥补自己的损失。

第三节　其他国际货物运输法

一、国际铁路货物运输法

（一）铁路货物运输的含义及立法

铁路货物运输是指使用统一的国际铁路联运单据，由铁路部门经过两个或两个以上国家的铁路进行的运输。铁路货物运输在国际运输中的地位仅次于海上运输，我国与周边国家的进出口货物多数采用铁路运输方式。

目前，国际上关于铁路货物运输的国际公约有两个：

① 资料来源：https://zhidao.baidu.com/question/1111723395814737979.html.

1.《国际铁路货物运输公约》

《国际铁路货物运输公约》简称《国际货约》(CIM)，该公约于1961年在伯尔尼签字，1975年1月1日生效。其成员国包括了主要的欧洲国家，如法国、德国、比利时、意大利、瑞典、瑞士、西班牙及东欧各国，此外还有西亚的伊朗、伊拉克、叙利亚、西非的摩洛哥、突尼斯、阿尔及利亚等。

2.《国际铁路货物联运协定》

《国际铁路货物联运协定》简称《国际货协》(CMIC)，该公约于1951年5在华沙订立。我国于1953年加入。1974年7月1日生效的修订本包括12个成员，如苏联、蒙古、朝鲜、越南等。2018年7月1日生效的修订本是最新的版本，此时，成员已经增加到25个。我国的国际铁路货物运输都是按照《国际货协》的规定执行的。

（二）运单的作用及当事人的责任

1. 运单的作用

根据《国际货协》第十四条第三项至第五项的规定，运单为缔结运输合同的凭证。运单中记载的事项不正确或不准确，或者承运人丢失运单，均不影响运输合同的存在及效力。每一接续承运人自接收附有运单的货物时起，即参加了运输合同，并承担由此而产生的义务。

2. 承运人的责任

（1）承运人基本责任。根据《国际货协》第三十七条规定，承运人的责任包括以下三项：①承运人按协定规定的办法和范围，对发货人或收货人承担仅由运输合同产生的责任。②承运人自承运货物时起，至交付货物时为止，对货物灭失、短少、毁损（腐坏）所造成的损失负责。对于承运人负有责任的货物灭失、短少、毁损（腐坏）情况，应以商务记录作为证明。③承运人对货物因逾期运到所造成的损失负责。

（2）承运人责任范围。根据《国际货协》第三十九条规定，承运人的责任有一定限度，其范围不应超过货物灭失时承运人应支付的赔偿额度。如果承运的货物，由于下列原因发生灭失、短少、毁损（腐坏），则承运人不予负责：①由于铁路不能预防和不能消除的情况。②由于货物、容器、包装质量不符合要求或由于货物、容器、包装的自然和物理特性，以致引起其毁损（腐坏）。③由于发货人或收货人的过失或由于其要求，而不能归咎于承运人。④由于发货人或收货人装车或卸车的原因所造成。⑤由于货物没有运送该货物所需的容器或包装。⑥由于发货人在托运货物时，使用不正确、不确切或不完全的名称，或未遵守本协定的条件。⑦由于发货人将货物装入不适于运送该货物的车辆或集装箱。⑧由于发货人错误地选择了易腐货物运送方法或车辆（集装箱）种类。⑨由于发货人、收货人未执行或未适当执行海关或其他行政手续。⑩由于与承运人无关的原因国家机关检查、扣留、没收货物。

如果承运的货物，由于下列原因在国际铁路—轮渡直通联运中发生灭失、短少、毁损（腐坏）或运到逾期，则承运人对货物灭失、短少、毁损（腐坏）或运到逾期也不负责任：①由于火灾。如承运人能证明火灾不是由于其过失，也不是由于在其履行运输合同时为其提供服务的其他人在履行职责时的过失造成。②为拯救生命而采取的措施或为抢救财产而采取的合理措施。③风险、危险或不幸事故。同时，承运人仅在能够证明货物灭失、短少、毁损（腐坏）或货物运到逾期发生在水路区段上，即从车辆上的货物装到水运交通工具上开始直至从水运交通工具卸下为止的期间内，才可引用上述免责原因。

3. 赔偿请求

根据《国际货协》第四十六条规定，发货人和收货人有权向承运人提出赔偿请求。赔偿请求应附有相应依据并注明赔偿款额，由发货人向缔约承运人，收货人向交付货物的承运人提出。赔偿请求以纸质形式提出，当运送参加者之间有协议时，以电子形式提出。

承运人必须在收到赔偿请求书之日起的 180 天内对其进行审查，并给赔偿请求人以答复，在全部或部分承认赔偿请求时，向赔偿请求人支付应付的款额。

4. 诉讼

根据《国际货协》第四十七条规定，当事人在下列情况下可以提起诉讼：① 如承运人没有在规定的赔偿请求审查期限内对赔偿请求做出答复；②如在赔偿请求审查期限内已将全部或部分拒绝赔偿请求一事通知请求人。当事人应向被告所在地的相应司法机关提起诉讼。

二、国际航空货物运输法

（一）国际航空货物运输的立法

国际航空货物运输这种方式是在第二次世界大战后出现的，其具有速度快、安全性高、破损率低、不受地面条件影响等优点，适合运送鲜活货物、易碎易损货物及贵重物品。

目前，调整国际航空货物运输的国际公约主要有：

1. 华沙公约

《关于统一国际航空运输某些规则的公约》，简称《华沙公约》，1929 年签订，1933 年 2 月 13 日生效，我国于 1958 年 7 月加入该公约。该公约是国际航空运输的一项最基本公约，规定了以航空运输承运人为一方和以旅客和货物托运人与收货人为另一方的法律义务和相互关系。《华沙公约》适用于运输合同中规定的起运地和目的地都属于该公约成员国的航空运输，也适用于起运地和目的地都在一个成员国境内，但飞机停留地在其他国家的航空运输。

2. 海牙议定书

《修改 1929 年 10 月 12 日在华沙签订的统一国际航空运输某些规则的公约的议定书》，简称《海牙议定书》。1955 年 9 月签订，1963 年 8 月 1 日生效。我国于 1975 年加入该协定书。《海牙议定书》的适用范围比《华沙公约》更广泛，无论有无转运，无论是否是连续运输，只要起运地和目的地在两个成员的领域内，或者在一个成员领域内而在另一个成员或非成员领域内有一定的经停点的任何运输都适用。

3. 瓜达拉哈拉公约

《统一非缔约承运人所办国际航空》，简称《瓜达拉哈拉公约》，订于 1961 年，1964 年 5 月 1 日生效。该公约主要是为补充《华沙公约》而订立的，它将《华沙公约》中有关承运人的各项规定扩及至非合同承运人，即根据与托运人订立航空运输合同的承运人的授权来办理全部或部分国际航空运输的实际承运人。我国未加入该公约。

4. 蒙特利尔附加议定书

1975 年国际民航组织在蒙特利尔召开会议，签订了 4 个《蒙特利尔附加议定书》，对《华沙公约》进行了一定的修改。

以上四个公约中，前两个公约是目前规范国际航空货物运输最重要的国际公约。《海牙议定书》作为对《华沙公约》的修改，已经有100多个缔约成员。我国也是这两个公约的成员国，同时在制定《中华人民共和国民用航空法》时吸收了这两个公约的规定。

（二）空运单

航空货物运输单，即空运单是当事人订立合同、接受货物、运输条件及关于货物的基本情况的初步证明。空运单与提单不同，其不是物权凭证，一般不能转让[①]。货到目的地后，收货人凭承运人的到货通知及有关证明提货，而不是凭空运单提货。

（三）承运人与托运人的基本义务

1. 承运人的基本义务与免责

（1）承运人的基本义务

根据《华沙公约》的规定，承运人对货物在空运期间所发生的毁灭、遗失或损坏承担责任。承运人对货物在空运过程中因延迟而造成的损失承担责任。

（2）承运人的免责

根据《华沙公约》的规定，在下列情况下免除或减轻承运人的责任：①承运人证明自己和其代理人已经为避免损失采取了一切必要措施或不可能采取这种措施；②损失的发生是由于驾驶上、航空器的操作上货领航上的过失。但《海牙议定书》删除了这一免责规定；③货物的灭失或损失是由于货物的属性或本身质量缺陷造成的；④损失是由受损人自己的过失造成的。

2. 托运人的基本义务

根据《华沙公约》的规定，托运人的基本义务如下：①托运人应正确填写空运单上关于货物的各项说明和声明，如果因填写不合规或不完备使承运人或其他任何人遭受损失，托运人应负赔偿责任；②托运人应提供货物或与货物有关的必要的资料，如果因这种资料或证件的不足或不合理规定所造成的一切损失，都应由托运人对承运人负责；③支付规定的各项费用；④承担承运人因执行其指示所造成的损失。

（四）索赔与诉讼

根据《华沙公约》的规定，除非有相反的证据，如果收货人在收货时没有提出异议，就被认为货物已完好地交付，并和运输凭证相符，提取货物后发生的损坏，应在收到货物后7天内提出；如果是迟延交货，最迟在14天内提出。异议必须以书面形式提出。《海牙议定书》对异议的期限作了延长：如果是货物损坏，异议期限可以延长到14天；如果是迟延交付，异议期限可以延长到21天。如果货物毁灭或遗失，一般应自空运单填开值日起120天内提出异议。

关于空运合同的诉讼时效为2年，从货物到达目的地之日起或从运输终止之日起计算。发货人可以根据自己的意愿选择以下缔约国之一的法院提出诉讼请求：承运人住所地、承运人的总管理处所在地、签订合同的机构所在地、目的地。诉讼程序遵循法院地的法律规定。

---

① 根据《海牙议定书》规定，承运人可以填发流通的航空货运单。

三、国际货物多式联运法

（一）国际货物多式联运的国际公约及惯例

1. 联合国国际货物多式联运公约

1980年5月，在联合国贸易与发展委员会的主持下，制定并通过了《联合国国际货物多式联运公约》，我国在该公约上签了字。由于具体实施该公约非常困难，该公约目前尚未生效。但该公约已经具有了相当的影响力，部分当事人开始参照该公约来订立合同。

2. 多式联运单证规则

联合国贸易与发展委员会吸取了前述公约的教训，于1992年与国际商会共同制定了具有指导性的规则，即《多式联运单证规则》。该规则没有普遍约束力，当事人可以自由选择。

（二）多式联运经营人与发货人的主要义务

1. 多式联运经营人的主要义务

根据《联合国国际货物多式联运公约》的规定，多式联运经营人的主要义务如下：多式联运经营人对全程运输承担责任，即责任期间为从其接管货物时起至交付货物时止的整个运输期间，这是多式联运经营人责任的典型特点。经营人的责任形式为网状责任制，即经营人对全程运输负责，各实际承运人仅对自己完成的运输区段负责，且各区段适用的责任原则按适用于该区段的法律予以确定。因此，不论货物损害发生在哪一区段，托运人或收货人都可以向经营人或向损害发生区段的实际承运人索赔；如果无法确定损害发生的区段，即属于货物隐藏损失，只能依照法律向经营人提出。

2. 发货人的主要义务

发货人的主要义务包括：①保证责任。在多式联运经营人接管货物时，发货人应视为已向经营人保证他在联运单据中提供的货物品类、标志、件数、重量、数量及危险特性的陈述的准确无误，并应对违反这项保证造成的损失负责赔偿责任。②过失责任。凡因发货人或其受雇人或代理人在受雇范围内行事是的过失或疏忽给联运经营人造成损失的，发货人应负赔偿责任。③运送危险品的特殊规则。发货人应告知联运经营人危险品的危险特性，必要时还应告知其应采取的预防措施，否则发货人要对由于运载危险品而遭受的损失负赔偿责任。

（三）索赔与诉讼

1. 索赔

无论是哪一方提出索赔，都应在规定时间内就遭受的损失向对方发出书面的通知：①收货人的通知。收货人应在收货后的下一个工作日内发出通知；对于货物灭失或损坏不明显的，则应在收货后6天内发出通知；对于延迟交货的，应在交货后60天内提出索赔。②联运经营人的通知。经营人应在损失发生后90天内，或在提交货物后90天内，以较迟者为准，将损失的通知递交发货人。

2. 时效

国际多式联运的诉讼时效是2年，自联运经营人交付货物或应交付货物之日的下一日起算。但货物交付之日或应交付之日起6个月内未提出书面索赔通知的，在此期限届满后诉讼时效即告结束。

根据《联合国国际货物多式联运公约》规定，国际多式联运的诉讼可以在下列有管辖权的法院提出：被告主营业地、多式联运合同订立地、接收或交付货物地、多式联运合同或单据载明地。当纠纷发生后，当事人还可以约定其他地点的法院。

（四）我国《海商法》关于多式联运合同的规定

我国《海商法》第一百零二条至第一百零六条对多式联运合同做了如下规定：

（1）多式联运合同，是指多式联运经营人以两种以上的不同运输方式，其中一种是海上运输方式，负责将货物从接收地运至目的地交付收货人，并收取全程运费的合同。多式联运经营人，是指本人或者委托他人以本人名义与托运人订立多式联运合同的人。

（2）多式联运经营人对多式联运货物的责任期间，自接收货物时起至交付货物时止。

（3）多式联运经营人负责履行或者组织履行多式联运合同，并对全程运输负责。多式联运经营人与参加多式联运的各区段承运人，可以就多式联运合同的各区段运输，另以合同约定相互之间的责任。但是，此项合同不得影响多式联运经营人对全程运输所承担的责任。

（4）货物的灭失或者损坏发生于多式联运的某一运输区段的，多式联运经营人的赔偿责任和责任限额，适用调整该区段运输方式的有关法律规定。如果货物的灭失或者损坏发生的运输区段不能确定的，多式联运经营人应当依照本章关于承运人赔偿责任和责任限额的规定负赔偿责任。

第四节　海上货物运输保险

在国际运输保险中，海上货物运输保险历史最悠久、影响最深远，适用最广泛，因此本章在“货物运输保险”这部分将着重介绍海上货物运输保险。

一、海上货物运输保险概述

（一）海上货物运输保险的含义

保险（insurance）以对被保险标的遭受的损失提供经济补偿为目的。国际货物运输保险是由保险人同被保险人双方订立保险合同，经被保险人缴付约定的保险费，当货物在国际运输途中遭受保险事故所致的损失，由保险人负责经济补偿的一种保险。

海上货物运输保险是保险人和被保险人通过协商、对船舶、货物及其他海上标的可能遭遇的风险进行约定，被保险人承诺一旦上述风险在约定的时间内发生并对被保险人造成损失，保险人将按约定给予被保险人经济补偿的一种商务活动。

（二）海上货物运输保险承保的风险

为了明确责任，各国保险公司都会对其承保的风险加以规定。一般来看，海上货物运输保险承保的风险主要分为海上风险和外来风险，而海上风险又包括自然灾害与意外事故。

1. 海上风险（perils of sea）

（1）自然灾害。自然灾害主要是指不以人的意志为转移的、异常的自然力量所引起的灾害。但海上货物运输保险所承保的自然灾害是有限的，主要包括：飓风或大浪暴雨等恶劣气候、雷电、海啸、浪击落海、洪水、地震等。其中，浪击落海不在我国海运保险的基本险中，可以通过附加投保舱面险而得到保障。洪水和地震实际上并非真正发生在海上的风险，但因这些风险是随附海上航行而产生的，且危害大，逐渐被列入承保的风险范围。

（2）意外事故（fortuitous accidents）

意外事故一般是指外来的、突然的、非意料之中的事故。该事故不局限发生在海上，也包括发生在陆地上。意外事故具体包括火灾、爆炸、搁浅、触礁、沉没、碰撞、失踪等。

2. 外来风险

外来风险一般是指海上风险以外的其他外来原因所造成的风险。外来风险包括一般外来风险和特殊外来风险两种。

一般外来风险主要包括偷窃、渗漏、短量、碰损、破碎、钩损、生锈、沾污、串味、淡水雨淋、受热受潮等。

特殊外来风险是指由于社会政治原因所造成的风险，主要包括战争、罢工、拒收以及交货不到等。

温故知新

在保险人承保的海上货物运输保险风险中，搁浅、触礁属于（　　）。

A. 自然灾害　　　　B. 意外事故

C. 一般外来风险　　　　D. 特殊外来风险

【参考答案】B

（三）海上货物运输保险的基本原则

1. 保险利益原则

保险利益，又称可保利益，是指投保人对保险标的具有的法律上承认的利害关系。在订立和履行保险合同的过程中，投保人或被保险人对保险标的必须具有保险利益，否则运输保险合同无效；或者保险合同生效后，投保人或被保险人失去了对保险标的的可保利益，运输保险合同也随之失效。

2. 最大诚信原则

诚实信用原则是当事人在任何民事活动中都应当遵循的基本原则，在保险活动中，由于法律关系的特殊性，法律所要求的诚信程度远远高于一般的民事活动，因此称之为最大诚信原则。

海上货物运输保险合同的当事人应当做到：

（1）告知。也称“披露”，指被保险人在签订保险合同时，应该将其知道的或推定应该知道的有关保险标的的重要情况如实向保险人进行说明。如实告知是保险人判断是否承保和确定保险费率的重要依据。

（2）申报。也称“陈述”，不同于告知的是，申报指在磋谈签约过程中，被保险人对保险人提出的问题进行如实答复。申报内容由于关系到保险人承保与否，涉及海上货物运输保险合同的真实有效，因此成为最大诚信原则的另一基本内容。

（3）保证。保证是指被保险人向保险人做出的履行某种特定义务的承诺。在海上运输保险合同中，保证分为明示保证和默示保证两类。明示保证主要有开航保证、船舶状态保证、船员人数保证、护航保证、国籍保证、中立性保证、部分不投保保证等。默示保证则主要包括船舶适航保证、船舶不改变航程和不绕航保证、船货合法性保证等。

3. 损失补偿原则

损失补偿原则，是指保险标的发生保险责任范围内的损失时，按照保险合同约定的条件，依据保险标的的实际损失，在保险金额以内进行补偿的原则。补偿原则的限制条件：①以实际损失为限，是补偿原则最基本的限制条件。②以保险金额为限。③以被保险人对保险标的具有的保险利益为限。

4. 近因原则

各国在判定较为复杂的因果关系时通常采用近因原则。所谓近因，是指引起保险标的损失的直接、有效、起决定的因素，而非时间上距离损失发生最近的原因。我国虽然没有采用“近因”这一概念，而是用“导致损失发生的重要原因”“主要原因”作为判定的依据，但在实践中也适当参考了近因原则的精神。

二、海上货物运输保险合同

（一）海上保险合同的概念与内容

海上货物运输保险合同，是指保险人按照约定，对被保险人遭受保险事故造成保险标的的损失和产生的责任负责赔偿，而由被保险人支付保险费的合同。所谓保险事故，是指保险人与被保险人约定的所有海上事故，包括与海上航行有关的发生于内河或者陆上的事故。

海上保险合同的内容，主要包括下列各项：保险人名称、被保险人名称、保险标的、保险价值、保险金额、保险责任和除外责任、保险期间、保险费。

（二）保险标的与保险价值

1. 保险标的

根据我国《海商法》第二百一十八条规定，下列各项可以作为保险标的：①船舶；②货物；③船舶营运收入，包括运费、租金、旅客票款；④货物预期利润；⑤船员工资和其他报酬；⑥对第三人的责任；⑦由于发生保险事故可能受到损失的其他财产和产生的责任、费用。保险人可以将对前述保险标的的保险进行再保险。除合同另有约定外，原被保险人不得享有再保险的利益。

2. 保险价值

《海商法》第二百一十九条至第二百二十九条对保险价值做了如下规定：

（1）保险标的的保险价值由保险人与被保险人约定。保险人与被保险人未约定保险价值的，保险价值依照下列规定计算：①船舶的保险价值，是保险责任开始时船舶的价值，包括船壳、机器、设备的价值，以及船上燃料、物料、索具、给养、淡水的价值和保险费的总和；②货物的保险价值，是保险责任开始时货物在起运地的发票价格或者非贸易商品在起运地的实际价值以及运费和保险费的总和；③运费的保险价值，是保险责任开始时承运人应收运费总额和保险费的总和；④其他保险标的的保险价值，是保险责任开始时保险标的的实际价值和保险费的总和。

（2）保险金额由保险人与被保险人约定。保险金额不得超过保险价值；超过保险价值的，超过部分无效。

（三）合同的订立、解除和转让

1. 保险合同的订立

（1）合同订立程序。被保险人提出保险要求，经保险人同意承保，并就海上保险合同的条款达成协议后，合同成立。保险人应当及时向被保险人签发保险单或者其他保险单证，并在保险单或者其他保险单证中载明当事人双方约定的合同内容。

（2）被保险人的告知义务。合同订立前，被保险人应当将其知道的或者在通常业务中应当知道的有关影响保险人据以确定保险费率或者确定是否同意承保的重要情况，如实告知保险人。保险人知道或者在通常业务中应当知道的情况，保险人没有询问的，被保险人无须告知。

如果由于被保险人的故意，未将前述规定的重要情况如实告知保险人的，保险人有权解除合同，并不退还保险费。合同解除前发生保险事故造成损失的，保险人不负赔偿责任；如果不是由于被保险人的故意，未将前述规定的重要情况如实告知保险人的，保险人有权解除合同或者要求增加相应的保险费。保险人解除合同的，对合同解除前发生保险事故造成的损失，保险人应当负赔偿责任。但未告知或者错误告知的重要情况对保险事故的发生有影响的除外。

2. 保险合同的解除

保险责任开始前，被保险人可以要求解除合同，但是应当向保险人支付手续费，保险人应当退还保险费。除合同另有约定外，保险责任开始后，被保险人和保险人均不得解除合同。根据合同约定在保险责任开始后可以解除合同的，被保险人要求解除合同，保险人有权收取自保险责任开始之日起至合同解除之日止的保险费，剩余部分予以退还；保险人要求解除合同，应当将自合同解除之日起至保险期间届满之日止的保险费退还被保险人。根据《海商法》第二百二十八条规定，货物运输和船舶的航次保险，保险责任开始后，被保险人不得要求解除合同。

3. 保险合同的转让

海上货物运输保险合同可以由被保险人背书或者以其他方式转让，合同的权利、义务随之转移。合同转让时尚未支付保险费的，被保险人和合同受让人负连带支付责任。

因船舶转让而转让船舶保险合同的，应当取得保险人同意。未经保险人同意，船舶保险合同从船舶转让时起解除；船舶转让发生在航次之中的，船舶保险合同至航次终了时解除。合同解除后，保险人应当将自合同解除之日起至保险期间届满之日止的保险费退还被保险人。

（四）被保险人的义务

（1）支付保险费。除合同另有约定外，被保险人应当在合同订立后立即支付保险费；被保险人支付保险费前，保险人可以拒绝签发保险单证。

（2）通知义务。①被保险人违反合同约定的保证条款时，应当立即书面通知保险人。保险人收到通知后，可以解除合同，也可以要求修改承保条件、增加保险费。②一旦保险事故发生，被保险人应当立即通知保险人，并采取必要的合理措施，防止或者减少损失。被保险人收到保险人发出的有关采取防止或者减少损失的合理措施的特别通知的，应当按照保险人通知的要求处理。对于被保险人违反前述规定所造成的扩大的损失，保险人不负赔偿责任。

（五）保险人的责任

1. 支付赔偿及其限额

发生保险事故造成损失后，保险人应当及时向被保险人支付保险赔偿。

（1）保险人赔偿保险事故造成的损失，以保险金额为限。

（2）保险金额低于保险价值的，在保险标的发生部分损失时，保险人按照保险金额与保险价值的比例负赔偿责任。

（3）保险标的在保险期间发生几次保险事故所造成的损失，即使损失金额的总和超过保险金额，保险人也应当赔偿。但是对发生部分损失后未经修复又发生全部损失的，保险人按照全部损失赔偿。

（4）被保险人为防止或者减少根据合同可以得到赔偿的损失而支出的必要的合理费用，为确定保险事故的性质、程度而支出的检验、估价的合理费用，以及为执行保险人的特别通知而支出的费用，应当由保险人在保险标的损失赔偿之外另行支付。保险人对上述规定的费用的支付，以相当于保险金额的数额为限。保险金额低于保险价值的，除合同另有约定外，保险人应当按照保险金额与保险价值的比例，支付本条规定的费用。

（5）保险金额低于共同海损分摊价值的，保险人按照保险金额同分摊价值的比例赔偿共同海损分摊。

2. 保险人的免责

根据《海商法》的规定，下列情形发生时保险人可以免责：

（1）对于被保险人故意造成的损失，保险人不负赔偿责任。

（2）除合同另有约定外，因下列原因之一造成货物损失的，保险人不负赔偿责任：①航行迟延、交货迟延或者行市变化；②货物的自然损耗、本身的缺陷和自然特性；③包装不当。

（3）除合同另有约定外，因下列原因之一造成保险船舶损失的，保险人不负赔偿责任：①船舶开航时不适航，但是在船舶定期保险中被保险人不知道的除外；②船舶自然磨损或者锈蚀。

（六）保险标的的损失

1. 部分损失与全部损失

保险标的的损失可以分为部分损失和全部损失。全部损失又分为实际全损和推定全损。

（1）实际全损（actual total loss）。实际全损是指保险标的的物已全部毁灭，或受到损害而失去投保时原有的性质，或被保险人已经无法弥补地丧失了保险标的的物。

保险标的发生保险事故后灭失，或者受到严重损坏完全失去原有形体、效用，或者不能再归被保险人所拥有的，为实际全损。船舶在合理时间内未从被获知最后消息的地点抵达目的地，除合同另有约定外，满两个月后仍没有获知其消息的，为船舶失踪，船舶失踪视为实际全损。

（2）推定全损（constructive total loss）。推定全损是指保险标的物因实际全损不可避免而合理地予以委付，或因如不支付超过其价值的费用就不能防止实际全损。

船舶发生保险事故后，认为实际全损已经不可避免，或者为避免发生实际全损所需支付的费用超过保险价值的，为推定全损。货物发生保险事故后，认为实际全损已经不可避免，或者为避免发生实际全损所需支付的费用与继续将货物运抵目的地的费用之和超过保险价值的，为推定全损。

2. 单独海损与共同海损

（1）单独海损（particular average）。单独海损是指因所保险引起不属于共同海损性质的保险标的物的部分损失。它仅限于标的物本身的损失，而不包括由此引起的费用。

（2）共同海损（general average）。共同海损，是指在同一海上航程中，船舶、货物和其他财产遭遇共同危险，为了共同安全，有意地合理地采取措施所直接造成的特殊牺牲、支付的特殊费用。无论在航程中或者在航程结束后发生的船舶或者货物因迟延所造成的损失，包括船期损失和行市损失以及其他间接损失，均不得列入共同海损。

根据《海商法》第一百九十九条规定，共同海损应当由受益方按照各自的分摊价值的比例分摊。

温故知新

在海上运输过程中，被保险货物茶叶经水浸已不能饮用，这种海上损失属于（　　）。

A. 实际全损　　B. 推定全损

C. 单独海损　　D. 共同海损

【参考答案】A

案例 7.4

单独海损与共同海损①

某货轮从天津新港驶往新加坡，在航行途中船舶货舱起火，大火蔓延至机舱，船长为了船货共同安全决定采取紧急措施，往舱中灌水灭火。火虽被扑灭，但由于主机受损，无法继续航行，于是船长决定雇佣拖轮将货船拖回新港修理，检修后重新驶往新加坡。其中的损失与费用有：（1）1 000 箱货被火烧毁；（2）600 箱货由于灌水受损；（3）主机和部分甲板被烧坏；（4）拖轮费用；（5）额外增加的燃料费，船长及船员工资。

问：请指出这些损失中哪些是单独海损，哪些是共同海损？

评析：（1）1 000 箱货被火烧毁属单独海损；（2）600 箱货由于灌水造成损失属共同海损；（3）主机和部分甲板被烧坏属单独海损；（4）拖轮费用属于共同海损；（5）额外增加的燃料费，船长及船员工资属共同海损。

（七）委付与代位求偿权

1. 委付

委付，是指在保险标的物发生推定全损时，被保险人把保险标的物所有权转让给

① 资料来源：https://www.examw.com/dz/Case/173946/.

保险人，而请求支付保险标的物全部保险金额。根据《海商法》第二百四十九条规定，保险标的发生推定全损，被保险人要求保险人按照全部损失赔偿的，应当向保险人委付保险标的。保险人可以接受委付，也可以不接受委付，但是应当在合理的时间内将接受委付或者不接受委付的决定通知被保险人。委付不得附带任何条件。委付一经保险人接受，不得撤回。《海商法》第二百五十条还规定，保险人接受委付的，被保险人对委付财产的全部权利和义务转移给保险人。

2. 代位求偿权

代位求偿权，是指因第三者对保险标的的损害而造成保险事故的，保险人自向被保险人赔偿保险金之日起，在赔偿金额范围内代位行使被保险人对第三者请求赔偿的权利。保险事故发生后，被保险人已经从第三者取得损害赔偿的，保险人赔偿保险金时，可以相应扣减被保险人从第三者处已取得的赔偿金额。

保险人行使代位请求赔偿的权利，不影响被保险人就未取得赔偿的部分向第三者请求赔偿的权利。保险事故发生后，保险人未赔偿保险金之前，被保险人放弃对第三者请求赔偿的权利的，保险人不承担赔偿保险金的责任。保险人向被保险人赔偿保险金后，被保险人未经保险人同意放弃对第三者请求赔偿的权利的，该行为无效。被保险人故意或者因重大过失致使保险人不能行使代位请求赔偿的权利的，保险人可以扣减或者要求返还相应的保险金。

资料卡 7.3

委付与代位求偿权的区别

	委付	代位求偿权
适用情形	推定全损	全部损失、部分损失
转让的权利	保险标的的所有权	向第三者的求偿权
转让程序	权利转让后，保险公司赔付	保险公司赔付，权利转让

三、国际海上货物运输保险惯例

现代意义的保险法产生于14世纪之后的海上保险业务。1369年意大利《热那亚法令》中的规定已涉及保险业务，1425年西班牙《巴塞罗那法令》规定了海上保险的承保规则和损害赔偿程序，将西方的海运保险业务予以系统化，这就是最早的海上保险法。到了19世纪，欧洲的主要海运国家都把海上保险作为海商法的重要组成部分编入到商法典。其中，具有代表性的是1807年的《法国商法典》和1861年的《德国商法典》。

英国《1906年海上保险法》是西方国家中影响最为深远的一部海上保险法，被世界各国视为海上保险法的范本。目前全世界约有2/3的国家的海上保险法是参照其而制定的。该法制定的目的在于调整海上保险合同，承认其法律效力，解释其法律含义并赋予法律上的其他支持。该法的规定相当完整，包括海上保险合同的定义、形成、形式要件、基本法律特征、默示内容、合同条款的法律界限及适当解释等。

目前，在共同海损理算方面适用最广泛的规则是《约克·安特卫普规则》，该规则是由英、美和欧洲大陆海运国家的理算、海运、贸易和保险界等方面的代表最初于

1860 年在英国格拉斯哥开会制订的，称为格拉斯哥决议，其后经过数次修改，现在使用的规则称为《2016 年约克 · 安特卫普规则》。该规则不是国际公约，而只是一种国际贸易惯例规则，但由于它在很多问题上基本统一了欧美各国海损理算的做法，并曾取得国际法协会的认可，因此被广泛采用。目前国际上载运国际贸易商品的海轮若发生共同海损事故，一般都按照此项规则理算。

四、我国海上货物运输保险险别

我国现行的《海洋运输货物保险条款》是由中国人民保险公司制定的，可分为基本险和附加险。

（一）基本险

基本险，又称主险，可以单独投保。

（1）平安险。平安险原意为“单独海损不赔”，是三种基本险别中保险人承责范围最小的一种。

平安险的承保范围为：①被保货物在运输途中由于恶劣气候，雷电、海啸、地震、洪水自然灾害造成的整批货物的全部损失或推定全损；②运输工具搁浅、触礁、沉没、互撞、与流冰或其他物体碰撞以及失火、爆炸意外事故造成货物的全部或部分损失；③在运输工具已经发生搁浅、触礁、沉没、焚毁意外事故的情况下，货物在此前后又在海上遭受恶劣气候、雷电、海啸等自然灾害所造成的部分损失；④在装卸或转运时由于一件或数件整件货物落海造成的全部或部分损失；⑤被保险人对遭受承保责任内危险的货物采取抢救、防止或减少货损的措施而支付的合理费用，但以不超过该批被救货物的保险金额为限；⑥运输工具遭遇海难后，在避难港由于卸货所引起的损失以及在中途港、避难港由于卸货、存仓以及运送货物所产生的特别费用；⑦共同海损的牺牲、分摊和救助费用；⑧运输契约订有“船舶互撞责任”条款，根据该条款规定应由货方偿还船方的损失。

（2）水渍险。水渍险原意为“单独海损负责”，其承保范围：在平安险+由于恶劣气候、雷电、海啸、地震、洪水等自然灾害造成的部分损失。

（3）一切险。一切险的承保范围：平安险+水渍险+由于外来原因招致的全部或部分损失。这里的外来原因指一般附加险承担的损失，而不包括特别附加险和特殊附加险。

（二）附加险

附加险是基本险的扩展，不能单独投保。

（1）一般附加险。一般附加险有 11 种：偷窃、提货不着险；淡水雨淋险；短量险；混杂、沾污险；渗漏险；碰损、破碎险；串味险；受潮受热险；钩损险；包装破裂险；锈损险。一般附加险不能单独投保，它们包括在一切险之中，或在投保了平安险或水渍后，根据需要加保其中一种或几种险别。

（2）特别附加险。特别附加险的致损因素，往往是同政治、国家行政管理、战争以及一些特殊的风险相关联的。其主要有以下几种：交货不到险、舱面货物险、进口关税险、拒收险、黄曲霉素险、出口货物到香港特别行政区（包括九龙）或澳门特别行政区存仓火险责任扩展保险。

（3）特殊附加险。其主要包括战争险和罢工险。

（三）除外风险

下列损失保险公司不负赔偿责任：①被保险人的故意行为或过失所造成的损失；②属于发货人责任所引起的损失；③在保险责任开始前，被保险货物已存在的品质不良或数量短差所造成的损失；④被保险货物的自然损耗、本质缺陷、特性以及市价跌落、运输延迟所引起的损失或费用；⑤海洋运输货物战争险条款和货物运输罢工险条款规定的责任范围和除外责任。

（四）保险责任的期限

保险期限是保险人承担对海洋运输货物赔偿责任的期间。我国人民保险公司主要以“仓至仓条款”作为标准。“仓至仓条款”内容：①从被保险货物运离保险单所载明的启运地仓库或储存处开始运输时起，至该货物到达保险单所载明的目的地收货人的最后仓库或储存处为止；②如果未抵达上述仓库或储存处，则以货物在最后卸货港全部卸离海轮后满60天为止；③如果在上述60天内货物被转运到保险单所载目的地以外的地点，则保险责任从货物开始转运时中止。以上条款内容哪个先满足就以哪个为准。

索赔时效：海洋运输货物保险的索赔时效为2年，从被保险货物在最后卸货港全部卸离运输工具后起算，最多不超过2年。

案例7.5

保险公司是否应该赔付①？

某年2月，中国某纺织进出口公司与大连某海运公司签订了运输1 000件丝绸衬衫到马赛的协议。合同签订后，进出口公司又向保险公司就该批货物的运输投保了平安险单。2月20日，该批货物装船完毕后启航，2月25日，装载该批货物的轮船在海上突遇罕见大风暴，船体严重受损，于2月26日沉没，3月20日，纺织品进出口公司向保险公司就该批货物索赔，保险公司以该批货物由自然灾害造成损失为由拒绝赔偿，于是进出口公司向法院起诉，要求保险公司偿付保险金。

问：本案中保险公司是否应负赔偿责任？

评析：保险公司应负赔偿责任。根据中国人民保险公司《海洋运输货物保险条款》的规定，海运货物保险的险别分为基本险和附加险两大类，基本险是可以单独投保的险种. 主要承保海上风险造成的货物损失，包括平安险、水渍险与一般险。平安险对由于自然灾害造成的部分损失一般不予负责，除非运输途中曾发生搁浅、触礁、沉没及焚毁等意外事故。平安险虽然对自然灾害造成的部分损失不负赔偿责任，但对自然灾害造成的全部损失应负赔偿责任。本案中，进出口公司投保的是平安险，而所保的货物在船因风暴沉没时全部灭失，发生了实际全损，故保险公司应负赔偿责任，其提出的理由是不能成立的。

---

① 资料来源：https://doc.wendoc.com/ba956419cdd33cde237aa1dc7.html.

本章思考

1. 理解下列重要术语：

班轮运输　租船运输　提单　适航性　国际货物多式联运　共同海损　单独海损

2. 简述租船运输中三种类型的异同。
3. 简述提单的法律效力。
4. 试述国际海上货物运输承运人的强制性义务。
5. 比较国际海运、铁路运输及多式联运中关于索赔和诉讼时效的异同。
6. 简述海上货物保险中委付与代位求偿权的区别。
7. 试述海上货物运输保险承保的风险。

第八章　产品责任法

■本章要点

1. 产品责任的概念和特征
2. 美国产品责任法中确定的三个基本理论
3.《斯特拉斯堡公约》的主要内容
4. 欧共体《关于对有缺陷的产品的责任的指令》的主要内容
5. 中国的产品责任法

第一节　概述

一、产品责任法的概念和特征

（一）概念

产品责任法是调整有关产品的生产者、销售者和消费者之间基于侵权行为所引起的人身或财产损害赔偿的法律规范的总称。

产品责任法是20世纪以来西方国家新兴的法律规范。它是随着现代工业的发展，新产品不断投入市场，销售者受到的伤害事件日益增多而形成和发展起来，其主要目的是保护消费者的权益。

（二）特征

（1）产品责任法具有特定的调整范围。调整范围限于缺陷产品造成的人身伤害或财产损失，不包括单纯的产品本身的损害。

（2）产品责任法调整特定的法律关系。主要调整消费者和其他受害人与生产者、销售者因缺陷产品所产生的侵权关系。

（3）产品责任法中基本的责任原则一般为强制性规定，当事人以合同或单方声明等方式予以排除的行为无效。

（4）产品责任法具有公法与私法的双重性。

二、产品责任法与相关法律的关系

（一）产品责任法与买卖法

产品责任法与买卖法有一定的联系，因为买卖法中有关卖方对货物的品质担保责任的规定同产品责任法的某些要求有着共通之处。但就法律性质而言，产品责任法与买卖法是不同的。买卖法属于私法范畴，它的规定大多数是任意性的；而产品责任法则属于社会经济立法范畴，它的有关规定或原则大都是强制性的。

（二）产品责任法与消费者权益保护法

产品责任法主要是确定产品的制造者和销售者对其生产或销售的产品所应承担的责任。产品责任法的主旨是加强生产者的责任，保护消费者的利益。因此，产品责任法是一种保护消费者的法律。

（1）各国法对产品责任的规定甚严，强化了生产者的义务，有利于最大限度地保护消费者的合法权益。

（2）各国的法律包括产品责任法是保护消费者权益的重要法律工具。各国产品责任的归责原则大都采用严格责任，表明在处理生产者与消费者关系上，已从保护生产者利益为重转到了以保护消费者利益为重。

（3）各国的产品责任法始终将充分保护消费者权益原则贯穿其中。

三、产品责任法的几个重要术语

（一）产品（products）

（1）美国：产品指任何经过工业处理的物品，包括可移动与不可移动的各种有形物以及天然产品。

（2）1976年欧洲理事会制定的《斯特拉堡公约》：产品是一切可移动的物品，不论是否加工过、天然的或工业的，甚至组合到另一可移动或者不可移动的物体中的物品。

（3）1980年欧共体《产品责任指令》：产品指工业生产的可移动的物品。

（4）《中华人民共和国产品质量法》：产品是指经过加工、制作，用于销售的产品，不包括建设工程。

（5）1978年《关于产品责任的法律适用公约》：产品包括天然产品和工业产品，无论是加工的，还是未加工的，也无论是动产还是不动产。

（二）产品缺陷

（1）美国法院判决认为，具有不合理危险性或过分不安全的产品，就是缺陷的产品。

（2）《产品责任法令》规定，考虑到包括产品的说明及产品投入流通领域的时间等因素在内的所有情况，如果一项产品未能给按预期的目的加以使用该产品的人之身体或其财产提供他们有权期待的安全，那么该项产品即是缺陷的产品。因此，产品责任法中所指的产品缺陷是产品不安全、有危险性。

（3）《欧共体产品责任指令》规定，如果产品不能提供人们有权期待的安全性，即属于缺陷产品。这里的“不能提供人们有权期待的安全”是指产品缺乏合理的安全性。

(4)《中华人民共和国产品质量法》第四十六条规定:“本法所称缺陷，是指产品存在危及人身、他人财产安全的不合理的危险；产品有保障人体健康和人身、财产安全的国家标准、行业标准的，是指不符合该标准。”

第二节 美国的产品责任法

一、产品责任的理论

在西方国家中，美国的产品责任法发展得最早，也最完备。在其发展演变的过程中，先后产生了以下理论。

(一) 疏忽责任理论

疏忽责任理论（theory of negligence)，是指由于生产者和销售者的疏忽致使产品有缺陷，而且由于这种缺陷使消费者或其他第三人的人身或财产遭到损害，对此，该产品的生产者和销售者应承担责任。

该原则源于1916年的“麦克弗森诉别克汽车公司案”，该案为消费者对制造厂商提起产品责任之诉不需有合同关系开辟了道路。法院认为，如果一件产品粗枝大叶地制造出来会对人身造成威胁时，就是一种危险品，若该产品由直接购买者以外的人不经检查就使用，那么不需要考虑合同关系是否存在，制造者负有谨慎制造的义务；如果违反了这个义务，制造者得负责赔偿由此给消费者造成的损失。自此，美国司法实践在处理产品责任时，确立了“基于侵权行为而承担责任”的原则。即当原告以疏忽为由对被告起诉时，可以从各个不同的方面证明被告有疏忽，比如：原告可以证明产品的设计有缺点；也可以证明被告对产品的危险性没有作充分的说明或提醒消费者注意；还可以证明被告在生产、经销该产品时违反了联邦或州的有关这种产品的质量、检验、广告或推销方面的规章、法令，而违反这种规章、法令的本身就是一种疏忽行为。但是在现代化大生产条件下，原告要证明被告有疏忽往往是比较困难的。因此在实际诉讼中，法官逐渐倾向于对原告采取减轻举证责任的态度。

案例8.1

1916年美国的“麦克弗森诉别克汽车公司案”[①]

被告别克汽车公司向汽车零售商出售一辆别克汽车，零售商又把此车售给原告麦克弗森。由于一车轮在制造上有缺陷，因而汽车在行进中突然翻倒并导致原告麦克弗森受到伤害。有关证据表明，如果事前被告对车轮进行合理的检查就能发现其缺陷，但被告没有这样做。而由于原告并非直接从被告那里直接购得该汽车，所以被告应否承担过失责任，尚属疑问。这成为该案处理的关键问题所在。

卡多佐法官引证了许多先例，试图从诸多先例中归纳出适用本案的法律规则，如1852年的托马斯诉温切斯特案件，被告由于过失把颠茄剂这一毒药贴成蒲公英制剂的

① 资料来源：http://www.law-lib.com/lw/lw_view.asp? no=538.

标签，出售给药剂师。药剂师又将此药卖给原告导致原告中毒。法院判原告胜诉，认为把毒药贴错标签会给任何得到它的人带来急迫的危险，不论药物的合法使用者是否与被告有合同关系，其都应负过失责任。而1882年的“德夫林诉史密斯案”中，被告制造有一缺陷的脚手架卖给油漆师，结果油漆师的雇员从脚手架上跌下致死。法院判决原告胜诉，理由是，像脚手架这样的东西，如果在制造上有问题是极其危险的。被告知道脚手架是给工人用的，因此，不仅对与其有合同关系的油漆师，而且对与其无合同关系的工人，被告都有确保质量的义务。在1909年的“斯塔特勒诉雷制造公司案”中，原告从批发商那里买得一个被告制造的大咖啡壶，由于咖啡壶做工有缺陷，因此其在加热过程中爆炸，导致原告严重受伤，法院判决原告胜诉。因为像咖啡壶这类东西，如果有制造上的问题，会在使用中给许多人带来严重的危险。

通过考察这些先例及其他先例，卡多佐法官得出了适用本案的法律规则。他在判决中指出：具有急迫危险性的产品概念并不局限于毒药、爆炸物或其他同类物品，而应扩大到对人身有危险性的一切物品中。如果一件物品在制造上有过失，依其本质，可合理确定将使人的生命和躯体处于危险之中，那么它就是一件危险物品。除此项危险因素之外，制造商若知悉该物品将由购买者之外的第三人不经检验而使用，则无论有无契约关系，该危险品的制造者都负有仔细加以制造的义务和责任。卡多佐法官在该案中宣布：制造商给予注意的责任不受合同关系的限制，受害人无须与制造商有相互关系即可获得赔偿。纽约州法院依此判定别克汽车公司应向麦克弗森承担过失责任。

（二）担保责任理论

担保责任理论（theory of breach of warranty），是指生产者或者销售者违反了对货物的明示或默示担保义务，致使产品质量或性能存在某种缺陷或瑕疵，并对消费者的人身或财产造成损失时，生产者或销售者应当承担责任。

在美国早期的审判实践中，以产品担保责任为由提起产品责任诉讼的原告仅限于与被告有直接合同关系的人。这种限制对保护消费者的合法权益极其不利。1932年美国华盛顿州最高法院在“巴克斯特诉福特汽车公司”一案中，取消了这种限制。

案例8.2

巴克斯特诉福特汽车公司案

案情：1932年，美国人巴克斯特从某销售商处购买了一辆福特牌汽车。有一天，他开着汽车在公路上行驶，一辆和他并排行驶的汽车卷起一块石头打碎了福特车的挡风玻璃，使巴克斯特的眼睛受伤，后来失明了。巴克斯起诉到法院，认为福特车的汽车玻璃的安全性与广告宣传中的承诺不符，要求赔偿损失。经查，福特汽车公司曾在其广告中表明其汽车玻璃不会破裂。

法院判决认为：制造商借着广告向一般消费者做广泛陈述，若因其陈述虚伪而导致消费者受损，则基于政策及诚实信用原则，制造商应承担明示保证责任，因为原告相信了被告在广告中的说明。

这个判例首次使明示担保责任突破了契约关系的限制，将责任范围扩大到契约外第三人。“公共政策”因素和“卖方负有社会责任”理论是其理论基础。

在以担保责任为由提起诉讼时，原告无须证明被告有疏忽，只需证明产品确有缺陷或损害事实，就可以要求被告赔偿损失。与疏忽理论相比，原告方更容易举证，但该理论也存在一些局限性：①买方必须在发现瑕疵后立即通知卖方，如果发现瑕疵后不停止使用，或发现后拖很长时间才通知，卖方就不负责任；②买方必须是依赖卖方的建议而做出购买决定的。如果买方是根据自己的判断而决定购买的，卖方就不负责任；③根据《美国统一商法典》（简称 UCC），卖方可以不承认某些法律规定的担保条件，比如买方可以在买卖合同中明文宣布“本合同不存在质量担保”或者通过其他形式来否认担保的存在；④根据 UCC 相关规定，默示担保可以被排除或修改，对违反默示担保的补偿可以减轻或限制。

（三）严格责任理论

严格责任理论是一种新发展起来的、对消费者最有利的责任理论。严格责任，又称无过错责任，即只要产品存在缺陷，对使用者具有不合理的危险，并使其人身或财产遭受损害，该生产者和销售者应对此承担赔偿责任。

该责任制度是在 1963 年的“格林曼诉尤巴电力公司案”中确立下来的。到了 20 世纪 70 年代，美国已有 2/3 的州采用严格责任制度。严格责任是一种侵权责任。原告不需要与被告存在合同关系，而且任何产品的受害人，无论是买主，还是第三人，都可以追究产品生产者、销售者的责任。在该责任制度下，原告所负的举证责任最小，但要想得到赔偿，仍须证明三点：①产品存在缺陷。美国《统一产品责任示范法》将缺陷分为：制造缺陷、设计缺陷、警示缺陷和说明缺陷。②产品投入流通时缺陷就已存在。③产品缺陷直接造成了损害。

案例 8. 3

“格林曼诉尤巴电力公司产品”案

案情：1955 年，原告格林曼的夫人为他购买了一种组合电动工具。两年后，原告使用这套工具做车床旋一块大木头，制作高脚酒杯，不料一块木头从机器中飞出来撞击到格林曼的头部，致其重伤。经检查，该电器属于有缺陷的产品，它与事故有直接关系。

法院判决原告胜诉。通过该案，加州最高法院制定了具有里程碑意义的规则，现在一般通称为“格林曼规则”，即“当一个制造商将一件产品投放市场时，明知他将不经检查缺陷而使用，如果此项产品表明含有致使人受到伤害的缺陷，那么制造商在侵权方面负有严格的责任”。严格责任使得原告无须举证被告的过失，而只需举证产品的缺陷及缺陷与损害之间的因果关系，对产品责任而言，整个焦点由制造者的行为转向了产品，这无疑对使用者是极为有利的。

温故知新

下列各项理论中，不属于美国产品责任法的法学理论依据是（　　）。

A. 疏忽责任理论　　　　B. 担保责任理论

C. 违反条件理论　　　　D. 严格责任理论

【参考答案】C

二、产品责任的承担

承担产品责任的原则也叫产品责任归责原则，是指产品责任归属所依据的法律准则或标准，它分为主观归责和客观归责。

1. 过失责任原则

所谓过失责任是指由于生产者和销售者的疏忽，造成产品缺陷，致使消费者的人身或财产受损害所应负之责任。有过失才能有责任，无过失则无责任。

在过失责任基础上，原告如以过失责任请求损害赔偿时，应至少提出外表上认为有过失的证据；如原告未举证，法院即以诉讼不存在等为由，判决原告败诉。因此，凡是原告举出以下证据的，即可推定被告过失：①其损害非生产者之过失不应发生；②该损害系由曾在被告管理或支配下之产品所引起；③该损害并非因原告之行为所致等事实。另外，如果被告不能证明自己没有过错，那么就推定被告存在过失（过错推定原则），应赔偿原告的损失。

2. 严格责任原则

严格责任又称侵权行为法上的无过失责任，是新近发展起来的一种产品责任理论。按照严格责任原则，只要产品有缺陷，对消费者和使用者具有不合理的危险，并因此使他们的人身或财产受损，该产品的生产者和销售者都应对此负责。

受害人有下列条件的，即可提出赔偿要求：①产品中存在有缺陷。②缺陷是造成伤害或损失的实质性因素：产品是按照正常预定的方式使用的；使用人虽已尽了合理的注意，但未能发现缺陷并未能意识到产品的危险；受害人虽已尽了合理的注意但无法避免伤害和损失。这是早期的严格产品责任。因其产生于重要的商业区纽约的“卡德林诉派格利亚”一案中，故也被称为纽约原则。

3. 市场份额原则

严格责任有时也会无法解决受害人的赔偿请求，因此，美国的“市场份额说”不失为对严格责任补充的好办法。美国许多法院基于对公平正义的考虑，允许消费者请求产品对其有危害的所有制造商按产品出售时占有的市场份额来分摊责任，即依照市场份额责任原则处理案件。

三、美国产品责任法的主要内容

（一）产品

根据美国《统一产品责任示范法》第一百零二条（C）项规定，产品是具有真正价值的、为进入市场而生产的，能够作为组装整件或者作为部件、零售交付的物品，但人体组织、器官、血液组成部分除外。虽然示范法给“产品”做了一个界定，但在美国审判实践中，法官倾向于采用更广泛、更灵活的产品定义。例如，1978 年的“哈雷斯诉西北天然气公司”案，法官将天然气纳入了产品范围；在“兰赛姆诉威廉康星电力公司”案中，电被确认为产品；科罗拉多州法院曾将血液视为产品。

（二）产品责任中的责任主体

产品责任主体就是产品责任的承担人。综观各国立法，一般有两种立法方式：①单一主体说，即将生产者作为责任的承担者，有的国家对生产者做扩大解释，涵盖了销售者、进口商等，比如《欧共体产品责任指令》的规定。②复合主体说，以美国为代表，美国将产品的制造者和销售者作为产品责任的主体。“制造者”包括在产品出售给使用者或消费者之前，设计、生产、制作、组装、建造或者加工产品的人，还包括“实际不是但自称是制造者”的产品销售实体；“销售者”包括产品制造者、批发商、出租人、经纪人。责任承担人的范围比欧洲各国更为广泛。

（三）产品责任中的权利主体

根据美国《统一产品责任示范法》第一百零二条规定，产品责任诉讼的“索赔人”是指因遭受损害而提出产品责任索赔的自然人或实体。这里的“损害”包括：①财产损害；②人身肉体伤害、疾病和死亡；③由人身肉体伤害、疾病和死亡引起的精神痛苦或情感伤害；④由于索赔人被置于直接人身危险的境地而引起的并表现为实际存在的他觉症状的精神痛苦或情感伤害。

（四）损害赔偿

1. 损害赔偿的范围

通常情况下，原告可以从以下四个方面提出损害赔偿请求：

（1）对人身伤害的损害赔偿。这包括痛苦与疼痛、精神上的痛苦和苦恼、收入的减少和挣钱能力的减弱、合理的医疗费用、身体残废等。

（2）财产损失的赔偿。比如替换或者修复受损坏的财产而支出的合理费用。需要注意的是，财产损害的范围并不包括直接或间接的经济损失，这些损失属于合同的范畴。

（3）商业上的损害赔偿。这通常是指有缺陷的产品的价值与完好、合格产品的价值之间的差价。

（4）惩罚性的损害赔偿。这是美国赔偿制度上的一个特点。它专门用于惩罚那些生产、销售行为中全然置公共政策于不顾的恶意、轻率行为。《统一产品责任示范法》规定：“原告通过明显的和令人信服的证据证明，由于产品销售者对产品使用者、消费者或可能受到产品损害的其他人员的安全采取轻率漠视态度，致使原告遭受损害的，原告可得到惩罚性损害赔偿。”

2. 损害赔偿的限额

在美国赔偿制度中，还有一个特点是精神损害的赔偿数额较大，在赔偿总额中所占的比重也较大，但《统一产品责任示范法》中对其也有相应限制：金额不得超过2 500 美元，或不得超过金钱性损害赔偿金额的 2 倍（注：精神损害赔偿属于非金钱性损害赔偿），以二者中少者为准。但是以下情形例外，原告通过优势证据证明：产品使原告遭受严重的和永久的或长期的毁容、身体机能的损坏、痛苦和不适、精神疾病。

（五）诉讼时效

关于诉讼时效的规定，美国各州的规定差异较大。《统一产品责任示范法》建议，一般诉讼时效为 2 年，从原告发现或者在谨慎行事情况下应当发现产品的损害及其原因时起算。该法还规定了最长的诉讼时效为投入流通 10 年，除非明示的安全期限长于10 年。

第三节　欧洲各国的产品责任法

一、欧洲各国的产品责任统一法

欧洲各国的产品责任立法比美国发展较晚，主要是在20世纪80年代以后才开始相继制定各自的产品责任法。而各国国内法的不统一妨碍了竞争，妨害了共同市场内部的自由商品流通，并形成了对消费者合法权益保护不公平的情形。因此各国陆续通过了以下两个比较重要的公约。

（一）斯特拉斯堡公约

该公约的全称为《欧洲共同体关于造成人身伤害和死亡的产品责任的欧洲公约》。1977年1月27欧洲理事会各成员国正式签订了该公约，共17条，根据公约第十三条第二款的规定，该公约已经在比利时、奥地利、法国三个国家批准生效。

《斯特拉斯堡公约》的主要内容：

1. 适用范围

该公约适用于因生产者提供的产品存在缺陷而造成消费者人身伤害或死亡的赔偿问题。

2. 应负产品责任的生产者范围

公约将四类人列入生产者的范围：①制造商。即产品或零配件的制造商以及天然气产品的生产者，这是基本主体；②产品进口商。即任何以将产品投入流通为目的的按商业通常管理的进口产品者；③任何使自己的名字、商标或者其他识别特征出现在商品上门将其作为自己的产品出示者；④产品没有标明任何生产者的身份时，则每个供应商应视为公约所指的生产者，并承担同样的责任，除非根据索赔人的要求，供应者在合理的时间内披露生产者或向其提供产品者的身份。

3. 归责原则

根据《斯特拉斯堡公约》规定，对生产者所承担的产品责任采取严格责任原则，只要是产品的缺陷造成的人身伤害或死亡，生产者就应承担产品责任。

4. 生产者的抗辩事由

在下列情形时，生产者可以减产其产品责任：①产品未投入流通；②产品投入流通时，所造成损害的缺点或缺陷并不存在，或产品缺陷是投入流通以后产生的；③该产品制造的目的不是为销售、出租或其他经济目的，而且不是按照通常商业做法制造或分销的；④损害是由受害人或索赔人自身的过失造成的。

5. 赔偿限额

《斯特拉斯堡公约》规定，对产品责任的损害赔偿范围仅限于人身伤亡，不包括其财产所造成的损失。公约附则中规定，缔约国可以声明保留由国内法规定的赔偿限额的权利，但对每一死者或遭到人身伤害的赔偿额不得少于相当于7万特别提款权的国内货币，有相同缺陷的同一产品造成的全部损害赔偿不得少于1 000万特别提款权的国内货币。

6. 诉讼时效

索赔人的诉讼时效为自其知道或应当知道损害、缺陷及生产者身份之日起算 3 年；生产者的负责时效为其造成损害的产品投入流通之日起 10 年。

（二）欧共体《关于对有缺陷的产品的责任的指令》

欧共体部长理事会于 1985 年 7 月 25 日通过了《关于对有缺陷的产品的责任的指令》（以下简称《指令》），在欧共体范围内统一确立了缺陷产品致害的严格责任原则，并要求成员国在 1988 年 8 月 1 日以前采取相应的国内立法予以实施。当然，成员国在部分问题上有取舍的权利，如损害赔偿额的上限规定等。截至 2003 年 2 月，欧盟 15 国均完成了相应的国内立法程序，各国在产品责任的基本问题上基本达成了统一。从 2004 年 5 月 1 日起，欧盟成员国数量已达到了 25 个，而欧盟东扩的进程仍在继续，这些新加入的国家也必然要对国内法做相应调整，以与《指令》趋同。

《指令》的主要内容：

（1）产品责任主体。《指令》只规定了一类责任主体，即生产者，但通过列举方式扩大了生产者的内涵，将销售者、进口商等责任人也纳入其中。

（2）关于缺陷的定义。《指令》对缺陷的定义采用客观标准。如果产品不能提供人们有权期待的安全性，即属于缺陷产品。在确定产品是否有缺陷时需要考虑各种情况，其中包括：产品的状况、对产品的合理预期的使用和把产品投入流通的时间，不能因为后来有更好的产品投入市场，就认定之前的产品有缺陷。对产品的操作、使用说明书，也是涉及产品安全性的因素之一。例如，20 世纪 60 年代，汽车座位上都没有安全带，当时不认为这种汽车有缺陷，但到 20 世纪 80 年代如果汽车没有安全带则会被认为是一种缺陷。

（3）产品责任的抗辩事由：①未将产品投入流通；②缺陷在产品投入流通时并不存在；③产品非生产者为销售或经济目的而制造或分销，为使产品符合强制性法规而导致缺陷；④产品投入流通时的科技水平不能发现缺陷存在；⑤零部件制造者能证明缺陷是由于装有该零部件的产品设计或制造者的指示造成。

（4）严格责任原则。在产品责任诉讼中，消费者只需证明损害事实和产品缺陷的事实，以及二者之间存在因果关系，即可以使产品的责任人承担赔偿责任，而无须证明责任人有过失。

（5）时效。提起产品责任诉讼的时效期间为 3 年，自受害方应该知道损害、缺陷的存在以及生产者时起算。但产品进入流通后满 10 年后，生产者对产品缺陷造成的损害不承担责任。

第四节　中国的产品责任法

一、产品责任法的适用范围

自改革开放以来，我国制定了一系列有关产品责任的法律法规，其中，最主要的是 1993 年 2 月 22 日第七届全国人民代表大会常务委员会第三十次会议通过的《中华人民共和国产品质量法》（简称《产品质量法》），2000 年 7 月，全国人大常委会对其进行了修订，自2000年9月1日起施行。本节的内容就是在这部法律的基础上进行介绍的。

《产品质量法》第二条规定，在我国境内从事产品生产、销售活动，必须遵守产品质量法。而这里所称“产品”是指经过加工、制作，用于销售的产品。另外需要注意两点：一是建设工程不适用该法规定，但是建设工程使用的建筑材料、建筑构配件和设备，属于上述规定的产品范围的，适用《产品质量法》规定。二是因核设施、核产品造成损害的赔偿责任，法律、行政法规另有规定的，依照其规定。

二、产品质量监督管理

（一）产品质量监督管理体制

产品质量监督管理体制是产品质量监督管理机构及其职权的统称。根据《产品质量法》规定，我国产品质量监督管理体制的基本内容如下：国务院产品质量监督部门主管全国产品质量监督工作，国务院有关部门在各自的职责范围内负责产品质量监督工作；县级以上地方产品质量监督部门主管本行政区域内的产品质量监督工作，县级以上地方人民政府有关部门在各自的职责范围内负责产品质量监督工作。法律对产品质量的监督部门另有规定的，依照有关法律的规定执行。

（二）产品质量监督管理具体制度

1. 产品标准

我国的产品标准包括国家标准、行业标准、地方标准、企业标准等。如果生产可能危及人体健康和人身、财产安全的工业产品，必须符合保障人体健康和人身、财产安全的国家标准、行业标准；未制定国家标准、行业标准的，必须符合保障人体健康和人身、财产安全的要求。禁止生产、销售不符合保障人体健康和人身、财产安全的标准和要求的工业产品。具体管理办法由国务院规定。

2. 质量认证制度

（1）企业质量体系认证制度。企业质量体系认证是对企业的质量体系和质量保证能力进行的审核。《产品质量法》第十四条规定：“国家根据国际通用的质量管理标准，推行企业质量体系认证制度。企业根据自愿原则可以向国务院产品质量监督部门认可的或者国务院产品质量监督部门授权的部门认可的认证机构申请企业质量体系认证。经认证合格的，由认证机构颁发企业质量体系认证证书。”

（2）产品质量认证制度。产品质量认证制度是指依据具有国际水平的产品标准和技术要求，经过认证机构确认，并通过颁发认证证书和产品质量认证标志的形式，证明产品符合相应标准和技术要求的制度。

产品质量认证分为两类：一是安全认证，一般为强制认证，它是对商品在生产、储运、使用过程中是否具备保证人身安全与避免环境遭受危害等基本性能的认证；二是合格认证，一般为自愿性认证，它是依据商品标准的要求，对商品的全部性能进行的综合性质量认证。实行合格认证的产品，必须符合《中华人民共和国标准化法》规定的国家标准或者行业标准的要求。

3. 监督检查制度

国家对产品质量实行以抽查为主要方式的监督检查制度，对可能危及人体健康和人身、财产安全的产品，影响国计民生的重要工业产品以及消费者、有关组织反映有质量问题的产品进行抽查。抽查的样品应当在市场上或者企业成品仓库内的待销产品中随机抽取。监督抽查工作由国务院产品质量监督部门规划和组织。县级以上地方产品质量监督部门在本行政区域内也可以组织监督抽查。法律对产品质量的监督检查另有规定的，依照有关法律的规定执行。抽查时需要注意以下问题：①国家监督抽查的产品，地方不得另行重复抽查；上级监督抽查的产品，下级不得另行重复抽查。②根据监督抽查的需要，可以对产品进行检验。检验抽取样品的数量不得超过检验的合理需要，并不得向被检查人收取检验费用。监督抽查所需检验费用按照国务院规定列支。③生产者、销售者对抽查检验的结果有异议的，可以自收到检验结果之日起 15 日内向实施监督抽查的产品质量监督部门或者其上级产品质量监督部门申请复检，由受理复检的产品质量监督部门做出复检结论。

三、产品质量责任与义务

（一）生产者的产品质量责任与义务

1. 保证产品内在质量

保证产品内在质量是生产者的首要义务。根据《产品质量法》的规定，产品质量应当符合下列要求：

（1）不存在危及人身、财产安全的不合理的危险。有保障人体健康和人身、财产安全的国家标准、行业标准的，应当符合该标准。这是法律对产品质量最基本的要求。

生产者要保证其产品不存在危及人身、财产安全的不合理的危险，首先应当在产品设计上保证安全、可靠。产品设计是保证产品不存在危及人身、财产安全的不合理危险的基本环节。其次，在产品制造方面保证符合规定的要求。制造是实现设计的过程，在实际经济生活中，制造上的缺陷往往是导致产品存在危及人身、财产安全的不合理的危险的主要原因。

资料卡 8.1

产品缺陷与产品瑕疵的不同

产品缺陷，实质是指产品缺乏合理的安全性，即存在危及人身、财产安全的不合理危险。判断某产品是否存在缺陷的标准是看该产品是否存在不合理危险。

产品瑕疵，是指产品不具备应当具备的使用性能，或者所具备的性能低于明示的产品标准，但不存在危及人身、财产安全的不合理危险。判断某产品是否存在瑕疵是看该产品是否具备通常应当具备的使用性、效用性以及其他约定的品质。

产品缺陷关注的是产品的安全性，而产品瑕疵关注的是产品的效用性，两者的明显区别是产品的安全性。举例说明：电脑经常死机，手机不能正常通话，打火机打不着火，农药不能杀死害虫等这些是产品瑕疵。手机通话时漏电，食物吃了中毒，啤酒瓶开启爆炸，汽车挂前进挡时突然后退造成人员伤亡等致使消费者或第三者的人身、财产受到损害，则属于产品缺陷。

温故知新

下列产品中存在《产品质量法》所称的“缺陷”的是（　　）。

A. 致人中毒的假酒　　B. 口感不佳的劣酒

C. 易醉人的高度酒　　D. 突然爆炸炸坏家具的汽酒（原因为气压过高）

【参考答案】AD

（2）具备产品应当具备的使用性能。但是，对产品存在使用性能的瑕疵做出说明的除外。所谓产品具有应当具有的使用性能，是指某一特定产品应当具有其基本的使用功能，比如电冰箱应当具备制冷性能，保温瓶应当具有保温性能等，并在正常使用条件下应有合理的使用寿命。

具体来说，产品应当具有使用性能主要体现在两方面：一是在产品标准、合同、规范、图样和技术要求以及其他文件中明确规定的使用性能；二是隐含需要的使用性能。这里的“隐含需要”是指消费者对产品使用性能的合理期望，通常是被人们公认的、不言而喻的、不必做出规定的使用性能方面的要求。

（3）产品质量应当符合明示的质量状况。即产品质量应当符合在产品或者其包装上注明采用的产品标准，符合以产品说明、实物样品等方式表明的质量状况。这是法律对生产者保证产品质量所规定的明示担保义务。

2. 产品包装标识义务

根据《产品质量法》规定，产品或者其包装上的标识必须真实，并符合下列要求：

（1）有产品质量检验合格证明。合格证明包括合格证、合格印章等各种形式。合格证的项目内容，由企业自行决定。出厂产品的检验，一般由生产自身设置的检验部门进行检验。对于不具备检测能力和条件的企业，可以委托社会产品质量检验机构进行检验。

（2）有中文标明的产品名称、生产厂厂名和厂址。这里所称的用中文标明，是指用汉字标明，根据需要，也可以附以中国民族文字。

（3）根据产品的特点和使用要求标注产品标识。具体来说，就是根据产品的特点和使用要求，需要标明产品规格、等级、所含主要成分的名称和含量的，用中文相应予以标明；需要事先让消费者知晓的，应当在外包装上标明，或者预先向消费者提供有关资料。

（4）限时使用产品的标识要求。对于限期使用的产品，应当在显著位置清晰地标明生产日期和安全使用期或者失效日期。

所谓限期使用的产品，是指具备一定使用期限，并且能够在此期限内能够保证产品质量的产品。例如食品、药品、农药、化肥、水泥、化妆品、饮料等产品，都应当具有一定的使用期限。所谓安全使用期，一般是泛指保证产品质量的期限。安全使用期包括保质期、保存期、有效期、保鲜期等。

（5）涉及使用安全的标识要求。即使用不当，容易造成产品本身损坏或者可能危及人身、财产安全的产品，要有警示标志或者中文警示说明，裸装的食品和其他根据产品的特点难以附加标识的裸装产品，可以不附加产品标识。

所谓警示标志，是指用以表示特定的含义，告诫、提示人们应当对于某些不安全因素引起高度注意和警惕的图形。例如，表示剧毒、危险、易燃、易爆等意思，均有专用的对应的图形标志。所谓中文警示说明，是指用来告诫、提示人们应当对不安全因素引起高度重视和警惕的中文文字说明。中文警示说明也可以理解为用中文标注的注意事项。一般标注在产品或者产品说明书、产品外包装上。例如在燃气热水器上注明“注意室内通风”字样。总之，对上述产品标注中文警示说明和警示标志是为了保护被使用的产品免遭损坏，保护使用者的安全、健康。

《产品质量法》第二十八条规定：易碎、易燃、易爆、有毒、有腐蚀性、有放射性等危险物品以及储运中不能倒置和其他有特殊要求的产品，其包装质量必须符合相应要求，依照国家有关规定做出警示标志或者中文警示说明，标明储运注意事项。

温故知新

下列产品中应有警示标志或中文警示说明的有（　　）。

A. 有副作用的药品　　　　B. 需稀释方可使用的农药

C. 易燃易爆物　　　　D. 书籍

【参考答案】ABC

案例 8.4

橄榄油保质期标注不当，超市是否退货①？

案情简介：原告刘某因所购买的商品保质期标注不当，将被告某仓储超市起诉至北京市西城区人民法院，要求退货并给予10倍赔偿。

原告起诉称，2010年1月12日，其在被告处购买了6瓶进口橄榄油，共计花费669.80元。该产品瓶身显著位置贴有中文标签，其中生产日期标注为“310/31-10-08”，保质期标注为“10-2010”。刘先生认为该橄榄油保质期标注不符合国家规定，故诉请法院判令被告返还购物款并十倍赔偿，并由被告赔偿误工费，承担诉讼费。

被告某超市辩称，其销售的食品的日期标注方式并未违反国家标准，只是不适应原告的消费习惯。且该产品经过质量部门检验，并通过海关合法途径进入国内销售，不存在违反食品安全法的情形。故不同意原告的全部诉讼请求。

法院经审理后认为：消费者的合法权益受法律保护。消费者享有知悉其购买、使用的商品或者接受的服务的真实情况的权利。在我国销售的进口产品，应该遵守我国的法律规定，应在产品的显著位置标明生产日期和保质期，并且日期的标注格式应该符合我国相关法律规定及大众的消费习惯，即应按年、月、日的顺序标示日期。被告作为销售者，其未按国家有关规定适当地标注产品的生产日期和保质期，上述做法欠妥，故原告要求被告退货并返还货款的诉讼请求，法院予以支持。原告未举证证明被告销售的产品存在食品安全问题，故原告要求被告赔偿十倍货款的诉讼请求，法院不予支持。原告要求被告赔偿误工费的诉讼请求没有事实和法律依据，法院不予支持。最终，法院判决该超市为原告退货并退还货款，并驳回了原告的其他诉讼请求。

---

① 资料来源：https://www.chinacourt.org/article/detail/2010/06/id/411905.shtml.

3. 生产者的禁止性义务

根据《产品质量法》的规定，产品生产者的禁止性义务主要包括：①生产者不得生产国家明令淘汰的产品；②生产者不得伪造产地，不得伪造或者冒用他人的厂名、厂址；③生产者不得伪造或者冒用认证标志等质量标志；④生产者生产产品，不得掺杂、掺假，不得以假充真、以次充好，不得以不合格产品冒充合格产品。

（二）销售者的产品质量责任与义务

《产品质量法》对销售者的产品质量义务做了具体规定，上述生产者的产品包装标识义务与禁止性义务也适用于销售者，除此之外，销售者的义务还包括：

1. 进货检验义务

销售者应当建立并执行进货检查验收制度，验明产品合格证明和其他标识。执行进货检查验收制度，不仅是保证产品质量的一个措施，也是保护销售者自身合法权益的一个措施。销售者对所进货物经过检查验收，发现存在产品质量问题时，可以提出异议，经进一步证实所进产品不符合质量要求的，可以拒绝验收进货。如果销售者不认真执行进货检查验收制度，对不符合质量要求的产品，予以验收进货，则产品质量责任随即转移到销售者这一方。因此，销售者必须认真执行进货检查验收制度。

2. 保持产品质量义务

销售者应当采取措施，保持销售产品的质量。销售者不得销售国家明令淘汰并停止销售的产品和失效、变质的产品。《产品质量法》赋予销售者这一义务是为了促使其增强对产品质量负责的责任感，加强企业内部质量管理，增加对保证产品质量的技术投入，从而保证消费者购买产品的质量。

四、损害赔偿

（一）归责原则

产品质量的归责原则，是指生产者、销售者就产品缺陷所致的损害应承担何种形式的责任。这里所称的缺陷，是指产品存在危及人身、他人财产安全的不合理的危险；产品有保障人体健康和人身、财产安全的国家标准、行业标准的，是指不符合该标准。根据《产品质量法》第四十一条和第四十二条的规定，我国采取的是严格责任与过错责任相结合的归责原则。

1. 生产者的严格责任

生产者的严格责任，是指因产品存在缺陷造成他人人身、财产损害的，生产者无论处于什么样的主观心理状态，都应当承担赔偿责任。但严格责任不同于绝对责任，它仍然是一种有条件的责任，产品质量法同时规定了三种法定免责条件。确立严格责任的最重要的法律意义在于“举证责任倒置”，这使得法律对受害者的保护大大推进了一步。

2. 销售者的过错责任

销售者的过错责任，是指由于销售者的过错致使产品存在缺陷，造成他人人身、财产损害的，其应当承担赔偿责任。但销售者如果能够证明自己没有过错，则不必承担赔偿责任。这种过错是一种推定过错，销售者负有举证责任，否则不能免除赔偿责任。

（二）损害赔偿责任

1. 销售者的赔偿责任

根据《产品质量法》第四十条规定，售出的产品有下列情形之一的，销售者应当负责修理、更换、退货；给购买产品的消费者造成损失的，销售者应当赔偿损失：①不具备产品应当具备的使用性能而事先未做说明的；②不符合在产品或者其包装上注明采用的产品标准的；③不符合以产品说明、实物样品等方式表明的质量状况的。

销售者依照上述规定负责修理、更换、退货、赔偿损失后，属于生产者的责任或者属于向销售者提供产品的其他销售者（以下简称“供货者”）的责任的，销售者有权向生产者、供货者追偿。销售者未按照上述规定给予修理、更换、退货或者赔偿损失的，由产品质量监督部门或者工商行政管理部门责令改正。

生产者之间，销售者之间，生产者与销售者之间订立的买卖合同、承揽合同有不同约定的，合同当事人按照合同约定执行。

还需要注意的是，由于销售者的过错使产品存在缺陷，造成人身、他人财产损害的，销售者应当承担赔偿责任。如果销售者不能指明缺陷产品的生产者也不能指明缺陷产品的供货者的，销售者也应当承担赔偿责任。

2. 生产者的赔偿责任

根据《产品质量法》第四十一条规定，因产品存在缺陷造成人身、缺陷产品以外的其他财产（以下简称“他人财产”）损害的，生产者应当承担赔偿责任。

需要注意的是，如果生产者能够证明有下列情形之一的，不承担赔偿责任：①未将产品投入流通的；②产品投入流通时，引起损害的缺陷尚不存在的；③将产品投入流通时的科学技术水平尚不能发现缺陷的存在的。

（三）求偿对象

因产品存在缺陷造成人身、他人财产损害的，受害人可以向产品的生产者要求赔偿，也可以向产品的销售者要求赔偿。属于产品的生产者的责任，产品的销售者赔偿的，产品的销售者有权向产品的生产者追偿。属于产品的销售者的责任，产品的生产者赔偿的，产品的生产者有权向产品的销售者追偿。

（四）损害赔偿范围

因产品存在缺陷造成受害人人身伤害的，侵害人应当赔偿医疗费、治疗期间的护理费、因误工减少的收入等费用；造成残疾的，还应当支付残疾者生活自助费、生活补助费、残疾赔偿金以及由其扶养的人所必需的生活费等费用；造成受害人死亡的，并应当支付丧葬费、死亡赔偿金以及由死者生前扶养的人所必需的生活费等费用。

因产品存在缺陷造成受害人财产损失的，侵害人应当恢复原状或者折价赔偿。受害人因此遭受其他重大损失的，侵害人应当赔偿损失。

（五）产品责任诉讼

因产品质量发生民事纠纷时，当事人可以通过协商、调解、仲裁与诉讼等形式解决。产品质量责任诉讼由侵权行为地或者被告居住地人民法院管辖。这里的侵权行为地既包括行为发生地也包括行为结果地。侵权行为发生地一般是指缺陷产品已被投放市场的地点，侵权行为结果地是指缺陷产品给消费者造成实际损害的地点。原告可以在以上的三个地点中任选一个法院管辖。

《产品质量法》第四十五条规定：因产品存在缺陷造成损害要求赔偿的诉讼时效期间为2年，自当事人知道或者应当知道其权益受到损害时起计算。因产品存在缺陷造成损害要求赔偿的请求权，在造成损害的缺陷产品交付最初消费者满10年丧失；但是，尚未超过明示的安全使用期的除外。

案例8.5

除草机伤人，生产厂家是否承担责任[①]？

案情：年过五旬的王某是江苏无锡洛社的一位普通农民。某年10月的一天，王某受同村村民虞某所托，为其承包种植的葡萄园进行耕地作业，使用的机器是由北京某机械公司生产的除草机。耕作时，在倒车过程中王某不慎摔倒，还没来得及爬起来，就被继续运转的除草机刀片切中左腿，顿时鲜血直喷。随后，失血休克的王某被送至医院抢救。后经法医鉴定，王某构成六级伤残。

王某认为，在这除草机的说明书第六页上明确写明机器必须有自动停转的装置，可在自己倒地触碰除草机后，机器并没有停止，而是继续运转，从大腿上碾了过去。因此除草机存在着质量缺陷，并且是造成自己六级伤残的最主要原因，让厂家赔偿理所应当。

机械公司认为，在没有对当日事故现场进行固定和勘验的情况下，没有任何证据表明原告损伤过程中使用的是自己公司的产品，且原告也没有合理使用涉案产品的证据，自己不会支付赔偿费。

显然，除草机是否存在质量缺陷成为本案的争议焦点。为了证明自己的主张，厂家还向法院提供了由农业部出具的产品质检报告以及涉案机械的产品合格证，并向法院提出了证据保全及质量鉴定要求。但当法院向厂家发出司法鉴定缴费通知书后，厂家却以"涉案农机在事故发生时未进行现场固定，无法确认其在事故时的真实情况；且对涉案农机质量存在缺陷的异议，应由原告举证或申请鉴定"为由，拒绝支付鉴定费用。两个月后，法院再次发出书面函告要求厂家缴纳鉴定费用，却又一次以相同理由被拒绝。

法院审理后认为，该除草机未合理设置自动停止运转装置，在原告摔倒、双手脱离把手及离合器后未停止运转，不符合国家标准的强制性规定，导致原告被继续运转的刀片切中腿部，造成损害事实发生，故该农用机存在质量缺陷。生产者应当对其生产的产品质量负责，因产品存在缺陷造成人身损害的，生产者应当承担赔偿责任。由于产品责任适用无过错责任原则，生产商应就其免责事由承担举证责任，厂家未对该除草机的缺陷问题做出合理解释及相应依据，虽然对涉案除草机是否符合质量标准申请了鉴定，但明确表示不缴纳鉴定费用致使鉴定程序无法进行，应当承担举证不能的法律责任。故依法判决由生产商赔偿王某各项损失28万余元。厂家不服一审判决上诉至无锡市中级人民法院，二审法院认为原审判决认定事实清楚，适用法律正确，驳回上诉，维持了原判。

① 资料来源：http://www.flssw.com/anlifenxi/info/33297587/.

本章思考

1. 理解下列重要术语：

产品缺陷　　疏忽责任　　担保责任　　严格责任　过失责任

2. 试述美国产品责任法中确定的三项基本理论？

3. 简述欧共体《关于对有缺陷的产品的责任的指令》中产品缺陷的定义标准。

4. 试述我国《产品质量法》对生产者、销售者采用的归责原则。

5. 试述我国《产品质量法》对生产者、销售者各自应承担的产品责任。

第九章 国际商事代理法

■本章要点

1. 代理的含义与代理权的产生
2. 国际商事代理法的统一
3.《国家货物销售代理公约》的主要内容
4. 代理制度中各方主体的关系
5. 我国外贸代理制度的立法现状

第一节 概论

一、代理的含义

（一）英美法系代理的含义

等同论是英美法系代理制度中代理人与本人关系的理论基础，即代理人的行为视同为本人自己的行为，没有内部关系与外部关系之分。代理的含义可以界定为代理人根据本人授权而与第三人订立合同时，该代理人与本人之间发生的法律关系。[①] 这种理论有很大的包容性和较强的灵活性，覆盖了实践中的多种形式的代理。

（二）大陆法系代理的含义

区别论是大陆法系代理制度中的基础理论，即严格区别委任与代理权的不同，内部关系与外部关系的区别。这里的“委任”，是指委托人（本人）与代理人之间的关系，为内部关系；“代理权”是指代理人代委托人（本人）与第三人签订合同的权利，为外部关系。这种观点强调代理是独立于内部关系的，因此本人不能通过对委托合同

① 资料来源：曹建明，陈治东. 国际经济法专论（第二卷）[M]. 北京：法律出版社，2000：199.

中代理人代理权的限制来减轻自己的责任，从这个角度来说，该理论更注重对第三人利益的保护。

大陆法系代理的含义可以界定为代理人在代理权限内，以本人的名义与第三人订立合同或者其他的法律行为，由此产生的权利与义务对本人发生效力。

温故知新

国际商事代理关系中的当事人包括（　　）。

A. 本人（被代理人）　　B. 代理人

C. 第三人　　D. 中间人

【参考答案】ABC

二、代理权的产生

（一）英美法系的规定

英美法认为代理权的产生主要有以下四种方式：

1. 明示代理

明示代理，也称明示授权，是指被代理人以明示的方式指定某人为代理人的代理。明示代理中的代理权是被代理人以口头或书面形式明确授予代理人的，有的代理权限做了明确的表述，也有的对代理权限没有做具体规定，只是泛泛指出一个合理的范围。

案例 9.1

帕劳诺玛发展公司诉法妮新织造有限公司案（1971）

被告公司的一位秘书以公司名义租了辆车子，但用于私事，被告认为秘书雇车私用，非公司业务，拒绝付款。法院认为公司的秘书有为公司目的订车的暗示的合理权限，原告只认为秘书为被告的代理人，故公司应付款，至于私用问题只能由公司内部处理。

案例 9.2

任特诉佛兰威克案（1893）

A 是被告酒吧的经理，被告已禁止 A 用信用卡去买香烟，但 A 仍然在原告处用信用卡买了香烟，被告想以已禁止 A 用信用卡买香烟为由拒绝付款。法院认为：A 作为被告酒吧的经理，按常规有权用被告的信用卡买烟，原告只知道 A 为被告的代理人，至于是否禁止，原告并不知晓，故被告应付款。

2. 默示代理

默示代理，也称暗示代理，是指本人以其言行使某人有权以本人的名义签订合同，而且第三人也相信本人已委托某人为代理人，并基于该种信赖而与某人订立了合同。此时认为善意第三人的利益与本人利益相比更加应该得到保护，因此尽管本人并没有正式授权，但仍要受合同的约束。

案例9.3

里奥德诉葛内斯斯密斯公司案（1912）

被告指派一公司职员从事了几项业务外事项，即帮助客户转让财产，后来这个职员使客户大受损失，这一客户起诉了被告。法院认为，这个职员受被告指派从事非业务事项，这就是从被告的指派行为中获得了暗示代理权，故被告应对客户负责。

3. 客观必需的代理

客观必需的代理通常是在一个人受委托照管另一个人的财产，基于情况的紧急，为了保护该财产而必须采取某种行为时产生的代理权。在这种情况下，虽然受委托管理财产的人并没有得到采取这一行动的明示授权，但由于客观情况的需要必须视为其具有某种授权。例如承运人在遇到紧急情况时有权采取保护财产的必须行动，如出售易于腐烂的或有灭失可能的货物。但在实践中取得这种代理权是比较困难的，根据英美法判例，行使这种代理权必须具备以下三个条件：①行使这种代理权是实际上或商业上必需的；②代理人在行使这种权利前无法与委托人取得联系得到委托人的明示；③代理人所采取的措施必须是善意的并且必须考虑到所有有关当事人的利益。

案例9.4

斯佩内葛诉威斯特铁路公司案（1921）①

铁路公司替原告运一批西红柿到A地。由于铁路工人罢工，西红柿被堵在半路上，眼看西红柿即将腐烂，铁路公司只好就地卖掉了西红柿。法院认为，虽然铁路公司是善意的，是为了保护原告的利益，但当时是可以通知原告的，在可以联系而未联系的情况下私自处理他人的财物，不能算是具有客观必需的代理权，被告败诉。

4. 追认的代理

如果代理人未经授权或超出了授权范围而以被代理人的名义同第三人订立了合同，这个合同对被代理人是没有约束力的，但是被代理人可以在事后批准或承认这个合同，这种行为就叫作追认。追认必须具备以下几个条件：①代理人在与第三人订立合同时，必须声明他是以被代理人的名义订立合同的；②合同只能由订立该合同时已经指出姓名的被代理人或可以确定姓名的被代理人来追认；③追认合同的被代理人必须是在代理人订立合同时已经取得法律人格的人，这项条件主要针对法人而言，即该法人必须在订立合同时已合法成立了；④被代理人在追认该合同时必须了解其主要内容。

追认的效果是溯及既往的，视为自该合同成立时起即对本人产生约束力，未经本人追认的行为视为代理人自己的行为。

温故知新

依英美法，一个人以他的言辞或行动使另一个人有权以他的名义签订合同，这种代理权产生的原因为（　　）。

A. 明示的指定　　B. 默示的授权

C. 客观必需的代理　　D. 追认的代理

【参考答案】B

① 资料来源：张圣翠. 国际商法［M］. 上海：上海财经大学出版社，1997.

（二）大陆法系的规定

大陆法把代理权产生的原因分为两种：

1. 意定代理

意定代理，即由本人意思表示产生的代理权。这种意思表示可以向代理人表示，也可以向与代理人打交道的第三人表示。

2. 法定代理

法定代理，即非本人意思表示而产生的代理权。法定代理权的产生主要有以下三种原因：①法律的明文规定，如法律规定父母是未成年子女的法定代理人；②法院的指定，比如审理破产案件时法院指定的清算人；③私人的选任，比如亲属所选任的遗产管理人。

三、代理的分类

（一）英美法系的规定

根据代理关系的公开程度及本人身份的不同，代理可以分为以下三类：

1. 显名代理

显名代理，也称被代理人身份公开的代理，即代理人明确表示其代理的身份，并公开本人的姓名或名称，代表本人订立合同。合同签订后，代理人即退出代理关系，既不享有权利，也不承担义务。

2. 隐名代理

隐名代理，也称被代理人身份部分公开的代理，即代理人在代订合同时表明了代理关系，但是并不向第三人披露本人的姓名或名称。隐名代理产生的法律效果是该合同时隐名本人与第三人之间的合同，代理人免除合同责任。

3. 被代理人身份不公开的代理

代理人在与第三人签订合同时，既不向其表明自己的代理身份，更不公开本人的姓名或名称。在这种情况下，代理人应对合同负责。

（二）大陆法系的规定

根据代理的外部关系的不同，代理可以分为以下两类：

1. 直接代理

直接代理，即代理人以本人的名义签订合同，合同直接约束本人与第三人。这里代理人只是代为签订合同，并不承担合同的责任。相当于英美法系中的显名代理。

2. 间接代理

间接代理，即代理人为本人的利益以自己的名义签订合同。这里本人与第三人没有直接的法律关系，合同并不约束本人。但代理人是为本人利益实施的民事行为，本人是可以加入合同中来的，但需要代理人将合同转让给本人之后，本人才可以向第三人主张权利或承担义务。

间接代理与被代理人身份不公开的代理的区别在于：间接代理需要两个合同关系才可建立本人与第三人之间的法律关系；被代理人身份不公开只需由代理人同第三人之间的一个合同就可以建立本人与第三人的法律关系，本人即享有介入权，同时第三人享有选择权，可以选择是由代理人还是本人来承担合同责任。

温故知新

依大陆法，代理人以自己的名义为了本人的利益而与第三人订立合同，日后再将其权利、义务通过另外一个合同转移于本人的，称为（　　）。

A. 直接代理　　B. 再代理

C. 间接代理　　D. 复代理

【参考答案】C

第二节　国际商事代理法的统一

由于各国代理制度的不统一，尤其是大陆法系国家和英美法系国家的代理制度存在着较大差异，这对国际商事代理活动的开展造成了一定的障碍。国际社会一直在努力促进国际代理立法的融合，虽然效果还不明显，但也有了一些成效，方式主要是制定国际公约和统一国际惯例。

一、国际公约

（一）关于协调成员国自营商业代理人法指令

到目前为止，已经生效的、具有统一各成员国商事代理法作用的国际公约是欧共体于 1986 年制定的《关于协调成员国自营商业代理人法指令》（1994 年被并入欧盟第 57 号法律文件中）。欧盟所有成员方适用于自营商业代理人与被代理人之间关系的法律规则自 1994 年 1 月 1 日起，都必须符合欧盟该指令。

（二）国际货物销售代理公约

国际统一私法学会一直致力于统一国际代理实体法的工作，最终于 1981 年起草完成了《国际货物销售代理公约》（以下简称《代理公约》），并于 1983 年在日内瓦外交会议上获得通过。该公约是在大陆法和普通法兼容并蓄的基础上进行的整合，系统而详尽地概括了各种代理模式，逾越了代理法在两大法系的鸿沟，达成了代理法律关系有限度的统一，它是迄今为止在统一代理法方面最成功、最完备的国际公约。目前已经得到多个国家的核准或加入，该公约的最终生效是有希望的。

1. 公约的适用情形及除外

根据《代理公约》的规定，下列情形可以适用该公约：①当某代理人有权或表示有权代理本人与第三人订立货物销售合同时，适用公约。即无论代理人是否是以自己的名义实施代理行为，无论是有权代理还是无权代理均可适用，这就考虑到了英美法系国家代理制度的规定。②公约不仅适用于代理人订立此种合同，也适用于代理人以订立该合同为目的或有关履行该合同所从事的任何行为，即公约不仅调整代理人订立合同的法律行为，也调整代理人旨在订约或有关履行合同的任何具有法律意义的行为，这突破了传统大陆法的观点。③公约只涉及以本人或代理人为一方与以第三人为另一方之间的关系。无论代理人以他自己的名义还是以本人的名义实施行为，均适用公约，即公约就代理的外部关系制定统一规则。

《代理公约》不适用于以下情形：①证券交易所、商品交易所或其他交易所之交易商的代理。②拍卖商的代理。③家庭法、夫妻财产法或继承法中的法定代理。④根据法律上的或司法上的授权发生的、代理无行为能力人的代理。⑤按照司法或准司法机关的裁决或在上述某一机关直接控制下发生的代理。

2. 公约适用的地域范围

（1）当本人与第三人在不同国家设有营业所，并且符合要么代理人在某一缔约国内设有营业所，要么国际私法规则规定要适用某一缔约国的法律的要求时，适用公约。

（2）第三人于订立合同时不知道，也不能知道代理人是以代理人身份订约时，只有在代理人和第三人在不同国家设有营业所，并且符合要么代理人在某一缔约国内设有营业所，要么国际私法规则规定要适用某一缔约国的法律的要求时，适用公约。

（3）决定适用公约时，不应考虑当事人的国籍，也不考虑当事人或销售合同的民事或商事性质。

3. 代理权的设定和终止

（1）代理权的设定。本人对代理人的授权可以是明示的或是默示的。代理人为实现授权之目的，有权从事一切必要行为。授权无须用书面形式，也无须用书面证明，亦不受其他任何形式要求的限制，即授权可以通过任何方式证明，包括人证。

（2）代理权的终止。根据《代理公约》的规定，代理权在下列情况下终止：①本人与代理人间的协议终止；②为之授权的一笔或数笔交易已经完成；③无论是否符合本人与代理人的协议条款，本人撤回代理权或代理人辞任。另外，代理权亦可依其所适用的法律的规定而终止。

代理权的终止不影响第三人，除非第三人知道或能知道代理权的终止或造成终止的事实。代理权虽已终止，为不使本人或其他继承人的利益受到损失，代理人仍有权代理本人或其继承人实施必要的行为。

4. 代理行为的法律效力

（1）代理行为只约束本人与第三人的情形。根据《代理公约》第十二条规定，代理人于其权限范围内代理本人实施行为，而且第三人知道或理应知道代理人是以代理身份实施行为时，代理人的行为直接约束本人与第三人，但代理人实施该行为只对自己发生拘束力时（例如所涉及的是行纪合同），不在此限。

（2）代理行为只约束代理人与第三人的情形。根据《代理公约》第十三条规定，如果代理人代表本人在授权范围内行事，但第三人不知道、亦无从知道代理人是以代理人身份实施行为；或者代理人实施该行为只对自己发生拘束力（例如所涉及的是行纪合同）的，代理行为不约束本人。

但在一定情形下，本人可以享有代理人从第三人那里取得的权利：①当代理人无论是因第三人不履行义务或是因其他理由而未履行或无法履行其对本人的义务时，本人可以对第三人行使代理人代理本人所取得的权利，但应受到第三人可能对代理人提出的任何抗辩的限制。②当代理人未履行或无法履行其对第三人的义务时，第三人可对本人行使该第三人对代理人所有的权利，但应受到代理人可能对第三人提出的任何抗辩以及本人可能对代理人提出的任何抗辩的限制。

本人或第三人对上述权利的行使，必须事先向代理人、第三人或本人递交拟行使这种权利的通知。如果代理人是在第三人不知道本人的情况下以代理人自己的名义与第三人订立合同的，当因本人不履行义务致使代理人未履行或无法履行其对第三人的义务时，代理人负有将本人姓名披露给第三人的义务。同样，当因第三人未履行其对代理人的合同义务致使代理人未履行或无法履行其对本人的义务时，代理人负有将第三人的姓名披露给本人的义务。

如果按照当时情况，第三人若知道本人的身份就不会订立合同时，本人不得对第三人行使代理人代理本人所取得的权利。

5. 代理人无权或越权代理的法律效力

（1）对本人和第三人无拘束力

当代理人未经授权或超越授权范围而做出某种行为时，其行为对本人和第三人无拘束力。但是，若本人的行为使第三人合理地并善意地相信代理人有权代理本人做出某种行为并且相信代理人是在该项授权范围内做出某种行为时，本人不得以代理人无代理权而对抗第三人。

（2）本人的追认权：①代理人未经授权或超越授权范围而为的行为，可由本人追认。追认后，该行为即发生如同自始即经授权的同一效力。②第三人若在代理人行为时，不知道、也不能知道该代理人未经授权，并且在追认发出通知，拒绝受追认的拘束时，即对本人不负责任。本人虽已追认，而未在合理期间内追认时，第三人如立即通知本人，即可拒绝受追认的拘束。③如果第三人知道或能知道代理人未经授权，则在约定的追认届满前，若无此约定，在第三人确定的合理期间届满前，第三人不得拒绝受追认的拘束。④第三人可拒绝接受部分追认。⑤追认于追认通知到达第三人或追认经其他方法为第三人获悉时生效。追认发生效力后不能撤回。⑥即使追认时行为本身尚未能有效地完成，追认仍然有效。⑦代理行为是代理一个尚未成立的公司或其他法人而实施的，只在准许公司设立的国家的法律允许时，追认才有效。⑧追认的形式不受任何要求的限制，既可明示追认也可依本人之行为推断之。

（3）本人未追认的法律效果

未经授权或超越授权范围而行为的代理人，若其行为未得到追认，应承担对第三人的赔偿责任，以使第三人处于如同代理人有权并且在其权限范围内行为时的状况一样。但是，若第三人知道或能知道代理人未经授权或超越授权范围而行为时，代理人不承担责任。

二、国际惯例

目前，国际社会尚不存在规范化的、专门适用于国际商事代理关系的国际惯例。国际商会曾于 1960 年拟定了一份《商业代理合同起草指南》，对促进国际商事活动中被代理人和代理人之间合同关系的标准化，具有一定的积极作用。但其内容仅仅是就被代理人与代理人之间的内部关系提供一些建议，没有如同《国际贸易术语解释通则》那样明确有关当事人之间的权利和义务，而且其适用范围也局限在直接代理关系中。

然而由于《国际商事合同通则》可以适用于各类国际商事合同，因此国际商事代理关系中的当事人也可以援引该通则，作为确定相互之间代理合同权利和义务的框架规则。

第三节　中国的代理法律制度

由于国际代理立法的不够统一，在实践中各国关于商事代理的立法也起着重要作用。

一、代理法概述

（一）代理的含义及特征

代理是指代理人以被代理人（本人）的名义，在代理权限内与第三人（相对人）为法律行为，其法律后果直接由被代理人承受的民事法律制度。

代理具有以下特征：①代理人在代理权限之内实施代理行为；②以被代理人的名义实施代理行为；③代理行为直接对被代理人发生效力；④代理的是具有法律意义的行为。

（二）不适用代理的情形

1. 应由本人实施的行为

依照法律规定、当事人约定或者民事法律行为的性质，应当由本人亲自实施的民事法律行为，不得代理：①具有人身性质的行为：结婚登记、立遗嘱、收养子女等，不得由代理人代理。②具有人身性质的债务：约定必须由特定人完成的义务，如文艺表演、绘图等，因与债务人的思想水平、创作能力分不开，必须由债务人亲自履行，不能由他人代理。

2. 违法行为

违法行为不得代理：侵权行为，内容违法的行为，例如非法侵害他人人身、财产的行为，私自买卖黄金等行为，这些都是国家法律所禁止的行为，当然不能进行，因而也不能代理。

3. 特殊的民事法律行为

发售债券等民事法律行为不得代理，这类行为只能由特定民事主体代理，其他民事主体不得代理。

温故知新

下列行为中，不属于代理关系的是（　　）。

A. 甲有朋友远道而来，甲不在家，乙代甲招待该客人

B. 甲董事长为公司的法定代表人，甲以该公司的名义与乙公司签订合同

C. 甲将希望与乙女缔结婚姻的意思表示委托丙代为告知

D. 某房屋中介促成甲乙之间房屋交易的完成

【参考答案】ABCD

资料卡 9.1

代表与代理的区别

代表通常是指某一个单位、组织、群体中推荐某一个具有代表性的人物，此人对外可以代表这个群体组织的共同利益而处理相关事务、发表意见或行使权利、义务。代理的前提则是受某个人或群体组织的委托出面处理一些事务或行使权利、义务。

二者主要的区别：

（1）法律关系不同。代表人必须是群体内的成员或是直接利益关系人；代理人可以是群体内的成员，也可以是非群体的成员，比如请来的行家、律师、技术人员等。简单地说，代表人与被代表的主体之间是同一个民事主体；代理人与被代理人是两个民事主体间的关系，是两个独立的民事主体。

（2）法律效力不同。代表人实施的民事法律行为就是被代表的主体实施的民事法律行为，因此不存在效力归属问题；代理人从事的法律行为不是被代理人的法律行为，只是其效力归属于被代理人。

（三）代理的分类

1. 以代理权的产生原因为划分标准

（1）法定代理。法定代理是指根据法律直接规定而享有的代理权。比如我国《民法典》第二十三条规定："无民事行为能力人、限制民事行为能力人的监护人是他的法定代理人。"第二十七条规定："父母是未成年子女的监护人。"

（2）指定代理。代理人根据人民法院或其他有关单位的指定所进行的代理活动。由于指定代理人的机关及代理权限都是由法律直接规定的，因此，指定代理不过是法定代理的一种特殊类型。

（3）委托代理。委托代理是指代理人的代理权根据被代理人的委托授权行为而产生。因委托代理中，被代理人是以意思表示的方法将代理权授予代理人的，故又称"意定代理"或"任意代理"。

2. 以代理权的范围为划分标准

（1）一般代理。代理权范围涉及一般事项的全部，无特别限制，因此又称"全权代理"或"概括代理"。

（2）特别代理，又称"部分代理""限定代理""特别代理"。这种代理中的代理权受到一定限制。

3. 以代理人是否亲自实施为划分标准

（1）本代理。本代理又称初代理，指代理权直接来源于被代理人的委托，法律直接规定或者法院及有关机关的指定，即代理人亲自实施代理行为。本代理是复代理产生的基础代理关系。

（2）复代理。复代理又称"再代理"或"转委托"，是指代理人为了被代理人的利益，将其享有的代理权的全部或者一部分转委托给他人行使的行为。一般而言，法定代理的代理人无条件地当然享有转委托的权利，而指定代理人则原则上无委托的权利。

复代理应具备的条件：①目的必须是出于被代理人的利益；②原则上应取得被代理人的同意（事先授权或事后追认）。但是在紧急情况下，代理人为了维护被代理人的利益需要而转委托的，不论被代理人是否同意，均依法产生转委托的法律效力。

（四）无权代理

1. 无权代理的概念

无权代理，是指代理人在不享有或已丧失代理权的情形下所实施的代理行为。

无权代理的产生主要有以下四种情况：①超越授权范围行事的代理；②代理权消灭后的代理；③不具备默示授权的代理；④授权行为无效的代理。

2. 无权代理的法律效力

（1）本人的追认权与拒绝权。根据各国法律的规定，无权代理所做的代理行为，非经本人的追认，对本人是没有约束力的。如果善意的第三人由于无权代理人的行为而遭受损失，则该无权代理人应对善意的第三人负责；如果第三人明知代理人没有代理权而与之订立合同，则属于咎由自取，法律不予以保护。

（2）第三人的催告权与撤销权。第三人可以催告被代理人在1个月内予以追认。被代理人未在期限内追认的，视为拒绝追认。第三人行使撤销权，应当以通知的方式做出，但是恶意第三人不享有撤销权。

（五）表见代理

1. 表见代理的概念

表见代理，指没有代理权、超越代理权或者代理权终止后，无权代理人以被代理人的名义进行的民事行为在客观上使第三人相信其有代理权而实施的代理行为。其实质是无权代理的一种，但因其具有特殊性，这里专门对其进行介绍。

2. 表见代理的构成要件

构成表见代理应满足以下四个要件：①以被代理人名义为民事法律行为。②代理人无代理权。③该无权代理人有被授予代理权的外表或者假象。通常情况下，行为人持有被代理人发出的证明文件，如被代理人的介绍信、盖有合同专用章或者盖有公章的空白合同书，或者有被代理人向相对人所作法人授予代理权的通知或者公告，这些证明文件构成认定表见代理的客观依据，相对人负有举证责任。④相对人为善意，有正当理由相信该无权代理人有代理权。

案例9.5

本案行为人是否构成表见代理[①]？

李某与熊某之妻是姐妹关系，两家分别购买了某商厦相邻的两间店面。因李某夫妇定居外地，故其店房一直委托李某的母亲陈某对外出租。两间店面一直租给过某经营业务，租金随行就市，一年一租。李某店面的租金有时是陈某收取，有时是熊某代为收取。其间熊某还曾代替陈某在与过某的租房合同上签过一次陈某之名。

某年年初，过某以装修了店面为由，向陈某提出长租店面，陈某口头答应可以长租，但租金要一次交清，过某未同意。两年后的6月，李某丈夫打电话给过某，欲商定下年租金，却被过某告知已与熊某于上一年的3月18日签下协议，将熊某与李某的店面一并租下，租期为四年。

李某在获知其母也不知道该事宜后，以熊某无权代理为由，将过某告上法庭，同

① 资料：https://www.110.com/ziliao/article-143105.html.

时将熊某列为第三人，要求法院判决过某与熊某之协议对其无约束力。

思考：关于本案，有两种观点，你支持哪一种观点？

观点一认为：原告李某与第三人熊某之妻是姐妹关系，两人店面相邻，数年来一直是共同对外出租。熊某曾代收过租金，也曾代签过租房合同，其种种行为，且其与原告之间极近的亲戚关系，有足够的理由让过某相信其能代表原告签订协议。第三人的行为构成表见代理，从保护善意相对人的角度，应认为协议有效。

观点二认为：过某明知陈某拥有代理权，在与陈某协议不成的情况下，为了达到有利于自己的目的，转而与熊某签订协议，其行为非善意。其提出熊某代收过租金、代陈某签过名，而认为有理由相信熊某拥有代理权的抗辩意见太过牵强，法院不予支持。熊某的行为不构成表见代理，协议对原告无效。

评析：本案的焦点在于第三人熊某的行为是否属于表见代理。

表见代理的构成要件之一是相对人主观上须为善意，即相对人不知道或不应当知道无权代理人实际上没有代理权，相反，从外部现象上可以使其有理由相信行为人有代理权。本案相对人过某提出熊某曾代收过租金、代陈某签名，以这些行为认定熊某有代理权，该理由太过牵强。熊某与李某是亲戚关系，两家店房相邻，一并租与过某，偶尔在熊某收取其店面租金时，将李某店面数目不大的租金交由熊某转交，是人之常情，不能认为其就有处分店面租赁事宜的权利。况且熊某代陈某签名之事，是得到陈某认可的，若熊某有代理权，其完全可以直接签自己名字，不必在合同上签陈某之名，其行为恰恰说明熊某没有代理权。其理由不足以认定熊某的行为构成表见代理，因此本案中法院没有支持被告主张，最终认定被告与第三人的协议对原告无效。

3. 表见代理的表现形态

根据《民法典》第一百七十二条的规定，在我国现行的民事立法中，表见代理表现形式有三种：

（1）授权表示型。授权表示型的表见代理，又称由于本人之明示或默示的表见代理，即本人以自己的行为表示授予他人代理权而实际上并未授权，或者明知他人以自己的名义从事民事行为而不做否认表示，造成第三人误以为行为人有代理权时，本人要对相对人承担实际授权人的责任。

授权表示型的具体体现：①本人以书面，口头或者其他形式直接或间接向相对人表示已经授权而实际上未授权；②本人将其具有代理权证明意义的文书印鉴交与他人，他人凭此以本人的名义从事民事活动，相对人对此信赖而进行的交易；③本人知道他人以自己的名义实施民事行为而不做否认表示的；④允许他人作为自己的分支机构进行活动。比如在联营活动中，一些牵头单位允许其他单位或个人以自己“分公司”“分厂”的名义进行活动。

（2）权限逾越型表见代理，又称为超越代理权的表见代理，代理权限制的表见代理。代理人的代理权，通常都有一定的限制，但这一限制不一定为相对人所知，如果表现在外的客观情况，能使善意相对人误以为行为人有代理权，与其为民事行为，就构成表见代理，由本人承担其后果。这通常被称之为“代理权的限制不得对抗善意相对人”原则。

（3）权限延续型，又称代理权终止的表见代理，代理权撤回的表见代理。这种类型指本人与行为人曾有代理关系，但代理权已经终止或撤回后，本人未及时向外部公示，相对人并不知情。因此，为保护善意相对人的利益和维护交易安全，其代理权的终止和撤回不得对抗善意相对人。

4. 表见代理的法律后果

（1）表见代理成立，订立的合同有效。合同有效，即本人（被代理人）对相对人（善意第三人）承担民事责任。

（2）代理人对本人（被代理人）承担民事赔偿责任。被代理人因表见代理成立而承担民事责任，因此给被代理人造成损失的，被代理人有权依法请求无权代理人给予相应的赔偿。无权代理人应当赔偿给被代理人造成的损失。

（3）无权代理人对被代理人的费用返还请求权。当表见代理的法律后果是使被代理人从中受益时，根据公平原则，权利义务应当对等，无权代理人有权要求被代理人支付因实施代理行为而支出的相关的合理费用。

二、代理法律关系

（一）代理人的主要义务

各国关于代理人的义务规定是基本一致的：

1. 勤勉谨慎义务

代理人应勤勉而谨慎地履行其代理职责。代理人有义务勤勉地并且有足够的谨慎和小心旅行其代理职责，并运用自己所具有的技能来完成代理任务。如果代理人不履行其义务，或者在替本人处理事务时有过失，致使本人遭受损失，代理人应对本人负赔偿的责任。

2. 诚信忠诚义务

代理人对本人应诚信、忠实，具体表现为：

（1）代理人必须向本人公开他所掌握的有关客户的一切必要的情况，以供本人考虑决定是否同该客户订立合同。

（2）代理人不得以本人的名义同代理人自己订立合同，除非事先征得本人的同意。代理人非经本人的特别许可，也不能同时兼为第三人的代理人，以从两边收取佣金。否则，本人有权随时撤销代理合同或撤回代理权，并有权请求损害赔偿。

（3）代理人不得受贿或密谋私利，或与第三人串通损害本人的利益。代理人不得谋取超出其本人付给他的佣金或酬金以外的任何私利。

3. 保密报账义务

代理人不得泄露他在代理业务中所获得的保密情报和资料，并须向本人申报账目：

（1）代理人在代理协议有效期间或在代理协议终止之后，都不得向第三者泄密，也不得由他自己利用这些资料同本人在业务上进行不正当的竞争。但应注意的是，在代理合同终止后，除经双方同意的合理的贸易上的限制外，本人也不得不适当地限制代理人使用他在代理期间所获得的信息，这种限制是无效的。

（2）代理人有义务对一切代理交易保持正确的账目，并应根据代理合同的规定或在本人提出要求时向本人申报账目。代理人为本人收取的一切款项须全部交还本人。但是，如果本人欠付代理人的佣金或其他费用时，代理人对本人交给他占有的货物享有留置权，或以在他手中掌握的属于本人所有的金钱用于抵销本人欠他的款项。

4. 亲自履行义务

代理人不得把他的代理权委托给他人。代理关系是一种信任关系，因此，在一般情况下，代理人有义务亲自履行代理义务，不得把本人授予的代理权委托给他人，让别人替他履行代理义务。但如客观情况有此需要，或贸易习惯上允许这样做，或经征得本人的同意者，可不受此限。

（二）本人的主要义务

国际商事代理行为是一种“商事性”行为，因此，在通常情况下，它属于有偿代理。

1. 支付佣金义务

在签订代理合同时，对佣金问题应特别注意以下两点：①本人不经代理人的介绍，直接从代理人代理的地区内收到订货单，直接同第三人订立买卖合同时，是否仍须对代理人照付现金；②代理人所介绍的买主日后连续订货时，是否仍须支付佣金。以上这些问题都应当在代理合同中明确做出规定，因为有些国家在法律上对此并无详细规定，完全取决于代理合同的规定。

2. 偿还费用义务

一般地说，除合同规定外，代理人履行代理任务时所开支的费用是不能向本人要求偿还的，因为这是属于代理人的正常业务支出。但是，如果他因执行本人指示的任务而支出了费用并遭到损失时，则有权要求本人予以赔偿。例如，代理人根据本人的指示在当地法院对违约的客户进行诉讼所遭受的损失或支出的费用，本人必须负责予以补偿。

3. 检查账册义务

这主要是大陆法国家的规定。有些大陆法国家在法律中明确规定，代理人有权查对本人的账目，以便核对本人付给他的佣金是否准确无误，这是一项强制性的法律，双方当事人不得在代理合同中做出相反的规定。

（三）代理关系的终止

1. 根据当事人的行为终止代理关系

代理关系可以根据当事人的行为而告终止。如果双方当事人在代理合同中规定了期限，则代理关系于合同规定的期限届满时终止；如果代理合同中没有规定期限，当事人也可以通过双方的同意终止他们的代理关系。值得注意的是，至于本人是否可以单方面撤回代理权的问题，根据各国的法律规定，原则上允许本人在代理关系存续期间撤回代理权。

本人在终止代理关系时，必须事先给代理人以合理的时间通知。如果本人在代理关系存续期间不适当地撤销代理关系，则由本人赔偿代理人的损失。

（1）有些大陆法国家为了保护商业代理人的利益，在法律中规定，本人在终止代理合同时，必须在相当长的时间以前通知代理人。

（2）有些国家对本人单方面撤回代理权做出了一定的限制。根据英国和美国的判例，如果代理权的授予是与代理人的利益结合在一起时，本人就不能单方面撤回代理权。

2. 根据法律终止代理关系

根据《民法典》第一百七十三条规定，在下列情况下，代理关系即告终止：①代理期限届满或者代理事务完成；②被代理人取消委托或者代理人辞去委托；③代理人丧失民事行为能力；④代理人或被代理人死亡；⑤作为代理人或者被代理人的法人、非法人组织终止。

3. 代理关系终止的后果

（1）当事人之间的后果。在代理关系终止之后，代理人就没有代理权，如果该代理人仍继续从事代理活动，即属于无权代理。有些大陆法国家为了保护商业代理人的利益，在商法中特别规定，在终止代理合同时，代理人对于他在代理期间为本人建立的商业信誉，有权要求本人予以赔偿。

（2）对第三人的后果。当本人撤回代理权或终止代理合同时，对第三人是否有效，主要取决于第三人是否知情。根据各国的法律规定，当终止代理关系时，必须通知第三人才能对第三人发生效力。如果本人在终止代理合同时没有通知第三人，后者由于不知道这种情况而与代理人订立了合同，则该合同对本人仍具有约束力，本人对此仍然必须负责。但是本人有权要求代理人赔偿其损失。

三、中国的外贸代理制度

（一）概念及分类

外贸代理制是指我国具有外贸经营权的公司、企业接受其他公司、企业、事业单位或个人的委托，在授权范围内代理进出口商品，并收取约定代理费的一项外贸制度。

根据代理人凭借的名义，外贸代理主要可分为两种：

1. 直接形式的外贸代理

直接形式的外贸代理，是指外贸经营者在批准的经营范围内，依照国家有关规定，受本人委托，以本人的名义同外商签订进出口合同，代理从事外贸业务。在这种直接外贸代理中，本人也系外贸经营者，自身亦具有进出口权，可以直接从事进出口业务。在这种代理中，代理所发生的合同上的权利和义务直接由本人承受，即外贸合同的当事人是外商和本人。代理人和本人之间的权利和义务可以适用《民法通则》的有关规定。

2. 间接形式的外贸代理

间接形式的外贸代理，是指外贸经营者在其经营范围内，受本人委托，以自己的名义同外商签订外贸合同。因此，形式上外贸合同的当事人是外商和代理人。这种代理，适用于本人没有外贸经营权的情况。

中国外贸代理制度有三个法律特征：①外贸经营者接受委托后，通常是以自己的名义而不是以本人的名义签订外贸合同；②外贸经营者行使代理权的依据虽是本人的授权委托，但在代理签订的外贸合同中却是一方当事人，直接对外商承受该合同的权利义务；③本人与外商没有直接的合同关系，但由于外贸经营者与本人之间是法律上的特殊代理关系，因而外贸合同的权利和义务最终转由本人承受。根据这些特征可以看出我国的外贸代理制通常指的是间接形式的外贸代理。

（二）外贸代理制度中各主体的权利与义务

1. 被代理人

被代理人可以特别委托代理人处理一项或者数项事务，也可以概括委托代理人处理一切事务。被代理人应当预付处理委托事务的费用。代理人为处理委托事务垫付的必要费用，被代理人应当偿还该费用并支付利息。

2. 代理人

（1）代理人的两项禁止行为。我国《民法典》第一百六十八条规定："代理人不得以被代理人的名义与自己实施民事法律行为，但是被代理人同意或者追认的除外。代理人不得以被代理人的名义与自己同时代理的其他人实施民事法律行为，但是被代理的双方同意或者追认的除外。"

（2）代理人转委托的程序要求与效力。我国《民法典》第一百六十九条规定："代理人需要转委托第三人代理的，应当取得被代理人的同意或者追认。如果转委托代理经被代理人同意或者追认的，被代理人可以就代理事务直接指示转委托的第三人，代理人仅就第三人的选任以及对第三人的指示承担责任。如果转委托代理未经被代理人同意或者追认的，代理人应当对转委托的第三人的行为承担责任；但是，在紧急情况下代理人为了维护被代理人的利益需要转委托第三人代理的除外。"

3. 被代理人、代理人与第三人的关系

根据《民法典》第九百二十五条至九百二十六条的规定，被代理人、代理人与第三人的关系分为以下几种情况：①被代理人以自己的名义在授权范围内与第三人订立的合同，第三人在订立合同时知道代理人与被代理人之间的代理关系的，该合同直接约束被代理人和第三人；但是，有确切证据证明该合同只约束被代理人和第三人的除外。②代理人以自己的名义与第三人订立合同时，第三人不知道代理人与被代理人之间的代理关系的，代理人因第三人的原因对被代理人不履行义务，代理人应当向被代理人披露第三人，被代理人因此可以行使代理人对第三人的权利。但是，第三人与代理人订立合同时如果知道该被代理人就不会订立合同的除外。③代理人因被代理人的原因对第三人不履行义务，代理人应当向第三人披露被代理人，第三人因此可以选择代理人或者被代理人作为相对人主张其权利，但是第三人不得变更选定的相对人。④被代理人行使代理人对第三人的权利的，第三人可以向被代理人主张其对代理人的抗辩。第三人选定被代理人作为其相对人的，被代理人可以向第三人主张其对代理人的抗辩以及代理人对第三人的抗辩。

资料卡 9.2

进口外贸代理业务的经营风险①

随着时代的快速发展，我国外贸体系及经济发展环境发生了一系列变化，诸多外贸企业对现有的外贸代理运营模式进行了改变，但是在改变的过程中，因为受到各方因素的影响，引发了运营风险，从而给外贸企业的整体运营带来了不利影响。

一、外贸代理业务面临的经营风险

1. 进口风险

近几年来，随着外贸企业资金流动效率逐渐降低，进口难度增大，要想实现稳定运行，尤其是新组建的业务部门的企业，为了快速地扩充业务局面，通常会采用急功近利的方式，给不法人员乘虚而入营造了条件。部分人员采用诈骗等方式，引发外贸代理业务运营风险。例如，虚假开具各种发票，并借助外贸企业进出口运营权，获取相应的退

① 资料来源：汤海芳. 如何规避进口外贸代理业务的经营风险［J］. 企业改革管理，2019（4）：124，128.

税，让外贸企业遭受一定损失。

2. 信誉风险

在外贸交易中的代理企业作为处于较为特殊地位的机构，其充当委托人的身份，对外需要签署并履行各种进出口业务职责。代理企业在整个进出口贸易中需要获取相关手续费，而手续费往往和委托企业在进出口贸易中获取的效益有着直接关联。但是在实际过程中，普遍会存在诸多过于注重手续费用的代理企业，这些企业往往不会对委托企业利益高度关注。在这种情况下，为了获取更高的效益，代理企业在开展进出口贸易活动时，通常会提出一些不合理要求，或者在履行合同职责过程中存在不当行为，从而给委托企业盈利带来影响。除此之外，部分上下游虚假信息将会给外贸企业的海关企业类别带来一定影响，使得企业因为降级而引发信誉风险，尤其现在实行联合激励、联合惩戒，企业信用尤为重要。

3. 合同风险

当前，我国大部分企业在开展外贸代理业务过程中，诸多代理合同都会存在各种问题，在这些问题的影响下，使得代理纠纷现象出现。同时，由于合同问题的出现，使得最终在司法仲裁时增添难度。通过调查得知，导致合同问题出现的主要因素在于我国内部和国际中合同内容上存在偏差，例如中间代理模式中秉持的“责任鉴定”原则，大部分代理企业均会以各种借口对其中涉及的第三方职责加以否认，拒绝担负第三方职责。

二、规避外贸代理业务的经营风险的优化对策

1. 加强进出口风险管理

首先，合理设定运营目标。我国大部分外贸企业受到国际经济因素的影响，面临较为严重的运营压力。当前，诸多外贸企业运营目标在于怎样才能在国际贸易中稳定发展。因此，企业需要结合实际情况及外贸代理业务要求，科学设定运营规划方案，转变运营理念，加强企业管理体系构建，让企业由之前单一的进出口贸易代理模式逐渐朝着区域代理的方向迈进。其次，加大专业人才培训力度，组建专业的人才团队，增强企业综合竞争实力，引导企业运营目标的快速实现。最后，调整运营模式战略。随着市场竞争水平的不断提升，企业原始的单一运营模式已经不能迎合当前外贸代理业务发展需求，并且让企业面临的运营风险发生概率不断提升。坚持把外贸当作主体的企业，应该做好外贸代理业务及外贸代理产品规模扩充工作。

结合外贸代理含义来说，外贸代理仅仅作为外贸企业借助自身进出口运营资质给其他企业及机构在授权范畴内开展各种进出口业务，同时获取一定代理费用的商业活动。一般来说，这种代理费用通常是进出口合同数额的1%~2%。因为受到同行业竞争因素的影响，或者一方压价，该代理费用一般会下降至0.5%左右。由此可见，外贸企业仅仅凭借单一的代理费用来保证企业正常运行是不可能的。所以，企业需要适当地转变运营理念，对现有的运营模式进行修整。从产品及技术等方面入手，开展代理业务，并转变自营进出口模式，以此获取产品及技术区域营销代理运营权。

2. 加强信誉风险管理

首先，政府部门应该充分发挥自身引导作用，构建完善的法律体系。现阶段，我国开展的外贸代理业务秉持的法律标准主要以《中华人民共和国民法通则》及《中华人民共和国合同法》为主，不管应用哪种法律体系，都可以给我国外贸代理行为进行规范，防止信用风险出现。但是，针对当前外贸业务中的特殊性规则和要求，无法进行全面覆盖，在这种情况下，给外贸业务运营风险出现提供了条件。要想提升外贸代理体系的合理性和可操作性，还要结合实际情况，建立完善的法律体系，让我国各项外贸代理业务和各项行为得以规范，在提升贸易企业信誉度的同时，保证外贸代理业务工作的合理性和合法性。

其次，政府部门应定期对各个代理企业运营情况进行采集，获取精准的企业运营信息，并根据各个企业运营情况，做好信誉等级评估工作，根据企业信誉等级情况，构建对应的代理业务办理体系，严格根据代理标准来进行，防止遭受不必要的风险影响，阻碍企业整体发展。

3. 加强合同风险管理

贸易企业在开展贸易代理活动时，需要和代理企业签署对应的合同，如果没有对合同加以科学管理，必将会引发合同风险。在这种情况下，贸易企业需要根据合同内容，构建完善的合同风险管理体系，并加强合同风险管理力度；安排专业人员来落实合同管理工作，加强合同管理，并把管理职责分配到个人身上；全面实施综合监管，防止出现不必要风险问题。并且，基于外贸企业特殊性质，还要加强企业业务运营管理，企业各项图章，例如公章、共同章等；还要安排专业人员进行管理，使用印鉴时需要经过上级部门的审批，审批通过之后才能使用，从而防止滥用印章而引发不必要的合同纠纷。此外，随着信息化水平的不断提升，贸易企业在开展各项贸易活动时，也可以把信息化技术运用其中，通过构建完善的信息化系统，对各项运营活动进行监管。提升企业风险管理水平，增强企业核心竞争实力，从而促进贸易企业稳定发展。

本章思考

1. 理解下列术语：

代理　默示代理　无权代理 表见代理　追认代理　紧急代理

2. 简述代理权产生的依据有哪些。

3. 试述国际商事代理立法的现状与发展趋势。

4. 试述我国代理制度中各方主体的关系。

5. 试述我国外贸代理制度的立法现状与局限。

第十章 国际票据法

■本章要点

1. 票据的概念与特征
2.《联合国国际汇票和国际本票公约》的主要内容
3. 票据行为的特点和成立要件
4. 中国的票据法

第一节 票据与票据法概述

一、票据概述

（一）票据的概念

票据有广义和狭义之分。广义的票据是指商业上的权利凭证，如债券、股票、仓单、提单、保险单等。狭义的票据仅指以支付一定金额为目的，可以转让的有价证券，即汇票、本票、支票。

票据法上所指的票据就是狭义的票据，票据具有支付、结算、流通、融资等经济功能。

（二）票据的特征

1. 有价性

票据是一种完全有价证券。完全有价证券，是指权利完全证券化、权利与证券融为一体不可分离，也就是指证券的权利存在、行使和移转，都与证券分不开。一般各国票据法都规定，票据所表明的金钱债权，以票据为其表现形式，票据上的权利不能脱离票据而独立存在。票据上设定的权利是给付货币。

2. 设权性

设权证券的签发是为了设定某种权利，票据权利是经过出票人的出票行为而产生即由出票行为设立票据权利。设权证券与在证权证券相对应，证权证券的签发，为了证明某种权利的存在，如股票、债券。

3. 无因性

票据一经签发，只要符合法律规定的形式要件即为有效，票据的效力不受票据原因的影响，票据上的权利与义务也不以任何原因为其有效的条件。这种特点保障了使用票据进行交易的可靠性。

资料卡 10.1

票据的无因性①

票据的无因性产生于商品交换的内在需要，并以维护票据流通为其根本宗旨。商品交换时间上的不一致，使商品实体的转移和现实货币结算相分离；空间上的不一致，使货币输送发生困难和易遭风险。为了避免这种风险，商人们创设了各种证券，以此来设定、清偿和转移金钱债务，不涉及金钱本身的实体转移。12~13 世纪，典型意义上的票据开始在贸易发达的意大利、法国诞生了，意大利、法国的商人发明了背书转让票据的方式。背书制度的确立在票据法制史上具有里程碑的意义，它不仅是票据权利转让的一种方式，而且也使得票据的流通在技术上成为可能。

但是，票据流通在具备了其技术基础之后便面临着这样一个法律难题，即票据转让以后，其后手是否继受前手关于票据权利的瑕疵。按照传统的民法理论，债权受让人须继受债权转让人的权利瑕疵，债务人得对债权受让人主张对债权转让人的抗辩。依此办理，随着票据转让次数的增加，票据的支付风险逐渐加入，人们对支付手段或贸易媒介的要求是安全和迅速，而票据支付风险的加大无疑会阻滞贸易进行。鉴于此，人们在票据支付的商事实践中逐步达成共识，即票据转让后其善意后手不继受前手票据权利的瑕疵。票据的无因性制度得以确立。这使票据的信用从狭窄的交易人之间的信用扩大为社会信用。汇票、本票因可以背书转让而具有了流通性，进一步发展了票据作为社会信用工具的功能。

目前，在票据关系中坚持票据行为的无因性，不仅是各国票据法理论所共同遵守的规则，现代各国票据立法和国际统一的票据法中的各个条款也都把票据的无因性作为票据立法的基本原则。

票据无因性的可以表现为：

第一，在票据行为成立或票据权利发生上的适用。票据行为是以发生票据上权利、义务为目的的意思表示。它只要符合一定构成要件，即实体方面的票据能力和意思表示及形式方面的票面记载与交付，便能发生票据法上的效力。

第二，在票据权利取得上的适用。持票人除采取票据法所明确规定的不法行为或基于恶意、重大过失而取得票据不能享有票据权利者外，一般而言，可以依其他任何行为取得票据权利。即持票人无论是通过交易行为还是非交易行为，无论支付对价或不以相当对价取得票据，均合法地享有票据权利。

第三，在票据权利行使与票据债务履行上的适用。依票据的提示证券性，持票人行使票据权利应提示票据（票据丧失经法院判决的除外），同时也可以凭背书连续证明

① 资料来源：https://baike.so.com/doc/6061998-6275054.html.

其权利主体资格，无须再就原因关系及其内容提供证明。票据债务人履行义务时，也无权要求持票人提供该证明，亦不能以其与持票人前手和出票人之间的抗辩事由（可能基于原因关系或实质关系而生）对抗持票人（也称对人抗辩切断）。付款义务人在付款时仅负对持票人形式主体资格的审查义务，只要对形式上符合要求的持票人进行支付，即使出票人对该持票人有抗辩权，善意支付人仍免除付款义务。

第四，票据权利的转让与一般民事权利的转让不同。票据权利转让时，不必通知债务人即可生效，而民事权利转让时，债权人必须将转让的事实通知债务人，才对债务人生效。

4. 文义性

票据上的一切权利义务均以票据上记载的文字为依据，不受票据所载文字范文以外的事由的影响。即使票据上的记载与事实不符，也要以记载为准。

5. 流通性

票据的权利仅以背书或交付即可有效转让，其他证券的转让则需要登记过户。

6. 要式性

票据必须具备法定的格式要件，否则票据无效，这有利于票据的转让和流通。

温故知新

票据的效力主要取决于其在形式上是否符合票据法的要求，而不取决于取得票据的原因，票据因此而具有的特征是（　　）。

A. 债权性　　B. 文义性

C. 流通性　　D. 无因性

【参考答案】B

二、票据法概述

（一）票据法的概念与特点

票据法是调整票据关系的法律规范的总称。票据法是在长期的票据使用过程中形成的有关票据规则与习惯的法律化。

票据法的特点体现在以下几方面：

1. 强制性

票据关系虽属于债权债务关系，但是票据关系又不同于一般的债权债务关系。对票据的创设、必要事项的记载、票据行为等有严格的规定，属于强制性规范，不允许由当事人以自己的意志变更或任意适用。

2. 技术性

票据业务专业性强，票据法的技术性是由票据的专业性强这一特点决定的。票据法的实施与银行制度、银行业务紧密相连。为便于操作以及出于技术上的考虑，票据法对票据的格式、票据的运作程序、票据的取得等规定了统一的法定程式，属于一种技术性很强的法律。

3. 国际性

票据法属于国内法范畴。但《日内瓦统一汇票本票法公约》等国际公约就是为适用票据立法国际统一化趋势而制定的，票据法成为国际上通用程度很高的一种法律。

（二）关于票据的立法

1. 国际立法现状

现代票据法是在欧洲中世纪商业习惯法的基础上形成和发展起来的。主要有德、法为代表的大陆法系与英、美为代表的英美法系票据制度，两大法系票据立法有不同。

各国票据法的差异，阻碍了票据的国际流通、使用。1930 年和 1931 年，在国际联盟的主持下，经日内瓦召开的国际票据法统一会议，以大陆法系国家票据制度为基础，通过了《1930 年关于统一汇票和本票的日内瓦公约》《1930 年关于解决汇票和本票的若干法律冲突的公约》和《1931 年关于统一支票法的日内瓦公约》《1931 年关于解决支票的若干法律冲突的公约》，终于统一了大陆法系国家的票据法，因此大陆法系又称为日内瓦票据法系。为协调日内瓦统一法系和英美法系的关系，经过多次制订和修改，1988 年 12 月联合国第 43 次大会通过了《国际汇票和国际本票公约》。但按该公约的有关规定，该公约须经至少 10 个国家批准或加入后方能生效。

2. 两大法系票据立法的不同

（1）票据的分类不同。大陆法系国家的票据立法，大多采用“分离主义”的票据立法，票据仅指汇票和本票，支票不包括在内。而英美法系采用“包括主义”的票据立法，将汇票、本票、支票统称为票据。美国统一商法典的范围更广，还包括存单。

（2）票据持票人的权利不同。英美法系国家将持票人分为三类：单纯持票人、对价持票人和正当持票人。其中正当持票人的权利大。大陆法系国家一般将持票人分为两类：单纯持票人和合法持票人。其中合法持票人的权利大。

（3）对伪造背书的处理不同。英美法系国家倾向于保护真正的票据所有人，规定伪造背书是无效的。大陆法系国家则倾向保护善意的受让人，规定除非有恶意或重大过失，伪造背书并不当然影响后手票据权利。

（4）对票据的形式要求不同。英美法系国家对票据形式没有特别要求。而大陆法系国家则规定了票据的有效要件，凡不符合者即不产生票据的效力。

三、联合国国际汇票和国际本票公约

《联合国国际汇票和国际本票公约》为国际商业交易当事方提供了关于票据的法律规则的全面法典。公约旨在克服国际支付所使用的票据存在的主要差别和不确定性。如果当事方使用特定形式的流通票据表明该票据受贸易法委员会公约管辖，则适用此公约。

1. 公约的适用范围

根据公约第一条规定，该公约仅适用于载有“国际汇票”和“国际本票”标题的国际汇票和国际本票。

对于国际汇票，还要求列明至少下列两处地点并指出所列明的任何两处地点位于不同国家：①汇票的开出地；②出票人签名旁所示地点；③受票人姓名旁所示地点；④受款人姓名旁所示地点；⑤付款地。汇票上须列明汇票开出地点或汇票付款地点，而且两个地点均位于一个缔约国境内。

对于国际本票，还要求列明至少下列两处地点并指出所列明的任何两处地点位于不同国家：①本票签立地点；②本票签立地点；③受款人姓名旁边所示地点；④付款地点。本票上须列明付款地点，而且该地点位于一个缔约国境内。

2. 票据的形式要求

票据在形式上具体要求如下：①汇票上必须载有出票日期；②不得开立无记名式的国际汇票。但背书人可以用空白背书的方式使汇票在实际上变成无记名汇票，因为经过空白背书之后其受让人在将汇票再度转让变成无记名汇票，因为经过空白背书之后，其受让人在将汇票再度转让时，可以无须交出背书，只需交出汇票即可将其转让给别人。

3. 对持票人的法律保护

公约把持票人分为持票人和受保护的持票人两种，而受保护的持票人必须具备一定条件：①执票人在取得票据时，该票据应是完整的；②他在成为执票人时对有关票据责任的抗辩不知情；③他对任何人对该票据的请求权不知情；④他对该票据曾遭拒付的事实不知情；⑤该票据未超过提示付款的期限；⑥他没有以欺诈、盗窃手段取得票据或参加与票据有关的欺诈或盗窃行为。

公约对受保护的持票人的权利给予充分的保护，根据该公约的规定，除了以下抗辩事由外，票据当事人不得对受保护的持票人提出任何抗辩：①未在票据上签名的抗辩；②被伪造签名的本人的抗辩；③票据曾发生过重大改动的抗辩；④未经授权或越权代理人在票据上签名的抗辩；⑤未提示承兑或未适当提示付款的抗辩；⑥不获承兑或不获付款时应作成而未作成拒绝证书的抗辩；⑦票据时效（4 年）已过的抗辩；⑧基于本人与受保护的持票人的基础交易或由于该持票人以任何欺诈行为取得该当事人在票据上签名的抗辩；⑨基于当事人无履行票据责任的行为能力的抗辩。

4. 伪造背书的后果

关于伪造签名的背书对持票人权利的影响，该公约对两大法系做了协调性的规定：

（1）凡是拥有经过背书转让给他人或前后的背书为空白背书的票据，并且票据上有一系列连续背书的人，即使其中任何一次背书是伪造的或是由未经授权的代理人签字的，只要他对此不知情，就应当认为他是票据的持票人而受到保护。

（2）如果背书是伪造的，则被伪造其背书的人或者在伪造发生之前签署了票据的当事人，有权对因受伪造背书所遭到的损失向伪造人、从伪造人手中直接受让票据的人以及向伪造人直接支付了票据款项的当事人或受票人索取赔偿。

第二节　票据法律关系

一、票据关系与非票据关系

（一）票据关系

票据关系，指由票据行为引起的票据上的权利和义务关系。依票据行为直接发生，票据关系又分为两类，即债权人的付款请求权和债务人的付款义务，以及债权人的追偿权和债务人的偿还义务。

（二）非票据关系

非票据关系，又称票据的基础关系，指与票据行为密切相关但在法律上不产生票据权利和义务的关系。

学理上非票据关系可分为三种：

1. 票据原因关系

票据原因关系，是指作为签发票据或实施其他票据行为原因的当事人之间的交易关系，如因约定、买卖、赠与、借款及原因而出票和接受票据等。

2. 票据资金关系

票据资金关系，是指出票人和付款人或保证付款人之间的权利义务关系，如借款资金有效等。

3. 票据预约关系

票据预约关系，是指票据当事人之间就授受票据有关事项达成的协议。为授受票据，票据当事人之间在此之前，必须就票据的种类、金额、到期日、付款地等事项达成协议。票据预约关系属于民法上的合同关系，当事人之间一旦达成票据预约，就应该依约履行，否则应按民法上关于违约的规定处理。

（三）两者的关系

票据关系的产生虽需要有非票据关系的存在，但票据关系与非票据关系是相分离的。

在通常情况下，票据一经签发，票据权利就得以确立，票据债权人只需持有有效票据，即可行使票据权利，而无须解释取得票据的原因，更不必证明原因关系的效力。否则，无人愿意接受票据。票据关系和票据基础关系之间原则上相互独立，互不影响，这充分反映票据的无因性。但还需要说明的是，票据关系对非票据关系是否具有绝对的独立性、无因性，世界各国票据立法还存在一定的分歧。

二、票据权利及其补救

（一）票据权利的概念

票据权利，是指持票人向票据债务人请求支付票据金额的权利。票据权利本质上是一种债权，这种权利对票据的付款人是付款请求权；对其他票据行为的责任人则是追索权。票据权利包括付款请求权和追索权。

1. 付款请求权

付款请求权，是指持票人向票据主债务人或其他付款义务人请求支付票据上所载金额的权利，又称为第一次请求权。行使付款请求权的持票人有受款人、被背书人、参加付款人。

2. 追索权

追索权，是指持票人行使付款请求权未能实现时，向其前手请求支付票据金额及其他法定费用的请求权。由于追索权是以付款请求权的行使为前提条件的，故又称第二次请求权。

（二）票据权利的取得

票据权利取得的方式有：

1. 出票取得

出票取得是指票据的出票人在做成票据，并将票据交付给持票人时，持票人即取得票据权利。出票取得是票据权利的其他取得方式的基础。

2. 继受取得

继受取得是指持票人从有权处分票据权利的前手，依照背书转让或交付程序，或因继承、公司合并等法定因素，取得票据权利。

3. 善意取得

善意取得是指持票人从无处分票据权利的人的手中善意受让票据的行为。

（三）票据权利的行使和保全

票据权利行使的方式为票据提示，包括承兑提示和付款提示。票据权利的保全，是指票据权利人为防止票据权利的丧失而实施的各种行为。票据权利是一种债权，具有时效性，因此，为防止票据权利因时效完成而丧失，就应采取保全措施。票据权利保全方法通常有：①做成拒绝证书；②时效中断。

第三节 票据行为

一、票据行为概念和特点

票据行为是指产生、变更和消灭票据上的权利和义务的法律行为。票据行为主要有：出票、流通转让、提示、承兑、付款、保证、拒付、追索等。

票据行为具有要式性、抽象性、文义性、独立性等特点。

1. 要式性

票据行为属于要式法律行为，必须符合票据法规定的格式要求。如规定所有票据行为都应该由行为人签章（签名、签章或者签名加签章）；必须采用书面形式；各种票据从内容到形式都必须符合法定的格式等。凡违反法定形式的票据行为均为无效。

2. 抽象性

票据行为的抽象性，又称无因性，是指票据只需具备抽象的形式即可以生效，而不因基础关系的瑕疵或无效而受影响。虽然票据行为的产生有一定的原因，但是票据行为一旦成立，票据行为的效力就独立于原因关系，原则上不受原因关系的影响。票据也因此而成为抽象证券或无因证券。

3. 文义性

票据行为的文义性，是指票据行为的内容完全以票据上记载的文义为准，即使文字记载与实际情况不一致，仍以文字记载为准，而不允许当事人以票据上文义以外的事实或证据加以变更或补充。

4. 独立性

票据行为的独立性，是指票据行为之间互不依赖而各自独立发生效力。

二、票据行为成立要件

（一）实质要件

票据行为的实质要件，也是票据行为有效成立的一般要件，包括行为人的票据能力和行为人的意思表示两个方面。

如果票据行为人不具备实质要件，则要视具体情况来区分该票据行为是否有效：

1. 行为人不具备权利能力和行为能力

此时，票据行为无效。票据行为人可以以此对抗所有请求票据权利的持票人，但不影响票据上其他票据行为的效力。

2. 票据行为的意思表示不真实

票据行为意思表示不真实，即存在票据行为人受欺诈、胁迫或者其他导致意思表示不真实的事实而为票据行为的情形，此时两大法系的观点有不同：

（1）日内瓦法系：根据票据“无因性”“文义性”的特点，只要该票据行为符合法定形式，就应认为该行为有效，不可以对抗除直接当事人之外的任何善意持票人，并不影响其他票据行为的有效性。

（2）英美法系：该意思表示不真实构成了对正当执票人权利的一种抗辩，这种抗辩甚至不仅局限在直接当事人之间，还可以对抗除直接当事人之外的任何善意执票人。

（二）形式要件

形式要件是票据行为效力的决定性要件：①书面形式。各种票据行为都必须以书面形式体现才能生效。②签章。签章（签名、签章、签名加签章）是每个票据行为的共同要件。这是由票据的文义性决定的，票据只有签章才能确定票据债务人，对票据承担责任的人也必须是签章人，签章是票据行为最重要的形式要件。③绝对记载事项。

票据行为如果不具备法定形式要件，则该票据无效，并且如果该票据行为是出票行为，还将导致整张票据无效，即自始不产生票据权利和义务。例如根据《1930 年关于统一汇票和本票的日内瓦公约》第二条规定：“欠缺前条[①]所载任何要求的票据，无汇票效力”；《英国票据法》第三条也有类似规定。

三、票据的伪造与变造

（一）票据的伪造

票据的伪造是指假冒他人的名义而实施的票据行为。伪造有两种，一是假冒出票人的名义签发票据的行为，即伪造票据本身；一是假冒他人名义而实施的背书、承兑、保证等其他票据行为，主要是伪造票据上的签名，如盗用出票人的印章或摹仿他人的笔迹签于票据之上。票据伪造的法律后果为：日内瓦统一法系的原则为持票人仅以背书的连续证明其汇票的权利。英美法系则认为，伪造的背书是无效的。

《中华人民共和国票据法》（2004 修正）第十四条第一款规定：“票据上的记载事项应当真实，不得伪造、变造。伪造、变造票据上的签章和其他记载事项的，应当承担法律责任。”伪造人因为在票据上没有签章，不承担票据上的责任。其伪造票据而构成侵权行为或犯罪，都不是票据法的问题，伪造人应承担其他法律责任，即民事、刑事和行政责任。

（二）票据的变造

票据的变造是指无权更改票据内容的人，对票据上签章以外的记载事项加以改变的行为。票据变造的法律后果为：多数国家票据法规定，票据在变造之前和变造之后

① 《1930 年关于统一汇票和本票的日内瓦公约》第一条规定：“汇票应包含下列内容：票据主文中列有“汇票”一词，并以开立票据所使用的文字说明之；无条件支付一定金额的命令；付款人（受票人）的姓名叫；付款日期的记载；付款地的记载；受款人或其指定人的姓名；开立汇票的日期和地点的记载；开立汇票的人（出票人）的签名。

都有效。

《中华人民共和国票据法》(2004 修正)第十四条规定，票据上其他记载事项被变造的，在变造之前签章的人，对原记载事项负责；在变造之后签章的人，对变造之后的记载事项负责；不能辨别是在票据被变造之前或者之后签章的，视同在变造之前签章。

第四节 中国的票据法律制度

一、我国关于票据的立法

1995 年 5 月我国第八届全国人大常委会通过了《中华人民共和国票据法》，该法自 1996 年 1 月 1 日施行，2004 年 8 月第十届全国人大常委会做出了对《中华人民共和国票据法》的修正。《中华人民共和国票据法》(以下简称《票据法》) 第二条第二款规定：“本法所称票据，是指汇票、本票和支票。”

我国票据法与各国的票据法、国际票据公约的法律冲突主要表现在：关于票据当事人行为能力的冲突；关于票据当事人行为方式上的冲突以及关于票据当事人行为效力的冲突。《票据法》第九十五条定了我国涉外票据冲突的法律适用原则：“中华人民共和国缔结或者参加的国际条约同本法有不同规定的，适用国际条约的规定。但是，中华人民共和国声明保留的条款除外。本法和中华人民共和国缔结或者参加的国际条约没有规定的，可以适用国际惯例。”该原则确立了按照国际条约、国内立法、国际惯例的优先顺序适用。

二、票据行为

(一) 票据行为概述

根据我国票据法，票据行为是指承担票据债务的要式法律行为，包括出票、背书、承兑、保证和付款。

票据行为具有无因性和独立性的法律特征。票据行为的无因性是指不论其实质关系如何，只要具备了特定的法定形式要件，票据行为即可生效。票据行为的独立性是指票据上存在多个票据行为时，各个票据行为互不影响、相互独立。

根据不同的标准可以对票据行为进行不同的分类。根据票据行为的性质不同，票据行为可以分为基本票据行为和附属票据行为，基本票据行为是一种主票据行为，在出票、背书、承兑、保证和付款这五种票据行为中，出票是一种基本票据行为。附属票据行为，是在基本出票行为的基础之上所形成的票据行为，包括背书等票据行为。

(二) 汇票的票据行为

1. 出票

汇票是出票人签发的，委托付款人在见票时或者在指定日期无条件支付确定的金额给收款人或者持票人的票据。汇票分为银行汇票和商业汇票。出票是指出票人签发票据并将其交付给收款人的票据行为。

汇票的出票人必须与付款人具有真实的委托付款关系，并且具有支付汇票金额的可靠资金来源。不得签发无对价的汇票用以骗取银行或者其他票据当事人的资金。

根据票据法的规定，汇票的记载事项可以分为绝对记载事项和相对记载事项，即汇票的绝对记载事项。汇票必须记载下列事项：①表明“汇票”的字样；②无条件支付的委托；③确定的金额；④付款人名称；⑤收款人名称；⑥出票日期；⑦出票人签章。汇票上未记载前款规定事项之一的，汇票无效。汇票的相对记载事项，即汇票上记载付款日期、付款地、出票地等事项的，应当清楚、明确；汇票上未记载付款日期的，为见票即付；汇票上未记载付款地的，付款人的营业场所、住所或者经常居住地为付款地；汇票上未记载出票地的，出票人的营业场所、住所或者经常居住地为出票地。根据票据法的规定，汇票上可以记载本法规定事项以外的其他出票事项，但是该记载事项不具有汇票上的效力。票据上金额大小写不一致时，该票据无效。

出票人签发汇票后，即承担保证该汇票承兑和付款的责任。出票人在汇票得不到承兑或者付款时，应当向持票人清偿相应的金额和费用。

温故知新

下列情形中会造成汇票无效的是（　　）。

A. 汇票未记载付款地　　B. 汇票未记载付款日期

C. 收款人有改动　　D. 出票日期记载不真实

【参考答案】C

2. 背书

背书是指在票据背面或者粘单上记载有关事项并签章的票据行为。持票人通过背书可以将汇票权利转让给他人或者将一定的汇票权利授予他人行使。

（1）背书记载事项。背书由背书人签章并记载背书日期，背书未记载日期的，视为在汇票到期日前背书。汇票以背书转让或者以背书将一定的汇票权利授予他人行使时，必须记载被背书人名称。

（2）背书连续。背书连续，是指在票据转让中，转让汇票的背书人与受让汇票的被背书人在汇票上的签章依次前后衔接。以背书转让的汇票，背书应当连续。持票人以背书的连续，证明其汇票权利；非经背书转让，而以其他合法方式取得汇票的，依法举证，证明其汇票权利。

（3）背书的限制。如果出票人在汇票上记载“不得转让”字样的，那么汇票不得转让。持票人背书转让票据权利时，应当背书并交付汇票。背书记载“委托收款”字样的，被背书人有权代背书人行使被委托的汇票权利。但是，被背书人不得再以背书转让汇票权利。汇票被拒绝承兑、被拒绝付款或者超过付款提示期限的，不得背书转让；背书转让的，背书人应当承担汇票责任。

3. 承兑

承兑是指汇票付款人承诺在汇票到期日支付汇票金额的票据行为。

按照是否必须提示承兑将汇票承兑分为必须提示承兑的汇票和无须提示承兑的汇票。提示承兑是指持票人向付款人出示汇票，并要求付款人承诺付款的行为。①应当提示承兑的汇票。定日付款或者出票后定期付款的汇票，持票人应当在汇票到期日前向付款人提示承兑。见票后定期付款的汇票，持票人应当自出票日起一个月内向付款人提示承兑。汇票未按照规定期限提示承兑的，持票人丧失对其前手的追索权。②无须提示承兑的汇票。见票即付的汇票无须提示承兑。

付款人对向其提示承兑的汇票，应当自收到提示承兑的汇票之日起3日内承兑或者拒绝承兑。付款人收到持票人提示承兑的汇票时，应当向持票人签发收到汇票的回单。回单上应当记明汇票提示承兑日期并签章。

付款人承兑汇票的，应当在汇票正面记载“承兑”字样和承兑日期并签章；见票后定期付款的汇票，应当在承兑时记载付款日期。汇票上未记载承兑日期的，以见票后定期付款的最后一日为承兑日期。

4. 保证

保证是由汇票债务人以外的他人担当票据债务履行所做的从票据行为。汇票的债务可以由保证人承担保证责任。保证人清偿汇票债务后，可以行使持票人对被保证人及其前手的追索权。

保证人必须在汇票或者粘单上记载下列事项：①表明“保证”的字样；②保证人名称和住所；③被保证人的名称；④保证日期；⑤保证人签章。保证人在汇票或者粘单上未记载被保证人的名称的，已承兑的汇票，承兑人为被保证人；未承兑的汇票，出票人为被保证人。保证人在汇票或者粘单上未记载保证日期的，出票日期为保证日期。

5. 付款

付款是指汇票的承兑人或付款人在票据到期时向持票人无条件支付票据金额的行为。

持票人应当按照下列期限提示付款：①见票即付的汇票，自出票日起1个月内向付款人提示付款；②定日付款、出票后定期付款或者见票后定期付款的汇票，自到期日起10日内向承兑人提示付款。持票人未按规定期限提示付款的，在做出说明后，承兑人或者付款人仍应当继续对持票人承担付款责任。通过委托收款银行或者通过票据交换系统向付款人提示付款的，视同持票人提示付款。

付款人及其代理付款人付款时，应当审查汇票背书的连续，并审查提示付款人的合法身份证明或者有效证件。付款人依法足额付款后，全体汇票债务人的责任解除。

6. 追索权

追索权是指在票据到期未获付款或到期日前未获承兑，发生了其他使付款可能性显著减少的其他法定原因时，票据的持票人向其前手请求偿还票据金额、利息和其他法定费用的票据权利。汇票到期被拒绝付款的，持票人可以对背书人、出票人以及汇票的其他债务人行使追索权。

追索权行使的情形。汇票到期日前，有下列情形之一的，持票人也可以行使追索权：①汇票被拒绝承兑的；②承兑人或者付款人死亡、逃匿的；③承兑人或者付款人被依法宣告破产的或者因违法被责令终止业务活动的。持票人行使追索权时，应当提供被拒绝承兑或者被拒绝付款的有关证明。持票人提示承兑或者提示付款被拒绝的，承兑人或者付款人必须出具拒绝证明，或者出具退票理由书。未出具拒绝证明或者退票理由书的，应当承担由此产生的民事责任。持票人因承兑人或者付款人死亡、逃匿或者其他原因，不能取得拒绝证明的，可以依法取得其他有关证明。承兑人或者付款人被人民法院依法宣告破产的，人民法院的有关司法文书具有拒绝证明的效力。承兑人或者付款人因违法被责令终止业务活动的，有关行政主管部门的处罚决定具有拒绝证明的效力。持票人不能出示拒绝证明、退票理由书或者未按照规定期限提供其他合法证明的，丧失对其前手的追索权。但是，承兑人或者付款人仍应当对持票人承担责任。

持票人应当自收到被拒绝承兑或者被拒绝付款的有关证明之日起 3 日内，将被拒绝事由书面通知其前手；其前手应当自收到通知之日起 3 日内书面通知其再前手。持票人也可以同时向各汇票债务人发出书面通知。未按照规定期限通知的，持票人仍可以行使追索权。因延期通知给其前手或者出票人造成损失的，由没有按照规定期限通知的汇票当事人，承担对该损失的赔偿责任，但是所赔偿的金额以汇票金额为限。

持票人行使追索权，可以请求被追索人支付下列金额和费用：①被拒绝付款的汇票金额；②汇票金额自到期日或者提示付款日起至清偿日止，按照中国人民银行规定的利率计算的利息；③取得有关拒绝证明和发出通知书的费用。被追索人清偿债务时，持票人应当交出汇票和有关拒绝证明，并出具所收到利息和费用的收据。被追索人依照前文规定清偿后，可以向其他汇票债务人行使再追索权，请求其他汇票债务人支付下列金额和费用：①已清偿的全部金额；②前项金额自清偿日起至再追索清偿日止，按照中国人民银行规定的利率计算的利息；③发出通知书的费用。行使再追索权的被追索人获得清偿时，应当交出汇票和有关拒绝证明，并出具所收到利息和费用的收据。

（三）本票的票据行为

本票是出票人签发的，承诺自己在见票时无条件支付确定的金额给收款人或者持票人的票据。我国票据法所称本票，是指银行本票。本票的出票人必须具有支付本票金额的可靠资金来源，并保证支付。

1. 本票的记载事项

本票必须记载下列事项：①表明“本票”的字样；②无条件支付的承诺；③确定的金额；④收款人名称；⑤出票日期；⑥出票人签章。本票上未记载规定事项之一的，本票无效。

本票上记载付款地、出票地等事项的，应当清楚、明确。本票上未记载付款地的，出票人的营业场所为付款地。本票上未记载出票地的，出票人的营业场所为出票地。

2. 本票的付款

本票的出票人在持票人提示见票时，必须承担付款的责任。本票自出票日起，付款期限最长不得超过 2 个月。本票的持票人未按照规定期限提示见票的，丧失对出票人以外的前手的追索权。

3. 本票的其他票据行为

依据我国票据法规定，本票的背书、保证、付款行为和追索权的行使，除以上特殊规定外，适用有关汇票的规定。

（四）支票的票据行为

支票是出票人签发的，委托办理支票存款业务的银行或者其他金融机构在见票时无条件支付确定的金额给收款人或者持票人的票据。

1. 支票存款账户的开立

开立支票存款账户，申请人必须使用其本名，并提交证明其身份的合法证件。开立支票存款账户和领用支票，应当有可靠的资信，并存入一定的资金。开立支票存款账户，申请人应当预留其本名的签名式样和印鉴。

2. 支票出票的种类

支票的出票可以选择现金支票和转账支票。支票可以支取现金，也可以转账，用于转账时，申请人应当在支票正面注明。支票中专门用于支取现金的，可以另行制作现金支票，现金支票只能用于支取现金。支票中专门用于转账的，可以另行制作转账支票，转账支票只能用于转账，不得支取现金。

3. 支票的记载事项

支票必须记载下列事项：①表明“支票”的字样；②无条件支付的委托；③确定的金额；④付款人名称；⑤出票日期；⑥出票人签章。支票上未记载规定事项之一的，支票无效。支票上的金额可以由出票人授权补记，未补记前的支票，不得使用。支票上未记载收款人名称的，经出票人授权，可以补记。支票上未记载付款地的，付款人的营业场所为付款地。支票上未记载出票地的，出票人的营业场所、住所或者经常居住地为出票地。出票人可以在支票上记载自己为收款人。支票的出票人所签发的支票金额不得超过其付款时在付款人处实有的存款金额。

4. 支票签发的禁止事项

禁止签发空头支票。出票人签发的支票金额超过其付款时在付款人处实有的存款金额的，为空头支票。支票的出票人不得签发与其预留本名的签名式样或者印鉴不符的支票。

5. 支票的付款

出票人必须按照签发的支票金额承担保证向该持票人付款的责任。出票人在付款人处的存款足以支付支票金额时，付款人应当在当日足额付款。支票限于见票即付，不得另行记载付款日期。另行记载付款日期的，该记载无效。支票的持票人应当自出票日起十日内提示付款；异地使用的支票，其提示付款的期限由中国人民银行另行规定。超过提示付款期限的，付款人可以不予付款；付款人不予付款的，出票人仍应当对持票人承担票据责任。付款人依法支付支票金额的，对出票人不再承担受委托付款的责任，对持票人不再承担付款的责任。但是，付款人以恶意或者有重大过失付款的除外。

6. 支票的其他票据行为

除前文的特殊规定之外，支票的其他票据行为适用有关汇票的规定。

案例 11.1

支票遭遇拒绝承兑时可否行使票据追索权[1]？

原告：于某

被告：北京某科技发展有限公司（以下简称“科技公司”）

某年9月29日，董某持1张出票人为北京某科技发展有限公司、金额为5 000元的北京农村商业银行转账支票到业主为于某的北京市某建材经销部购买装饰材料，共购买了5 000余元的装饰材料，除转账支票外，还另外向于某支付了部分现金。当年10月7日，于某持该张支票到银行入账时，被银行以印鉴不清为由退票。后于某通过董某与科技公司联系，科技公司答应更换，但至今未予解决。

---

① 资料来源：http://news.9ask.cn/flal/jjfal/pjfal/201102/1098566.shtml.

评析：该案争议的焦点在于原告是否享有对被告的支票追索权?

法院认为，于某作为已支付合理对价的票据持有人，在转账支票遭到银行退票后，享有对票据出票人的追索权，而本案所涉转账支票的出票人是科技公司，故于某应当向科技公司行使追索权。科技公司应立即支付于某5 000元，于某的诉讼请求法院予以支持。依照《中华人民共和国民事诉讼法》第一百三十条、《中华人民共和国票据法》第六十一条、第六十二条、第九十三条之规定，判决如下：北京某无限科技发展有限公司给付于某5 000元，于本判决书生效之日起十日内付清。

三、票据权利

票据权利，是指持票人向票据债务人请求支付票据金额的权利，包括付款请求权和追索权。持票人对票据债务人行使票据权利，或者保全票据权利，应当在票据当事人的营业场所和营业时间内进行，票据当事人无营业场所的，应当在其住所进行。

（1）票据权利取得的限制。以欺诈、偷盗或者胁迫等手段取得票据的，或者明知有前列情形，出于恶意取得票据的，不得享有票据权利。

（2）票据权利的消灭。票据权利在下列期限内不行使而消灭：①持票人对票据的出票人和承兑人的权利，自票据到期日起2年。见票即付的汇票、本票，自出票日起2年。②持票人对支票出票人的权利，自出票日起6个月。③持票人对前手的追索权，自被拒绝承兑或者被拒绝付款之日起6个月。④持票人对前手的再追索权，自清偿日或者被提起诉讼之日起3个月。票据的出票日、到期日由票据当事人依法确定。

（3）持票人因超过票据权利时效或者因票据记载事项欠缺而丧失票据权利的，仍享有民事权利，可以请求出票人或者承兑人返还其与未支付的票据金额相当的利益。

四、票据责任

票据责任，是指票据债务人向持票人支付票据金额的义务。根据承担责任的主体不同，票据责任可以分为出票人的责任、背书人的责任、承兑人的责任、保证人的责任和付款人的责任。

（一）出票人的责任

出票人签发汇票后，即承担保证该汇票承兑和付款的责任。出票人在汇票得不到承兑或者付款时，应当向持票人清偿票据法规定的金额和费用。出票人签发空头支票或者故意签发与其预留的本名签名式样或者印鉴不符的支票以骗取财物的；签发无可靠资金来源的汇票、本票，骗取资金的；汇票、本票的出票人在出票时作虚假记载，骗取财物的，应当承担刑事责任。

（二）背书人的责任

背书人以背书转让汇票后，即承担保证其后手所持汇票承兑和付款的责任。后手是指在票据签章人之后签章的其他票据债务人。背书人在汇票得不到承兑或者付款时，应当向持票人清偿相应的金额和费用。

（三）承兑人的责任

付款人承兑汇票，不得附有条件；承兑附有条件的，视为拒绝承兑。付款人承兑汇票后，应当承担到期付款的责任。

（四）保证人的责任

汇票到期后得不到付款的，持票人有权向保证人请求付款，保证人应当足额付款。保证不得附有条件；附有条件的，不影响对汇票的保证责任。保证人对合法取得汇票的持票人所享有的汇票权利，承担保证责任。但是，被保证人的债务因汇票记载事项欠缺而无效的除外。被保证的汇票，保证人应当与被保证人对持票人承担连带责任。保证人为二人以上的，保证人之间承担连带责任。

（五）付款人的责任

对于符合法律、法规规定的票据，付款人应当依法按时足额支付票据上所记载的金额。付款人及其代理付款人以恶意或者有重大过失付款的，应当自行承担责任。对定日付款、出票后定期付款或者见票后定期付款的汇票，付款人在到期日前付款的，由付款人自行承担所产生的责任。票据的付款人对见票即付或者到期的票据，故意压票，拖延支付的，由金融行政管理部门处以罚款，对直接责任人员给予处分。票据的付款人故意压票，拖延支付，给持票人造成损失的，依法承担赔偿责任。

本章思考

1. 理解下列术语：

出票　背书　承兑　追索权　汇票　本票　支票

2. 试述《联合国国际汇票和国际本票公约》中关于伪造签名的法律后果。
3. 试述票据的无因性。
4. 简述票据伪造和变造的区别。
5. 试述在行使追索权时应当注意的问题。
6. 试述背书人对被背书人应承担的责任。

第十一章 国际知识产权法

■本章要点

1. 知识产权的概念与特征
2.《保护工业产权巴黎公约》确定的原则
3.《保护文学艺术作品伯尔尼公约》的基本内容
4. 专利的国际申请
5. 商标的国际注册
6. 中国的知识产权保护法

第一节 概述

一、知识产权的概念与特征

（一）知识产权的概念

知识产权（intellectual property）一词从西方引入我国，也称为“智慧财产权”或“智力财产权”，是指个人或组织对其在科学、技术与文学艺术等领域里创造的精神财富，即对其智力活动创造的成果和经营管理活动中的标记、信誉所依法享有的专有权利。

根据《成立世界知识产权组织公约》的规定，知识产权包括以下8项：①关于文学、艺术和科学作品的权利；②关于表演艺术家的演出、录音与广播的权利；③关于人们在一切活动中的发明的权利；④关于科学发现的权利；⑤关于工业品式样的权利；⑥关于商标、服务商标、厂商名称与标记的权利；⑦关于制止不正当竞争的权利；⑧关于在工业、科学、文学和艺术领域中一切其他来自知识活动的权利。

（二）知识产权的特征

知识产权属于无形财产权，与有形财产权相比，具有以下法律特征：

1. 专有性

专有性，又称独占性、排他性或法定垄断性，指知识产权依法取得后，法律赋予权利人在一定时间内对其智力成果享有独占权或者垄断权，除权利人同意或法律有规定外，其他任何人不得利用该智力成果。

有形财产权也有一定专有性，但由于有形财产权的标的是物，因而，只要物权人依法对其享有占有权，物权人就能够独占该财产，其他人极少可能采用“分身法”处置该物。因此，有形财产权的专有性不必在法律上予以强调。

2. 地域性

知识产权的地域性，是指知识产权的生效范围具有地理上的限制，即知识产权依照一国法律取得，往往只在该国范围内有效，对其他国家不发生效力，即不具有域外效力。如需要获得该国的保护，权利人必须依照该国的法律取得相应的知识产权或根据共同签订的国际条约取得保护。

3. 时间性

知识产权的时间性，是指知识产权的保护是有一定期限的，这也就是知识产权的有效期。当法律规定的期限届满，知识产权的专有权即告终止，权利人丧失其专有权，这些智力成果即成为社会财富，任何人都可以利用它而不受专有权人的限制。而有形财产所有权具有永久性，与有形财产共始终，即只要有形财产存在，有形财产所有权就存在。

二、国际知识产权贸易法

（一）概念与调整对象

国际知识产权贸易法是调整跨国知识产权贸易关系的法律规范的总称。国际知识产权贸易法的调整对象既包括横向的贸易当事人之间的关系，也包括纵向的国际贸易管理者与被管理者之间的关系。

1. 知识产权具有私权属性

知识产权是一种民事财产权，因此属于私权。权利人可以通过国际贸易的方式，如许可使用、转让来处分自己的权利，在贸易活动过程中，当事人之间的关系由国际知识产权贸易法调整。

2. 知识产权具有垄断性的权利

一方面，为了防止涉及国家安全、技术优势的知识产权外流，供方所在国家往往在法律中做出限制性或禁止性规定，因此国际知识产权贸易法中有相当一部分是贸易管制规范；另一方面，在国际知识产权贸易实践中，作为供方的权利人往往具有事实上的优势，因此为了保护受方的利益，受方所在的国家通常通过法律对贸易进行干预。

（二）知识产权国际保护管理机构

世界知识产权组织（WIPO）是联合国系统负责全球知识产权事务的专门机构，由“国际保护工业产权联盟”（巴黎联盟）和“国际保护文学艺术作品联盟”（伯尔尼联盟）于 1967 年 7 月 14 日在瑞典斯德哥尔摩共同建立。其主要职能是负责通过国家间的合作促进对全国知识产权的保护，管理建立在多边条约基础上的关于专利、商标和版权方面的 23 个联盟的行政工作，并办理知识产权法律与行政事宜。截至 2019 年，世界上已有 192 个国家成为世界知识产权组织的成员。近年来随着该组织报告对其全球知识产权服务的创纪录需求，人工智能及其对知识产权政策的潜在影响也逐渐列入进了议程。

资料卡 11.1

世界知识产权组织（WIPO）管理下的 26 项知识产权国际公约[①]

知识产权保护条约	1.《视听表演北京条约》 2.《保护文学和艺术作品伯尔尼公约》 3.《发送卫星传输节目信号布鲁塞尔公约》 4.《制止商品来源虚假或欺骗性标记马德里协定》 5.《马拉喀什条约》 6.《保护奥林匹克会徽内罗毕条约》 7.《保护工业产权巴黎公约》 8.《专利法条约》(PLT) 9.《录音制品公约》 10.《保护表演者、音像制品制作者和广播组织罗马公约》 11.《商标法条约》 12.《商标法新加坡条约》 13.《华盛顿条约》 14.《世界知识产权组织版权条约》(WCT) 15.《世界知识产权组织表演和录音制品条约》(WPPT) 16.《世界知识产权组织公约》
全球保护体系公约	1.《专利合作条约》(PCT) 2.《商标国际注册马德里协定》 3.《商标国际注册马德里协定有关议定书》 4.《工业品外观设计国际保存海牙协定》 5.《国际承认用于专利程序的微生物保存布达佩斯条约》 6.《保护原产地名称及其国际注册里斯本协定》
分类条约	1.《建立工业品外观设计国际分类洛迦诺协定》 2.《商标注册用商品和服务国际分类尼斯协定》 3.《国际专利分类斯特拉斯堡协定》 4.《建立商标图形要素国际分类维也纳协定》

① 资料来源：http://www.wipo.int/treaties/zh，世界知识产权组织

第二节　保护知识产权的国际公约

一、保护工业产权的国际公约

工业产权是一个专门的法律术语，通常是指专利权和商标权的总称，实际是指对发明创造和显著标志的专有权。工业产权所指的“工业”，是泛指一切生产、交换和消费等各个领域，并非通常所指的工业。

（一）保护工业产权巴黎公约

1883 年 3 月，11 个国家在巴黎缔结了《保护工业产权巴黎公约》（Paris Convention for the Protection of Industrial Property，以下简称《巴黎公约》）。该公约于 1884 年 7 月 7 日生效。

《巴黎公约》是知识产权领域的第一个世界性的多边条约。《巴黎公约》的调整对象即保护范围是工业产权，包括发明专利权、实用新型、工业品外观设计、商标权、服务标记、厂商名称、产地标记或原产地名称以及制止不正当竞争等。在其后的 100 多年里，《巴黎公约》曾进行多次修订。修订后形成的斯德哥尔摩文本（1967 年），是目前该公约的绝大多数成员国批准或加入的文本，2019 年共有 196 个签约方。1985 年 3 月 19 日中国成为该公约成员，在加入时曾声明对其中第二十八条第一款予以保留。

《巴黎公约》确立了以下重要原则：

1. 国民待遇原则

凡是该公约成员的国民，在专利权的保护方面在其他公约成员内都可以享受国民待遇。《巴黎公约》并不包括非成员的国民，但是在一个成员的领土上设有永久住所或者有真实有效的营业场所的人，也享有与成员国民同样的待遇。

2. 优先权原则

当公约成员的申请人已在公约的一个成员正式提出专利权申请的，在首次提出专利申请之日起 12 个月的期限内享有优先权，即当他向其他成员就同一发明提出专利申请时，其后来申请的日期可以以首次申请日期为准。

3. 专利独立性原则

公约成员的国民向各个公约成员申请的专利权与他在其他公约成员或非成员就同一发明所获得的权利无关，即不同的国家就同一发明所授予的专利权，在条件、期限、无效与撤销方面都是互不牵连的。任何公约成员对于上述问题都有权根据本国的专利法独立做出决定，不受其他国家做出的任何决定的影响。

（二）专利合作条约（PCT）

《巴黎公约》虽然解决了专利权的国际保护问题，但没有解决专利权的国际申请问题。即专利权要得到他国的法律保护，按《巴黎公约》规定仍然必须向其他公约成员分别申请和获得批准，因此，专利国际化的进程也十分缓慢。为了弥补这一缺陷，一些国家谋求在专利的国际申请、简化申请手续方面寻求新的途径。美国最先有此动议，

1970 年 5 月在华盛顿召开的巴黎公约成员外交会议上，根据美国提出的“签订一个在专利申请案的接受和初步审理方面进行国际合作的条约”的建议，缔结了《专利合作条约》（Patent Cooperation Treaty，简称 PCT），旨在解决专利的国际申请问题。该条约于 1978 年 6 月 1 日正式生效。

1994 年 1 月 1 日，中国正式成为该条约的成员。中国专利局成为专利合作条约的受理局、指定局和选定局、国际检索单位及国际初审单位，中文成为该条约的正式工作语言。截止到 2020 年 1 月，该条约已经有 153 个签约方。

（三）商标国际注册马德里协定

商标国际注册马德里体系主旨是解决商标的国际注册问题，其受 1891 年签订的《马德里协定》（Madrid Agreement Concerning the International Registration of Marks）和 1989 年签订的《马德里协定有关议定书》的制约。通过本体系，申请人只要取得在每一被指定缔约方均有效力的国际注册，即可在数量众多的国家中保护商标。马德里体系是针对全球商标注册和管理的解决方案，既方便又划算。申请人只需要通过本国的主管局以一种语言（英语或法语）向国际局提交一项申请，并缴纳一套规费即可在成员国中获得保护。通过一个集中化的系统，就可以变更、续展或扩展全球商标。

1989 年 10 月 4 日，中国正式成为该协定的成员国。截至 2019 年 7 月 26 日，马德里联盟共有 105 个国家/地区，覆盖了 121 个国家。

二、保护著作权的国际公约

（一）保护文学和艺术作品伯尔尼公约

随着国际交流的扩大，双边协定或互惠条约难以防止国际剽窃作品的现象，且各国著作权保护差别很大。为使著作权在国际流通领域得到更好的保护，有必要签订一个各国广泛参加的国际公约。该公约的最初倡议者是 1879 年在巴黎成立的“国际文学家联盟”。联盟于 1883 年在瑞士的伯尔尼起草了公约草案。会后由瑞士政府公布了草案，送交并敦促有关国家，1886 年终于缔结了《保护文学艺术作品伯尔尼公约》（Berne Convention for the Protection of Literary and Artistic Works，简称《伯尔尼公约》）。

公约自生效以来，进行过 2 次增补、5 次修订。最后一次修订形成的 1971 年巴黎文本是目前绝大多数国家批准的文本。1979 年虽然对这个文本的个别行政条款做了一些小修改，但文本仍称为“1971 年巴黎文本”。

中国于 1992 年正式成为该公约的成员。伯尔尼公约是参加国最多，保护水平最高的著作权国际公约，特别是它对著作权保护中的某些概念有明确的定义，直接影响着各国的著作权法。截止到 2020 年 1 月，该公约有 177 个签约方。

《伯尔尼公约》涉及对作品和作品作者的保护。公约以三项基本原则为基础，载有一系列确定所必须给予的最低保护方面的规定；并载有为希望利用这些规定的发展中国家所做出的特别规定。

资料卡 11.2

《伯尔尼公约》的三项原则及最低保护规定

<table>
<tr><td colspan="2" rowspan="3">三项原则</td><td>国民待遇原则。对于起源于一个缔约国的作品（即作者为该国国民的作品，或首次发表是在该国发生的作品），每一个其他缔约国都必须给予与各该缔约国给予其本国国民的作品同样的保护</td></tr>
<tr><td>自动保护原则。保护的取得不得以办理任何手续为条件</td></tr>
<tr><td>保护的独立性原则。保护不依赖于作品在起源国是否存在保护。但若某缔约国规定的保护期比公约所规定的最低期限更长，作品在起源国不再受保护的，可以自起源国停止保护时起，拒绝予以保护</td></tr>
<tr><td rowspan="4">最低保护规定</td><td>保护作品范围</td><td>文学、科学和艺术领域内的一切成果</td></tr>
<tr><td>专有许可权</td><td>除若干允许的保留、限制或例外以外，以下各项权利必须被视为专有的许可权：翻译权；对作品进行改编和编排的权利；戏剧、戏剧音乐、音乐等作品的公开表演权；文学作品的公开朗诵权；对这类作品的演出进行公开传播的权利；广播权（缔约国可以只规定获得报酬的权利，而不规定许可权）；任何方式或形式的复制权（某些特殊的情况下，允许未经许可的复制行为，但复制不与作品的正常利用相抵触，也不无理地损害作者的合法利益）；音乐作品的声音录制品可以获得公平报酬的权利；以作品为基础制成音像作品的权利，以及复制、发行、公开表演或向公众传播该音像作品的权利</td></tr>
<tr><td rowspan="2">保护期限</td><td>一般规则是必须保护到作者死后 50 年为止。但是也有例外：对于匿名作品或假名作品，保护期为作品合法地向公众提供以后 50 年，但如果假名使作者的身份确定无疑，或作者在有效期内公开了其身份，则例外；在后一种情况下，应适用一般规则</td></tr>
<tr><td>音像（电影）作品，最短的保护期为作品向公众提供（“发行”）以后 50 年，或者未向公众提供的，为作品完成以后 50 年。对于实用艺术作品和摄影作品，最短期限为这类作品完成以后 25 年</td></tr>
</table>

（二）世界版权公约

美国虽然多次参加了缔结伯尔尼公约的会议，但因其当时的出版等行业不如欧洲一些国家那样发达，对著作权保护的水平较低，一直拒绝加入伯尔尼公约[①]。美国于 1889 年与美洲的一些国家，在蒙德维尔缔结了一个《美洲国家间版权公约》，简称《泛美版权公约》。美洲此后还陆续签订了几个地区性的版权公约，即 1902 年的《墨西哥公约》，1906 年的《里约热内卢公约》，1910 年的《哈瓦那公约》，1946 年的《华盛顿公约》等。这就形成了以欧洲为中心和以美洲为中心的两大版权保护体系，反映各自利益而存在差距。

第二次世界大战后，美国的经济和文化取得了很大的发展，开始关注其作品在欧洲国家的保护问题。但伯尔尼公约的保护水平较高，美国希望通过缔结一个新的国际公约，达到保护其利益的目的。另一方面，一些新兴国家也认为伯尔尼公约的保护水平太高，不利于对外国作品、特别是伯尔尼公约成员国中发达国家的作品的使用，也希望能缔结一个保护水平相对较低的国际公约。同时，一些伯尔尼公约的成员国为了

① 美国直到 1989 年 1 月 1 日才正式参加伯尔尼公约。

使自己的作品在上述国家获得充分保护，也愿意在新的国际保护体系中实现与这些国家著作权的相互保护。在联合国教科文组织的主持下，经过多次会议的协商，于1952年在日内瓦正式通过了《世界版权公约》(Universal Copyright Convention)。该公约于1955年9月16日生效。

《世界版权公约》与《伯尔尼公约》于1971年同时在巴黎进行了修订。新修订的《世界版权公约》于1974年生效，任何新参加国，只能参加巴黎修订文本。中国于1992年10月30日正式加入该公约。

三、与贸易有关的知识产权协定

1994年《与贸易有关的知识产权协定》(Agreement on Trade-related Aspects of Intellectual Property Rights，以下简称TRIPS)。TRIPS第一次将知识产权与国际贸易联系在一起，从而将知识产权的国际保护从原来的静态引向了动态，是影响极为深远的一个知识产权方面的国际公约。

(一) TRIPS的订立

关贸总协定于1947年缔结于日内瓦。在乌拉圭回合谈判中，以美国为首的发达国家倡议，极力主张将知识产权问题被列为三大新议题之一。经过长达7年多的谈判，取得了最终结果，达成了《与贸易有关的知识产权协议》(Agreement on Trade-related Aspects of Intellectual Property Rights，以下简称TRIPS)。1995年1月1日起，关贸总协定被世贸组织所取代，TRIPS也同时生效。

(二) TRIPS的主要内容

与其他知识产权公约相比，TRIPS从总体而言提高了知识产权保护的水平。

1. 扩大了知识产权保护的范围

TRIPS将传统上不属于知识产权范围的商业秘密，以及知识产权条约未列为知识产权保护的集成电路布图、计算机软件，也列为它的保护范围。同时指出“专利应适用于所有技术领域中的任何发明，不论它是产品还是方法”。此外协议还要求成员国对目前大多数发展中国家不予保护的植物新品种给予保护。

2. 强化了知识产权的权利内容

(1) 专利方面，特别强调进口权以及方法专利的保护范围，且延及由该方法直接获得的产品；在外观设计方面也规定了进口权。弱化了巴黎公约中强制许可在事实上所造成的未经许可的使用，并增加了10多项限制条件，实际上强化了专利权。

(2) 计算机软件及电影作品著作权，特别强调了租赁权。

(3) 与集成电路知识产权公约相比，协议对集成电路布图设计的保护扩大到含有集成电路成品的产品。

3. 完善了知识产权的实施保障

TRIPS既是知识产权实体法，又是一部程序法。它不仅规定了主体的权利义务关系，而且还规定了实现其权利和义务的行政、民事、刑事以及边境和临时程序。实体法的内容主要体现在TRIPS的第二部分，程序法的内容主要体现在TRIPS的第四部分，这一部分详尽地规定了有关知识产权执行措施和对知识产权的取得和维持的有关程序。这些规定几乎涉及行政和司法诉讼、赔偿、补救措施等方面的所有问题。值得一提的是TRIPS规定的有关海关的边境措施，各成员知识产权所有人掌握了确切证据后，对侵犯知识产权的产品不管是进口或出口，都可申请海关予以扣押。但申请人在此情况下应提供相应的保全措施，以便保护被告，防止权利人滥用权利。这样的规定在以前的知识产权条约中是从来没有过的。

4. 建立了一套较为完整有效的争端解决机制

TRIPS 第六十四条规定，除非有特别规定，1994 年 GATT 就解释及适用关贸总协定第二十二条和第二十三条，以及依照这两条所设立的关于纠纷解决规则和程序的谅解备忘录，适用于知识产权问题的协商和争端解决。如某一成员对影响本协定的执行的任何事项向另一成员提出要求时，该成员应以同情的考虑，并给予适当的机会进行协商。但如果有关成员在合理期间内尚不能采取满意的解决办法时，该问题可提交全体成员处理：或提出适当建议，或酌情对此做出裁决；情况严重的可通过全体成员一致行动，对不实施或不完全实施 TRIPS 的国家，可进行集体抵制和交叉报复。一般来讲，违反协议的一方为维护其在世贸组织中的地位以及避免贸易制裁所造成的损失，通常会认真执行裁决。TRIPS 将世贸组织解决争端的机制引进来，将知识产权问题与国际贸易挂钩，以贸易制裁作为知识产权保护的后盾，这无疑是促进各成员履行义务最有效、最强有力的手段。

5. 取消了保留条款

TRIPS 第七十二条规定：未经其他成员同意，对本协议的任何条款均不得提出保留。因此对协议不存在就某一条款提出保留问题。而且由于协议和 GATT 乌拉圭回合的其他 14 个议题的谈判采取一揽子接受的原则，不接受该协议也就意味着被排斥在多边贸易体制之外。因此，取消保留条款可以保证 TRIPS 对知识产权的高标准保护得以被广泛接受。

二、我国知识产权保护的现状

我国自改革开放以来，逐步建立了知识产权法律制度。目前我国参加的知识产权保护国际条公约和国际协定共 17 项，为保护知识产权制定和实施的国内立法多达 29 项。

资料卡 11.3

我国加入的知识产权保护的国际公约与国际协定①

	国际公约或协定名称	生效日期
1	《世界知识产权组织公约》	1980 年 6 月 3 日
2	《保护工业产权巴黎公约》	1985 年 3 月 19 日
3	《国际商标注册马德里协定》	1989 年 10 月 4 日
4	《关于集成电路的知识产权条约》	1990 年 5 月 1 日
5	《保护文学和艺术作品伯尔尼公约》	1992 年 10 月 15 日
6	《世界版权公约》	1992 年 10 月 30 日

① 资料来源：田东文. 国际商法［M］. 2 版. 北京：机械工业出版社，2014：269.

	国际公约或协定名称	生效日期
7	《保护录音制品制作者防止未经许可复制其录音制品公约》	1993 年 4 月 30 日
8	《专利合作条约》	1994 年 1 月 1 日
9	《商标注册用商品和服务国际分类尼斯协定》	1994 年 8 月 9 日
10	《国际承认用于专利程序微生物保存布达佩斯条约》	1995 年 7 月 1 日
11	《商标国际注册马德里协定有关议定书》	2000 年 8 月 4 日
12	《建立工业品外观设计国际分类洛迦诺协定》	1996 年 9 月 19 日
13	《国际专利分类斯特拉斯堡协定》	1997 年 6 月 19 日
14	《国际植物新品种保护公约》	1999 年 4 月 23 日
15	世界贸易组织协定中《与贸易有关的知识产权协议》	2001 年 12 月 11 日
16	《世界知识产权组织版权条约》	2007 年 6 月 9 日
17	《世界知识产权组织表演和录音制品条约》	2007 年 6 月 9 日

第三节　专利法

一、专利法概述

（一）专利与专利权

“专利”一词来自拉丁文 litterae patents，含有公开之意，原指盖有国玺印鉴不必拆封即可打开阅读的一种文件。现在，“专利”一词一般理解为专利证书，或理解为专利权。

专利权，是指国家依法授予发明人、设计人或其所属单位对其发明创造在法律规定的期限内享有的专有权或独占权。专利期限届满后，专利权即行消灭，任何人皆可无偿地使用该项发明或设计。专利权仅仅在授予专利的国家或地区范围内有效，只能在该国或地区法律管辖范围内受到法律强制力保护，超出该国或地区地域范围则失去效力。

（二）专利法

1. 专利法的起源

专利法，是指调整在确认发明人（或其权利继受人）对其发明享有专有权，规定专利权人的权利和义务的法律规范的总称。

在西方国家，一般认为英国 1624 年制订的《垄断法规》是现代专利法的开始，此法对以后各国的专利法影响很大，德国法学家 J. 柯勒曾称之为“发明人权利的大宪章”。从 18 世纪末到 19 世纪末，美国（1790）、法国（1791）、西班牙（1820）、德国（1877）、日本（1826）等西方工业国家陆续制定了专利法。到了 20 世纪，特别是第二次世界大战结束以后，工业发达国家对专利法陆续进行了修订，许多发展中国家也都制订了专利法。到了 20 世纪 80 年代初期，约有 150 个国家和地区建立了专利制度。

2. 我国专利法的制定

1984 年 3 月 12 日第六届全国人民代表大会常务委员会第四次会议通过了《中华人民共和国专利法》(简称《专利法》)，1992 年 9 月 4 日、2000 年 8 月 25 日和 2008 年 12 月 27 日，全国人大常务委员会对《专利法》进行了三次修改。2010 年 1 月 9 日国务院对《中华人民共和国专利法实施细则》也进行了第二次修订。

我国颁布《专利法》是为了保护专利权人的合法权益，鼓励发明创造，推动发明创造的应用，提高创新能力，促进科学技术进步和经济社会发展。

二、专利权的主体及权利归属

专利权的主体即专利权人，是指依法享有专利权并承担相应义务的人。根据《专利法》的规定，专利权主体的确定及权利归属包括以下几种情形：

（一）职务发明

职务发明创造，是指执行本单位的任务或者主要是利用本单位的物质技术条件所完成的发明创造。职务发明创造申请专利的权利属于该单位；申请被批准后，该单位为专利权人。这里的本单位包括临时工作单位。

职务发明创造分为两类：

1. 执行本单位任务所完成的发明创造

执行本单位任务所完成的发明创造包括三种情况：①在本职工作中做出的发明创造；②履行本单位交付的本职工作之外的任务所做出的发明创造；③退职、退休或者调动工作后 1 年内做出的，与其在原单位承担的本职工作或者原单位分配的任务有关的发明创造。

2. 主要利用本单位的物质技术条件所完成的发明创造

根据《中华人民共和国专利法实施细则》的规定，“本单位的物质技术条件”是指本单位的资金、设备、零部件、原材料或者不对外公开的技术资料等。如何确认“主要利用”，一般认为，在发明创造过程中全部或者大部分利用了单位的物质技术条件，这种利用对发明创造的完成起着必不可少的决定性作用，就可以认定为主要利用本单位物质技术条件。如果仅仅是少量利用了本单位的物质技术条件，且这种物质条件的利用，对发明创造的完成无关紧要，则不能因此认定是职务发明创造。值得一提的是，对于这类职务发明，如果单位与发明人或者设计人订有合同，对申请专利的权利和专利权的归属做出约定的，从其约定。

温故知新

李某是甲公司的研究人员，承担了一种冷藏机的研制任务，在研制成功前辞职开办乙公司。辞职近一年时，李某研制成功了该冷藏机，并以乙公司的名义申请并获得了专利。丙公司在李某研制成功之前已经研制出该冷藏机技术并开始生产产品。下列哪一选项是正确的？(　　)

A. 该专利权应归甲公司享有，李某享有在专利文件中署名的权利

B. 该专利权应归甲公司享有，乙公司享有免费使用权

C. 该专利权应归乙公司享有，甲公司享有免费使用权

D. 在该专利授权后，丙公司应停止生产该冷藏机

【参考答案】A

（二）非职务发明

非职务发明创造，申请专利的权利属于发明人或者设计人；申请被批准后，该发明人或者设计人为专利权人。

发明人或设计人，是指对发明创造的实质性特点做出了创造性贡献的人。在完成发明创造过程中，只负责组织工作的人、为物质技术条件的利用提供方便的人或者从事其他辅助性工作的人，例如试验员、描图员、机械加工人员等，均不是发明人或设计人。因此，发明人或设计人只能是自然人，而不可能是任何形式的组织。

需要注意的是，发明创造活动是一种事实行为，不受民事行为能力的限制，因此，无论从事发明创造的人是否具备完全民事行为能力，只要他完成了发明创造，就应认定为发明人或设计人。也就是说，发明人或设计人对专利申请权的享有，不因其年龄、性别、职业、文化程度等因素而受到限制。

（三）共同发明

共同发明创造，是指两个以上单位或者个人合作完成的发明创造、一个单位或者个人接受其他单位或者个人委托所完成的发明创造。共同发明创造除另有协议的以外，申请专利的权利属于完成或者共同完成的单位或者个人；申请被批准后，申请的单位或者个人为专利权人。

（四）委托发明

委托发明，是指一个单位或者个人接受其他单位或者个人委托所完成的发明创造。委托发明的权利归属，专利法和合同法采取了合同优先的原则，如果合同约定不明或合同未对权利归属予以约定时，法律做了对接受委托的一方更为有利的规定，即权利归完成发明创造的一方，但委托人可以免费实施专利。

（五）外国人

外国人包括具有外国国籍的自然人和法人。我国《专利法》参照国际惯例，将外国人在我国申请专利分为两种情形进行规定。

1. 有经常居所或者营业所

在我国有经常居所或者营业所的外国人，享有与中国公民或单位同等的专利申请权和专利权，即适用国民待遇原则。

2. 没有经常居所或者营业所

在中国没有经常居所或者营业所的外国人、外国企业或者外国其他组织在中国申请专利的，依照其所属国同中国签订的协议或者共同参加的国际条约，或者依照互惠原则，可以申请专利，但应当委托依法设立的专利代理机构办理。

三、专利权的客体及授予条件

（一）发明

专利权的客体，也称为专利法保护的对象，是指依法应授予专利权的发明创造。根据我国《专利法》第二条的规定，专利法的客体包括发明、实用新型和外观设计三种。

1. 发明

发明，是指对产品、方法或者其改进所提出的新的技术方案。

发明具有以下特点：

（1）发明必须是一种技术方案。发明是发明人将自然规律在特定技术领域进行运用和结合的结果，而不是自然规律本身，因而科学发现不属于发明范畴。

（2）发明通常是自然科学领域的智力成果。文学、艺术和社会科学领域的成果不能构成专利法意义上的发明。

根据专利审查制度的规定，发明分为产品发明、方法发明两种类型。产品发明是关于新产品或新物质的发明。方法发明是指为解决某特定技术问题而采用的手段和步骤的发明。能够申请专利的方法通常包括制造方法和操作使用方法两大类，前者如产品制造工艺、加工方法等，后者如测试方法、产品使用方法等。

发明还可以分为原创发明、改进型发明。改进发明是对已有的产品发明或方法发明所做出的实质性革新的技术方案。例如，爱迪生发明了白炽灯，白炽灯是一种前所未有的新产品，可以申请产品发明；生产白炽灯的方法可以申请方法专利；给白炽灯填充惰性气体，其质量和寿命都有明显提高，这是在原来基础之上进行的改进，可以申请改进发明。

2. 实用新型

实用新型，是指对产品的形状、构造或者其结合所提出的适于实用的新的技术方案，也被称为“小发明”。需要注意的是，实用新型专利只保护产品，一切有关方法（包括产品的用途）以及未经人工制造的自然存在的物品不属于实用新型专利的保护客体。

3. 外观设计

外观设计，是指对产品的形状、图案或者其结合以及色彩与形状、图案的结合所做出的富有美感并适于工业应用的新设计。外观设计的载体必须是产品。通常，产品的色彩不能独立构成外观设计，除非产品色彩变化的本身已形成一种图案。

（二）授予专利权的条件

发明创造要取得专利权，必须满足实质条件和形式条件。实质条件是指申请专利的发明创造自身必须具备的属性要求，形式条件则是指申请专利的发明创造在申请文件和手续等程序方面的要求。这里所讲的授予专利权的条件，仅指授予专利权的实质条件。

1. 发明或者实用新型专利的授权条件

授予专利权的发明和实用新型，应当具备新颖性、创造性和实用性。

（1）新颖性。新颖性，是指该发明或者实用新型不属于现有技术；也没有任何单位或者个人就同样的发明或者实用新型在申请日以前向国务院专利行政部门提出过申请，并记载在申请日以后公布的专利申请文件或者公告的专利文件中。所谓现有技术，是指申请日以前在国内外为公众所知的技术。

根据《专利法》第二十四条的规定，申请专利的发明、实用新型和外观设计在申请日以前6个月内，有下列情形之一的，不丧失新颖性：①在中国政府主办或者承认的国际展览会上首次展出的；②在规定的学术会议或者技术会议上首次发表的；③他人未经申请人同意而泄露其内容的。

（2）创造性。创造性，是指与现有技术相比，该发明具有突出的实质性特点和显著的进步，该实用新型具有实质性特点和进步。发明的创造性比实用新型的创造性要求更高。创造性的判断以所属领域普通技术人员的知识和判断能力为准。

（3）实用性。实用性，是指该发明或者实用新型能够制造或者使用，并且能够产生积极效果。

2. 外观设计专利的授予条件

根据《专利法》第二十三条的规定，授予专利权的外观设计，应当不属于现有设计；也没有任何单位或者个人就同样的外观设计在申请日以前向国务院专利行政部门提出过申请，并记载在申请日以后公告的专利文件中。所谓现有设计，是指申请日以前在国内外为公众所知的设计。授予专利权的外观设计与现有设计或者现有设计特征的组合相比，应当具有明显区别。授予专利权的外观设计不得与他人在申请日以前已经取得的合法权利相冲突。

3. 不授予专利权的情形

根据《专利法》第二十五条的规定，下列各项，不授予专利：①科学发现；②智力活动的规则和方法；③疾病的诊断和治疗方法；④动物和植物品种，但是对动物和植物品种的生产方法，可以依照授予专利权；⑤用原子核变换方法获得的物质；⑥对平面印刷品的图案、色彩或者二者的结合做出的主要起标识作用的设计。

另外需要注意的是，违反法律、社会公德或妨害公共利益的发明创造也不授予专利。发明创造本身的目的与国家法律相违背的，不能被授予专利权。例如，用于赌博的设备、机器或工具；吸毒的器具等不能被授予专利权。发明创造本身的目的并没有违反国家法律，但是由于被滥用而违反国家法律的，则不属此列。

四、专利申请与审批程序

（一）专利的申请

1. 专利申请的原则

（1）单一性原则。所谓单一性原则，是指一件专利申请只能限于一项发明创造。但是属于一个总的发明构思的两项以上的发明或者实用新型，可以作为一件申请提出；用于同一类别并且成套出售或者使用的两项以上的产品外观设计，可以作为一件申请提出。

（2）先申请原则。所谓先申请原则，是指当两个以上的专利申请人分别就同一发明创造申请专利的，专利权授予最先申请的人。先申请原则目前在国际上被绝大多数国家所接受，仅有少数国家如美国、加拿大、菲律宾等采用先发明原则，即规定两个以上的申请人分别就同样的发明申请专利时，不论谁先提出专利申请，专利权授予最先完成发明的申请人，但是，先发明原则只适用于在其国内完成的发明。

一般以专利申请日作为确定提出专利申请的先后，也有的国家如法国是以专利申请时刻为标准确定专利申请的先后。根据《专利法》第二十八条的规定，如果专利申请文件是直接递交的，以国务院专利行政部门收到专利申请文件之日为申请日；如果是邮寄的，以寄出的邮戳日为申请日。

（3）优先权原则。优先权原则是《保护工业产权的巴黎公约》中规定的基本原则之一。我国是其成员，也应当遵循该公约的基本原则，因而将该原则在我国专利法中加以规定。

我国《专利法》第二十九条规定的优先权包括两类：一是外国优先权。所谓外国优先权是指申请人自发明或者实用新型在外国第一次提出专利申请之日起 12 个月内，或者自外观设计在外国第一次提出专利申请之日起 6 个月内，又在中国就相同主题提出专利申请的，依照该外国同中国签订的协议或者共同参加的国际条约，或者依照相互承认优先权的原则，经申请人要求，以其第一次在外国提出申请的日期为申请日。二是本国优先权。申请人自发明或者实用新型在中国第一次提出专利申请之日起 12 个月内，又向国务院专利行政部门就相同主题提出专利申请的，经申请人要求，以其第一次在我国申请专利的日期为申请日。值得一提的是，外观设计不存在享有本国优先权的问题。

申请人要求优先权的，应当在申请的时候提出书面声明，并且在 3 个月内提交第一次提出专利申请的文件副本；未提出书面声明或者逾期未提交专利申请文件副本的，视为未要求优先权。

2. 专利申请须提交的文件

（1）申请发明或实用新型专利权应提交的文件。具体包括以下文件：①请求书，请求书应当写明发明或者实用新型的名称，发明人或者设计人的姓名，申请人姓名或者名称、地址以及其他事项。②说明书及附图，说明书是技术性文件，是对发明内容的陈述，说明书应当对发明或实用新型做出清楚、完整的说明，以所属技术领域的技术人员能够实现为准，必要时，说明书应当附图，用来补充说明书中的文字部分。③权利要求书，权利要求书应当以说明书为依据，清楚、简要地表述请求保护的范围。④摘要，摘要应当简要说明发明或者实用新型的技术要点。如果是依赖遗传资源完成的发明创造，申请人应当在专利申请文件中说明该遗传资源的直接来源和原始来源；申请人无法说明其原始来源的，应当陈述理由。

（2）申请外观设计专利权应当提交的文件。具体包括：①请求书；②外观设计的图片或者照片，申请人提交的有关图片或者照片应当清楚地显示要求专利保护的产品的外观设计；③外观设计的简要说明，简要说明应当写明使用该外观设计的产品的设计要点、请求保护色彩、省略视图等情况。简要说明不得使用商业性宣传用语，也不能用来说明产品的性能。

（二）专利申请的审批与无效宣告

1. 发明专利的审批

（1）初步审查。初步审查即形式审查，即对专利申请是否符合专利法及其实施细则规定的形式要求以及明显的实质缺陷进行审查。

（2）早期公开。国务院专利行政部门对于初步审查合格的专利申请，自申请日起满 18 个月，有优先权的自优先权之日起，满 18 个月即进行公布，申请人可以请求早日公布专利申请。专利申请的公布就是把发明专利申请文件全文发表在《发明专利公报》上，允许公众自由阅读。

（3）实质审查。我国《专利法》规定，自申请日起 3 年内申请人可随时提出实质审查请求，申请人无正当理由逾期不请求实质审查，该申请被视为撤回。国务院专利行政部门认为对国计民生有重大作用的发明申请也可以自行决定进行实质审查。

（4）授权登记公告。发明专利申请经实质审查没有发现驳回理由的，由专利局做出授予发明专利权的决定，发给权利人发明专利证书，同时予以登记和公告。发明专利权自公告之日起生效。

2. 实用新型、外观设计专利的审批

我国《专利法》规定，对实用新型、外观设计专利申请只进行初步审查而不进行实质审查。国务院专利行政部门对实用新型、外观设计专利申请的初步审查与对发明专利申请的初步审查基本相同。

3. 专利复审与无效宣告

（1）专利复审程序。专利复审程序是专利审批过程中的一个法律补救程序，几乎所有实行专利制度的国家都设置此程序。专利复审程序实质上是一种监督程序，给予专利申请人以申诉的机会，也为专利审批机关提供一个更正错误的机会。

根据《专利法》第四十一条规定，国务院专利行政部门设立专利复审委员会。专利申请人对国务院专利行政部门驳回申请的决定不服的，可以自收到通知之日起 3 个月内，向专利复审委员会请求复审。专利复审委员会复审后，做出决定，并通知专利申请人。

专利复审委员会对复审请求进行审查，可能做出维持国务院专利行政部门的决定，驳回复审请求，或者撤销国务院专利行政部门的决定，批准复审请求。专利申请人对专利复审委员会做出的复审决定不服的，可以自收到通知之日起 3 个月内向人民法院起诉。

（2）专利权的无效宣告程序。专利权的无效宣告程序是各国专利法普遍规定的法律程序。这一程序的设置有利于纠正专利机关做出的不符合专利法的错误决定，维护公众的合法权益，保证专利法的正确执行。

我国《专利法》中规定，自国务院专利行政部门公告授予专利权之日起，任何单位或者个人认为该专利权的授予不符合专利法有关规定的，可以请求专利复审委员会宣告该专利权无效。专利复审委员会对宣告专利权无效的请求应当及时审查和做出决定，并通知请求人和专利权人。宣告专利权无效的决定，由国务院专利行政部门登记和公告。对专利复审委员会宣告专利权无效或者维持专利权的决定不服的，可以自收到通知之日起 3 个月内向人民法院起诉。人民法院应当通知无效宣告请求程序的对方当事人作为第三人参加诉讼。

宣告无效的专利权视为自始即不存在。宣告专利权无效的决定，对在宣告专利权无效前人民法院做出并已执行的专利侵权的判决、调解书，已经履行或者强制执行的专利侵权纠纷处理决定，以及已经履行的专利实施许可合同和专利权转让合同，不具有追溯力。但是因专利权人的恶意给他人造成的损失，应当给予赔偿。

五、专利的国际申请及审查程序

（一）国际申请

国际申请是指依据《专利合作条约》（Patent Cooperation Treaty，简称 PCT）提出的申请，又称 PCT 申请。我国于 1994 年 1 月 1 日加入了《专利合作条约》，截至 2005 年 3 月 1 日，已有 126 个国家加入了该条约。

1. 申请途径

我国申请人申请多个国家的专利有两种途径：一是传统的依据《巴黎公约》申请；

二是 PCT 申请，这种申请大大简化了专利申请的手续，减轻了申请人的负担。

2. PCT 申请程序

PCT 的申请程序为：①申请人按照条约的具体要求准备好申请案之后，呈交“国际申请案接收局”。②接收局接到申请案之后将其复制两份，一份送交“国际申请案检索局”，另一份送交“国际申请案登记局”[①]。③检索局对申请案进行检索，看它是否与任何现有技术相重复，然后将检索报告送交 WIPO 的国际局。该国际局将已登记的申请案与检索报告一道复制之后，分送申请人所指定的即其希望在那里取得专利权的国家。④最后由这些国家再依照自己国内法的规定，决定批准还是驳回申请案。

自申请日起 20 个月或优先权日起 30 个月内，国际申请在指定国或选定国进入国内阶段。各指定国或选定国到这时才依照国内法对其进行最终的审批。与巴黎公约规定的 12 个月的考虑时间相比，PCT 申请人多了 8 个月或 18 个月的考虑时间。在此期间，申请人可以借助国际检索报告和国际初步审查报告，正确地评估发明的技术价值和市场前景，决定申请是否进入国内阶段，由此可节省大量劳动和避免无谓开支。

六、专利权的内容、期限与终止

专利权的内容是指专利权人依法享有的权利和应履行的义务。

（一）专利权人的权利

专利权人的权利是指专利权人依法对其发明创造在法律规定期限内所享有的一切民事权利，包括财产权利和人身权利。

1. 独占权

所谓独占权，是指专利权人排他地利用其专利的权利，是专利权人最基本的权利。我国《专利法》第十一条规定，发明和实用新型专利权被授予后，除本法另有规定的以外，任何单位或者个人未经专利权人许可，都不得实施其专利，即不得为生产经营目的制造、使用、许诺销售、销售、进口其专利产品，或者使用其专利方法以及使用、许诺销售、销售、进口依照该专利方法直接获得的产品。

外观设计专利权被授予后，任何单位或者个人未经专利权人许可，都不得实施其专利，即不得为生产经营目的制造、许诺销售、销售、进口其外观设计专利产品。

2. 转让权

所谓转让权，是指专利权人享有依法将其专利权转让给他人的权利。专利权原则上可以自由转让，但中国单位或者个人向外国人、外国企业或者外国其他组织转让专利权的，应当依照有关法律、行政法规的规定办理手续。转让专利权的，当事人应当订立书面合同，并向国务院专利行政部门登记，由国务院专利行政部门予以公告。专利申请权或者专利权的转让自登记之日起生效。

3. 许可权

所谓许可权，是指专利权人依法享有的允许其他单位或个人实施其全部或部分专利的权利。任何单位或者个人实施他人专利的，应当与专利权人订立实施许可合同，向专利权人支付专利使用费。被许可人无权允许合同规定以外的任何单位或者个人实

① 条约规定的接受局为每个成员国的专利局；检索局为澳大利亚、美国、苏联、日本的专利局以及“欧洲专利局”；登记局为 WIPO 的国际局。

施该专利。

4. 专利标记权

所谓专利标记权，是指专利权人依法享有的在其专利产品或该产品的包装上标明专利标记和专利号的权利。标明专利标记是指标明“专利”或者“中国专利”的字样。专利号是国务院专利行政部门授予专利的号码，具有固定的内涵，代表了被授予的专利权，不能自行改动。

5. 放弃专利权的权利。

专利权人有权通过向国务院专利行政部门提出书面申请或以不交年费的方式放弃其权利。

（二）专利权人的义务

1. 缴纳专利年费的义务

我国《专利法》第四十三条规定，专利权人应当自被授予专利权的当年开始缴纳年费。未按规定交纳专利年费的，将导致专利权在其期限届满前提前终止。

2. 充分公开专利内容的义务

专利权人应当在专利申请文件中将授予专利权的发明创造内容，做出清楚、完整的说明，以使所属技术领域的技术人员能够实现。如果专利权人没有充分公开专利的内容，任何人都可以以此为由请求专利复审委员会宣告此专利权无效。

3. 履行国家有关机关颁发的计划许可的义务

专利权人有义务履行国家有关机关颁发的计划许可，允许指定的单位实施。

（二）专利的期限

《专利法》第四十二条规定，发明专利权的期限为 20 年，实用新型专利权和外观设计专利权的期限为 10 年，均自申请日起计算。

（三）专利的终止

根据我国《专利法》的规定，专利权因下列原因而终止：①专利权因法定的专利权有效期限届满而自然终止；②专利权因专利权人没有按照专利法规定缴纳专利年费而终止；③专利权因专利权人以书面声明放弃专利权而终止；④专利权因专利权人（自然人）死亡后无人继承而终止，或因专利权人（企业）消灭后无继受单位而终止；⑤专利权因被专利复审委员会宣告无效而终止。专利权终止后，由专利局登记并公告。

六、专利权的限制及保护

我国专利法一方面赋予和保护专利权人享有广泛的权利；另一方面，为了维护国家和社会公共利益，防止专利权人滥用专利权，也对专利权人的权利作了若干限制性规定。

（一）专利权的限制

1. 不视为侵犯专利权的行为

根据我国《专利法》第六十九条规定，有下列情形之一的，不视为侵犯专利权：①专利产品合法售出后的使用、许诺销售或销售。专利产品或者依照专利方法直接获得的产品，由专利权人或者经其许可的单位、个人售出后，使用、许诺销售、销售、进口该产品的。②先用权人的使用。在专利申请日前已经制造相同产品、使用相同方法或者已经作好制造、使用的必要准备，并且仅在原有范围内继续制造、使用的。

③临时通过的外国运输工具运行中的使用。临时通过中国领陆、领水、领空的外国运输工具，依照其所属国同中国签订的协议或者共同参加的国际条约，或者依照互惠原则，为运输工具自身需要而在其装置和设备中使用有关专利的。④专为科学研究和实验而使用有关专利的。⑤为提供行政审批所需要的信息，制造、使用、进口专利药品或者专利医疗器械的，以及专门为其制造、进口专利药品或者专利医疗器械的。

2. 强制许可对专利权的限制

所谓强制许可，是指国家主管机关不经专利权人同意，通过行政程序允许第三者利用专利发明，并向其颁发利用发明的强制许可证。为了维护社会公共利益，使授予专利权的发明创造尽早得到实施，许多国家专利法都做了强制许可的规定，以限制专利权人滥用专利权。我国《专利法》设专章对专利实施的强制许可做了明确规定，具体包括：

（1）依申请给予的强制许可。根据《专利法》第四十八条的规定，国务院专利行政部门根据具备实施条件的单位或者个人的申请，可以给予实施发明专利或者实用新型专利的强制许可：①专利权人自专利权被授予之日起满 3 年，且自提出专利申请之日起满 4 年，无正当理由未实施或者未充分实施其专利的。②专利权人行使专利权的行为被依法认定为垄断行为，为消除或者减少该行为对竞争产生的不利影响的。

（2）根据国家利益或公共利益颁发的强制许可。根据我国《专利法》第四十九条的规定，在国家出现紧急状态或者非常情况时，或者为了公共利益的目的，国务院专利行政部门可以给予实施发明专利或者实用新型专利的强制许可。

《专利法》第五十条规定：为了公共健康目的，对取得专利权的药品，国务院专利行政部门可以给予制造并将其出口到符合中华人民共和国参加的有关国际条约规定的国家或者地区的强制许可。

（3）从属专利的强制许可。它是指国务院专利行政部门根据专利之间相互依存的关系而颁发的强制许可证。《专利法》第五十一条规定，一项取得专利权的发明或者实用新型比前已经取得专利权的发明或者实用新型具有显著经济意义的重大技术进步，其实施又有赖于前一发明或者实用新型的实施的，国务院专利行政部门根据后一专利权人的申请，可以给予实施前一发明或者实用新型的强制许可。在依照上述规定给予实施强制许可的情形下，国务院专利行政部门根据前一专利权人的申请，也可以给予实施后一发明或者实用新型的强制许可。

国务院专利行政部门做出的给予实施强制许可的决定，应当及时通知专利权人，并予以登记和公告。给予实施强制许可的决定，应当根据强制许可的理由规定实施的范围和时间。强制许可的理由消除并不再发生时，国务院专利行政部门应当根据专利权人的请求，经审查后做出终止实施强制许可的决定。

强制许可实施专利不是无偿的，任何取得实施强制许可的单位或者个人应当付给专利权人合理的使用费，或者依照我国参加的有关国际条约的规定处理使用费问题。付给使用费的，其数额由双方协商；双方不能达成协议的，由国务院专利行政部门裁决。

专利权人对国务院专利行政部门关于实施强制许可的决定不服的，专利权人和取得实施强制许可的单位或者个人对国务院专利行政部门关于实施强制许可的使用费的裁决不服的，可以自收到通知之日起 3 个月内向人民法院起诉。期满不起诉或起诉后，人民法院的判决仍然维持专利局的决定或裁决的，专利权人就必须履行专利局的决定和裁决。

（二）专利权的保护

我国专利法采用行政和司法手段保护专利权人依法享有的权利。

1. 专利权的保护范围

确定专利权保护范围对专利权人和其他人具有重要意义，只有界定清楚专利保护范围才能正确处理专利侵权纠纷。我国《专利法》第五十九条规定，发明或者实用新型专利权的保护范围以其权利要求的内容为准，说明书及附图可以用于解释权利要求的内容；外观设计专利权的保护范围以表示在图片或者照片中的该产品的外观设计为准，简要说明可以用于解释图片或者照片所表示的该产品的外观设计。

2. 专利侵权行为的表现形式

未经专利权人许可，实施其专利的行为，就是侵犯专利权的行为。它主要表现在以下两个方面：

（1）未经专利权人许可实施其专利的行为。具体包括：①为生产经营目的制造、使用、许诺销售、销售或者进口其专利产品；②使用专利方法及使用、许诺销售、销售、进口依照该专利方法直接获得的产品；③为生产经营目的制造、销售、进口外观设计专利产品。

（2）假冒专利行为。《中华人民共和国专利法实施细则》第八十四条规定，下列行为属于假冒专利的行为：①在未被授予专利权的产品或者其包装上标注专利标识，专利权被宣告无效后或者终止后继续在产品或者其包装上标注专利标识，或者未经许可在产品或者产品包装上标注他人的专利号；②销售第①项所述产品；③在产品说明书等材料中将未被授予专利权的技术或者设计称为专利技术或者专利设计，将专利申请称为专利，或者未经许可使用他人的专利号，使公众将所涉及的技术或者设计误认为是专利技术或者专利设计；④伪造或者变造专利证书、专利文件或者专利申请文件；⑤其他使公众混淆，将未被授予专利权的技术或者设计误认为是专利技术或者专利设计的行为。

专利权终止前依法在专利产品、依照专利方法直接获得的产品或者其包装上标注专利标识，在专利权终止后许诺销售、销售该产品的，不属于假冒专利行为。销售不知道是假冒专利的产品，并且能够证明该产品合法来源的，由管理专利工作的部门责令停止销售，但免除罚款的处罚。

2. 专利权的法律保护

根据《专利法》第六十条规定，未经专利权人许可，实施其专利，即侵犯其专利权，引起纠纷的，由当事人协商解决；不愿协商或者协商不成的，专利权人或者利害关系人可以向人民法院起诉，也可以请求管理专利工作的部门处理。管理专利工作的部门处理时，认定侵权行为成立的，可以责令侵权人立即停止侵权行为，当事人不服的，可以自收到处理通知之日起 15 日内依照《中华人民共和国行政诉讼法》向人民法院起诉；侵权人期满不起诉又不停止侵权行为的，管理专利工作的部门可以申请人民法院强制执行。进行处理的管理专利工作的部门应当事人的请求，可以就侵犯专利权的赔偿数额进行调解；调解不成的，当事人可以依照《中华人民共和国民事诉讼法》向人民法院起诉。

案例 11.1

世博会丹麦馆是否侵犯了王某的发明专利权①?

案情：2010 年 10 月，正当上海世博盛会期间，以人鱼雕像著称的丹麦馆却遭遇了一场侵权诉讼。2006 年 4 月 5 日，北京男子王某取得了中华人民共和国国家知识产权局授予的名称为“高架立体建筑物”的发明专利权。王某认为世博会丹麦馆建筑物落入了他专利权利保护范围，因此将丹麦馆和承建丹麦馆的中建八局一并告上法庭，要求丹麦馆停止侵犯自己的“高架立体建筑物”发明专利权，赔礼道歉，并在丹麦馆建筑物上标明王某的姓名和专利标识，丹麦馆和中建八局连带赔偿经济损失人民币 75 万元。

2011 年 3 月，上海一中院审理后认为，丹麦馆建筑物采用的是框架结构，其整个建筑物就是一钢结构的框架，并无可以单独存在的空间支架一说，房屋单元布置在整个框架之内并不延及框架的四周，房屋单元与框架构成包含关系。法院认为，丹麦馆建筑物的技术特征与王某专利权利要求中记载的技术特征“每组高架立体建筑物由空间支架和支承在空间支架上的房屋单元构成”以及“空间支架四周空间及表面设置有若干房屋单元”既不相同，也不等同。遂判决驳回原告的诉讼请求。

第四节 商标法

一、商标法概述

（一）商标

1. 商标的概念

商标即品牌，是指能够将自然人、法人或者其他组织的商品或者服务与他人的商品或者服务相区别的标志。

2. 商标的种类

（1）按商标的使用对象划分。商标包括商品商标、服务商标、集体商标和证明商标。商品商标顾名思义就是生产者或经营者使用于商品上的商标。服务商标就是服务的提供者为标示自己提供的服务所使用的商标；集体商标是指以团体、协会或者其他组织名义注册，供该组织成员在商事活动中使用，以表明使用者在该组织中的成员资格的标志。证明商标，是指由对某种商品或者服务具有监督能力的组织所控制，而由该组织以外的单位或者个人使用于其商品或者服务，用以证明该商品或者服务的原产地、原料、制造方法、质量或者其他特定品质的标志。

（2）按商标的构成划分。商标包括文字商标、图形商标、字母商标、数字商标、三维商标、颜色组合商标以及前述元素的组合商标。

（二）商标法

商标法是确认商标专用权，规定商标注册、使用、转让、保护和管理的法律规范

① 资料来源：http://mohrss.chinalawinfo.com/Case/displaycontent.

的总称。

1982年8月23日，第五届全国人大常委会第24次会议通过《中华人民共和国商标法》（以下简称《商标法》）。1993年2月22日、2001年10月27日、2013年8月30日全国人大常务委员会对《商标法》分别进行了三次修正，修正后的《商标法》自2014年5月1日起施行。

二、商标注册

商标注册，是指商标使用人为了取得商标使用权，依照法定程序向国家商标管理机关提出申请，经过审核予以注册，授予商标专用权的行为。商标注册人有权标明“注册商标”或者注册标记。

（一）我国商标注册的原则

1. 自愿注册为主、强制注册为辅的原则

我国商标法实行自愿注册的原则。商标无论是否注册均可使用，仅仅是注册商标和未注册商标的法律地位不同，注册商标受法律保护，未注册商标不受法律保护。但需要注意的是，我国实行商标自愿注册原则的同时，法律、行政法规又规定某些商品所使用的商标必须注册，未经核准注册的不得在市场上销售，如人用药品和烟草制品。

2. 申请在先为主、使用在先为辅的原则

申请在先的原则，是指两个或两个以上的商标注册申请人在同一种商品、服务或者类似商品、服务上，以相同或近似的商标申请注册，注册申请在先的商标。商标局在审核时以申请日期确定提出申请的先后。商标注册的申请日期，以商标局收到申请文件的日期为准。

两个或者两个以上的申请人，在同一种商品、服务或者类似商品、服务上，分别以相同或者近似的商标在同一天申请注册的，注册使用在先的商标，各申请人应当自收到商标局通知之日起30日内提交其申请注册前在先使用该商标的证据。同日使用或者均未使用的，各申请人可以自收到商标局通知之日起30日内自行协商，并将书面协议报送商标局；不愿协商或者协商不成的，商标局通知各申请人以抽签的方式确定一个申请人，驳回其他人的注册申请。

3. 优先权原则

根据《商标法》规定，享有优先权分为两种情形：

（1）国际优先权。商标注册申请人自商标在外国第一次提出商标注册申请之日起6个月内，又在中国就相同商品以同一商标提出商标注册申请的，依照该外国同中国签订的协议或者共同参加的国际条约，或者按照相互承认优先权的原则，可以享有优先权。商标注册申请人要求优先权的，应当在提出商标注册申请时提出书面声明，并且在3个月内提交第一次提出商标注册申请文件的副本，该副本应当经受理该申请的商标主管机关证明，并注明申请日期和申请号。未提出书面声明或者逾期未提交商标注册申请文件副本的，视为未要求优先权。

（2）展览优先权。商标在中国政府主办或者承认的国际展览会（在中国境内举办的除外）展出的商品上首次使用的，自该商品展出之日起6个月内，该商标的注册申请人可以享有优先权。商标注册申请人要求优先权的，应当在提出商标注册申请时提出书面声明，并且在3个月内提交展出其商品的展览会名称、在展出商品上使用该商标的证据、展出日期等证明文件，并应当经国务院工商行政管理部门规定的机构认证；未提出书面声明或者逾期未提交证明文件的，视为未要求优先权。

4. 分类申报原则

商标注册申请人应当按规定的商品分类表填报使用商标的商品类别和商品名称，提出注册申请。商标注册申请人可以通过一份申请就多个类别的商品申请注册同一商标。商标注册申请等有关文件，可以以书面形式或者数据电文形式提出。

值得注意的是，除了以上原则，《商标法》还强调商标申请应当遵循诚实信用原则。

（二）商标注册申请人

《商标法》第四条规定，自然人、法人或者其他组织在生产经营活动中，对其商品或者服务需要取得商标专用权的，应当向商标局申请商标注册。

可见，自然人、法人或者其他组织均可作为商标注册申请人。外国人或者外国企业也可在中国申请商标注册，但应当按其所属国和中华人民共和国签订的协议或者共同参加的国际条约办理，或者按对等原则办理。

（三）商标注册的条件

商标注册的条件分为积极条件和消极条件。

1. 积极条件

根据《商标法》的规定，商标获准注册应当具备两个积极条件：

（1）商标的构成须符合法定的构成要素，即商标应由文字、图形、字母、数字、三维标志、颜色组合和声音，以及上述要素的组合构成。

另外，《商标法》第十二条规定："以三维标志申请注册商标的，仅由商品自身的性质产生的形状、为获得技术效果而需有的商品形状或者使商品具有实质性价值的形状，不得注册。"《商标法》第十三条规定："就相同或者类似商品申请注册的商标是复制、摹仿或者翻译他人未在中国注册的驰名商标，容易导致混淆的，不予注册并禁止使用；就不相同或者不相类似商品申请注册的商标是复制、摹仿或者翻译他人已经在中国注册的驰名商标，误导公众，致使该驰名商标注册人的利益可能受到损害的，不予注册并禁止使用。"

（2）商标具有显著特征，包括固有的显著特征和后来获得的显著特征，能够将自然人、法人或者其他组织的商品（服务）与他人的商品（服务）区别开的标志。

2. 消极条件

（1）绝对禁止条件。这是法定的禁止条件，用绝对禁止的标记构成的商标既不可能获准注册，也不能作为未注册商标使用。根据《商标法》第十条规定，下列标志不得作为商标使用：①同中华人民共和国的国家名称、国旗、国徽、国歌、军旗、军徽、军歌、勋章等相同或者近似的，以及同中央国家机关的名称、标志、所在地特定地点的名称或者标志性建筑物的名称、图形相同的；②同外国的国家名称、国旗、国徽、军旗等相同或者近似的，但经该国政府同意的除外；③同政府间国际组织的名称、旗帜、徽记等相同或者近似的，但经该组织同意或者不易误导公众的除外；④与表明实施控制、予以保证的官方标志、检验印记相同或者近似的，但经授权的除外；⑤同"红十字""红新月"的名称、标志相同或者近似的；⑥带有民族歧视性的；⑦带有欺骗性，容易使公众对商品的质量等特点或者产地产生误认的；⑧有害于社会主义道德风尚或者有其他不良影响的。

此外，县级以上行政区划的地名或者公众知晓的外国地名，不得作为商标。但是，地名具有其他含义或者作为集体商标、证明商标组成部分的除外；已经注册的使用地名的商标继续有效。

案例 11.2

月饼包装盒上使用奥运标志是否侵权①？

案情：某年 9 月，某食品公司将一批月饼转售给某销售商销售，但因包装盒上的图案侵犯了奥林匹克标志专有权：包装上使用了奥运“祥云”图案和“五环”标志，但未经第 29 届奥委会和国际奥委会许可，被工商行政部门查处，没收违法所得并处罚款，同时扣留未销售的货物，共计损失 35 万元。销售商缴纳上述罚款后，与食品公司、包装装潢公司和包装制品公司协商，要求三方赔偿其相关损失。因协商未果，销售商遂将三家公司告上法庭。

庭审中，包装装潢公司辩称，自己接受某食品公司委托向包装制品公司定做包装盒，约定包装盒由包装制品公司设计、加工、生产完成后直接将货发给食品公司。故侵权的月饼包装盒图案是包装制品公司设计和加工的，由此造成的损失理应由图案的设计和制作者最终承担。食品公司同样认为月饼包装盒是包装制品公司生产，侵权责任应当由包装制品公司承担。包装制品公司未做答辩。

法院认为，作为销售方，应当对食品公司的月饼及包装盒尽到检验义务，以避免出现问题。然而，销售方未能尽到检验义务且在收到工商部门的行政处罚决定书后，也未能穷尽法律手段提出行政复议或行政诉讼进行救济以尽量避免损失的发生，因此，销售方应对行政处罚后果承担一半责任。包装制品公司理应尽到审慎注意的义务，确保加工的产品不存在瑕疵，包装制品公司承担一定的责任。包装装潢公司和食品公司作为委托方，应当对包装制品公司加工的产品尽到检验、审查义务，确保其加工的产品不存在瑕疵，包装装潢公司和食品公司承担相应的责任。故上海市松江区人民法院判决原告销售商承担 50%的责任，被告包装制品公司、包装装潢公司和食品公司分别承担 30%、20%、20%的责任。

（2）相对禁止条件。这是指用相对禁止的标记构成的商标，若通过使用获得了显著特征并便于识别，或者获得了他人的授权，则可能取得注册。根据《商标法》第十一条规定，下列标志不得作为商标注册：①仅有本商品的通用名称、图形、型号的；②仅直接表示商品的质量、主要原料、功能、用途、重量、数量及其他特点的；③其他缺乏显著特征的。

《商标法》第十六条规定：“商标中有商品的地理标志，而该商品并非来源于该标志所标示的地区，误导公众的，不予注册并禁止使用；但是，已经善意取得注册的继续有效。”所谓地理标志，是指标示某商品来源于某地区，该商品的特定质量、信誉或者其他特征，主要由该地区的自然因素或者人文因素所决定的标志。地理标志可以作为证明商标或者集体商标申请注册，取得商标专用权。

---

① 资料来源：中国法院网 https://www.chinacourt.org/article/detail/2010/05/id/409814.shtml.

温故知新

下列选项中，可以作为商标注册的是（　　）。

A.“补血”牌营养液　　B.“耐穿”牌皮鞋

C.“蝴蝶”牌缝纫机　　D.“精粉”牌馒头

【参考答案】C

（四）商标注册的审核

在我国，商标注册申请的审查一般要经过形式审查与受理，实质审查，初步审定公告、异议，核准，复审阶段。

1. 形式审查与受理

国家商标局首先对送交的商标注册申请进行形式审查，审查内容主要包括：申请人是否具备申请资格、申请文件是否齐全、手续是否完备、填写是否符合要求等，经审查合格的，登记申请日期，编定申请号，正式受理申请。

2. 实质审查

实质审查是指商标局就商标的合法性进行的审查，审查申请注册的商标是否符合商标获准注册的条件。

3. 初步审定公告、异议

对申请注册的商标，商标局应当自收到商标注册申请文件之日起九个月内审查完毕，符合本法有关规定的，予以初步审定公告。

在审查过程中，商标局认为商标注册申请内容需要说明或者修正的，可以要求申请人做出说明或者修正。申请人未做出说明或者修正的，不影响商标局做出审查决定。

对初步审定、予以公告的商标，自公告之日起 3 个月内，在先权利人或者利害关系人可就初步审定提出异议，商标局应当听取异议人和被异议人陈述事实和理由，经调查核实后，自公告期满之日起十二个月内做出是否准予注册的决定，并书面通知异议人和被异议人。有特殊情况需要延长的，经国务院工商行政管理部门批准，可以延长六个月。

商标局做出准予注册决定的，发给商标注册证，并予公告。异议人不服的，可以依照规定向商标评审委员会请求宣告该注册商标无效。

4. 核准

对初步审定的商标，如在审定公告之日起 3 个月内无人提出异议，或者虽有异议但经裁定异议不能成立的，商标局即正式予以核准注册，发给商标注册证。

5. 复审

复审是指商标评审委员会对于再次申请进行复审审议的程序。我国《商标法》规定，在下列两种情况下可以请求复审：

（1）对“驳回、不予公告的商标”的复审。我国《商标法》规定，对驳回申请、不予公告的商标，申请人不服的，可以在收到通知 15 日内申请复审。商标评审委员会应当自收到申请之日起九个月内做出决定，并书面通知申请人。有特殊情况需要延长的，经国务院工商行政管理部门批准，可以延长三个月。当事人对商标评审委员会的决定不服的，可以自收到通知之日起三十日内向人民法院起诉。

（2）对“不予注册的决定”的复审。商标局做出不予注册决定，被异议人不服的，可以自收到通知之日起十五日内向商标评审委员会申请复审。商标评审委员会应当自收到申请之日起十二个月内做出复审决定，并书面通知异议人和被异议人。有特殊情况需要延长的，经国务院工商行政管理部门批准，可以延长六个月。被异议人对商标评审委员会的决定不服的，可以自收到通知之日起三十日内向人民法院起诉。人民法院应当通知异议人作为第三人参加诉讼。

（五）商标的国外注册

商标权具有地域性，若要在本国享有商标权的商标在其他国家获得法律保护，就需要在其他国家注册。在其他国家注册有以下两条途径：

1. 在马德里协定成员国申请商标国际注册

商标的国际注册，指依据《商标国际注册马德里协定》而申请的注册。商标权具有地域性，若要在本国享有商标权的商标在其他国家获得法律保护，就需要在其他国家注册。

（1）商标申请国际注册的条件：①申请人系成员国国民或者在某一成员国内有住所或有真实有效的工商业营业场所；②申请国际注册的商标已经在本国获得了商标注。

（2）商标国际注册程序。①本国阶段。申请人或其代理人向本国商标注册主管机关提交国际注册申请书，并缴纳国际注册申请费等；本国商标注册主管机关对国际注册申请进行形式审查，经形式审查合格的，转呈世界知识产权组织国际局。②国际局阶段。国际局对申请案进行形式审查，审查申请是否符合协定及其议定书的要求，如果通过了形式审查，申请案就获得了国际注册。国际局将国际注册登记并公布，通知申请人所指定的请求保护的国家。③指定国阶段。指定国在收到国际局通知之日起1年内，根据本国法律的规定，可以声明对国际注册商标不予保护。指定国于1年内未做出拒绝保护声明的，国际注册才转变为指定国的国内注册。国际注册有效期为20年，期满可续展。

（3）国际注册效力及有效期。商标国际注册的生效日期从国际局注册生效的日期开始，那些未予驳回商标的生效日期，如同商标直接在那里获准注册一样。经国际注册的商标均享有巴黎公约所规定的优先权。国际注册的商标，有效期为20年。期满可以续展，续展期仍为20年。有效期届满前6个月，国际局应发送非正式通知，提醒商标权人注意届满日期。国际注册续展，可给予6个月的宽展期。

（4）国际注册与国内注册的关系。根据《商标国际注册马德里协定》的规定，商标自获准国际注册之日起5年内，如该商标在其所属国已全部或部分不再享受法律保护时，该商标国际注册所得到的法律保护，也全部或部分不再享有。但从获得国际注册之日起满5年以后，国际注册与商标所有人在其所

2. 逐一国家注册

在非马德里协定成员国申请商标注册，申请人可通过代理人、经销商或者其他方式逐一提出商标注册申请。

三、商标权的内容、期限与终止

（一）商标权的内容

商标权的内容是指商标权人依法享有的权利和应履行的义务。

1. 商标权人的权利

根据《商标法》的规定，商标权人的权利具体包括：①独占使用权。这一权利是商标权中最基本的权利，是指商标权人在核定的商品、服务上独占使用注册商标的权利。②禁止权。禁止权是指商标权人有权禁止他人未经许可不正当地使用其商标。③转让权。商标注册人既可通过合同方式有偿转让其注册商标，也可以继承、遗赠、赠与方式无偿转让注册商标。④许可使用权。许可使用权是指商标权人通过签订注册商标许可使用合同形式，许可他人有偿使用其注册商标的权利。⑤注册商标标记权。使用注册商标可以在商品、商品包装、说明书或者其他附着物上标明“注册商标”或者注册标记。使用注册标记，应当标注在商标的右上角或者右下角。

2. 商标权人的义务

根据《商标法》等相关法律的规定，商标权人的义务主要包括以下三个方面：①有固定和连续使用注册商标的义务，即不得自行改变注册商标的文字、图形或者其组合；不得自行改变注册商标的注册人名义、地址或者其他注册事项；不得自行转让注册商标；不得连续 3 年停止使用注册商标。②有保证使用注册商标的商品质量稳定的义务，即使用注册商标的商品不得粗制滥造、以次充好、欺骗消费者。③缴纳相关费用的义务，如授权注册费、续展注册费、转让注册费等。

（二）商标权的期限

商标权的期限是指注册商标具有法律效力的期限。我国《商标法》规定，注册商标的有效期为 10 年，自核准注册之日起计算。注册商标有效期满，需要继续使用的，应当在期满前 12 个月内提出续展申请；在此期间未能提出申请的，可以给予 6 个月的宽展期。宽展期满仍未提出申请的，注销其注册商标。每次续展注册的有效期为 10 年，自该商标上一届有效期满次日起计算。续展注册经核准后，予以公告。

（三）商标权的终止

商标权主要是因为注册商标被注销或撤销而终止。

1. 注册商标的注销

注册商标的注销主要包括：①过期注销。注册商标有效期届满，且在 6 个月宽展期内，商标权人未提出续展申请。②自动申请注销。商标权人自愿申请放弃其商标权，并向商标局办理了注销手续。③无人继承而注销。作为商标权人的自然人死亡，在一定期限内无人要求继承其注册商标。

2. 注册商标的撤销

商标注册人在使用注册商标的过程中，自行改变注册商标、注册人名义、地址或者其他注册事项的，由地方工商行政管理部门责令限期改正；期满不改正的，由商标局撤销其注册商标。

注册商标成为其核定使用的商品的通用名称或者没有正当理由连续三年不使用的，任何单位或者个人可以向商标局申请撤销该注册商标。商标局应当自收到申请之日起九个月内做出决定。有特殊情况需要延长的，经国务院工商行政管理部门批准，可以延长三个月。

值得注意的是，注册商标被撤销、被宣告无效或者期满不再续展的，自撤销、宣告无效或者注销之日起一年内，商标局对与该商标相同或者近似的商标注册申请，不予核准。

四、注册商标专用权的保护

注册商标的专用权，以核准注册的商标和核定使用的商品为限。

（一）侵犯注册商标专用权的行为

根据《商标法》的规定，有下列行为之一的，均属于侵犯注册商标专用权：①未经商标注册人的许可，在同一种商品上使用与其注册商标相同的商标的；②未经商标注册人的许可，在同一种商品上使用与其注册商标近似的商标，或者在类似商品上使用与其注册商标相同或者近似的商标，容易导致混淆的；③销售侵犯注册商标专用权的商品的；④伪造、擅自制造他人注册商标标识或者销售伪造、擅自制造的注册商标标识的；⑤未经商标注册人同意，更换其注册商标并将该更换商标的商品又投入市场的；⑥故意为侵犯他人商标专用权行为提供便利条件，帮助他人实施侵犯商标专用权行为的；⑦给他人的注册商标专用权造成其他损害的。

案例 11.3

“有友”诉“有发”商标侵权案①

原告：重庆有友实业有限公司

被告：重庆香传食品有限公司

案情：原告诉称“有友”文字商标使用权核定使用在死家禽、泡菜、腌制蔬菜、精制坚果仁等商品上。经过多年辛苦经营，其生产销售的“有友”牌泡凤爪、泡椒鸡翅、山椒豆干等系列产品积累了非常高的市场美誉度，并被评为重庆市著名商品、消费者信赖品牌等荣誉称号。2010 年以来，原告发现被告在全国 27 个城市和地区大量销售与“有友”商标非常近似的“有发”牌泡椒凤爪、泡椒凤翅、泡椒泉水花生、泡椒木耳、泡椒竹笋等产品。被告在相同商品上使用的“有发”商标与原告的“有友”商标字形非常近似，已经使销售商和消费者对商品的来源产生了误认，严重侵犯了原告的商标使用权，原告遂请求法院判令被告立即停止生产、销售涉嫌侵犯“有友”文字商标的侵权产品，销毁产品及包装袋，并赔偿原告经济损失及合理费用 50 余万元。

2011 年 2 月 24 日，重庆五中法院公开开庭审理此案，法院审理查明，原告从“有友”商标专用权人处获得“有友”商标许可使用权后，多年来从事“有友”泡凤爪、泡椒凤翅等产品的生产销售，具有较高市场知名度。被告将自己注册的“有发”商标超过其核定使用范围大量使用在泡凤爪、泡椒凤翅等产品上，在全国各地 20 多个城市大量销售。其“有发”商标与原告的“有友”商标字形相似，形状也近似，属于近似商标，故市五中法院依法认定被告侵权成立并做出下列判决：被告重庆香传食品有限公司立即停止侵权行为并赔偿原告经济损失及合理开支 50 万元。

（二）注册商标专用权的民事保护

商标注册人或者利害关系人对侵犯其注册商标专用权的行为可以向人民法院提起民事诉讼，请求追究侵权者的民事责任。

我国《商标法》第六十五条规定，商标注册人或者利害关系人有证据证明他人正在实施或者即将实施侵犯其注册商标专用权的行为，如不及时制止将会使其合法权益

---

① 资料来源：http://finance.ifeng.com/roll/20110228/3516832.shtml.

受到难以弥补的损害的，可以依法在起诉前向人民法院申请采取责令停止有关行为和财产保全的措施。我国《商标法》第六十六条规定，为制止侵权行为，在证据可能灭失或者以后难以取得的情况下，商标注册人或者利害关系人可以依法在起诉前向人民法院申请保全证据。

侵犯商标专用权的赔偿数额，按照权利人因被侵权所受到的实际损失确定；实际损失难以确定的，可以按照侵权人因侵权所获得的利益确定；权利人的损失或者侵权人获得的利益难以确定的，参照该商标许可使用费的倍数合理确定。对恶意侵犯商标专用权，情节严重的，可以在按照上述方法确定数额的一倍以上三倍以下确定赔偿数额。赔偿数额应当包括权利人为制止侵权行为所支付的合理开支。

人民法院为确定赔偿数额，在权利人已经尽力举证，而与侵权行为相关的账簿、资料主要由侵权人掌握的情况下，可以责令侵权人提供与侵权行为相关的账簿、资料；侵权人不提供或者提供虚假的账簿、资料的，人民法院可以参考权利人的主张和提供的证据判定赔偿数额。

权利人因被侵权所受到的实际损失、侵权人因侵权所获得的利益、注册商标许可使用费难以确定的，由人民法院根据侵权行为的情节判决给予三百万元以下的赔偿。

（三）注册商标专用权的行政保护

侵犯注册商标专用权的行为引起纠纷的，当事人可以协商解决；不愿协商或者协商不成的，商标注册人或者利害关系人可以向人民法院起诉，也可以请求工商行政管理部门处理，工商行政管理部门有权依法查处；涉嫌犯罪的，应当及时移送司法机关依法处理。工商行政管理部门处理时，认定侵权行为成立的，责令立即停止侵权行为，没收、销毁侵权商品和主要用于制造侵权商品、伪造注册商标标识的工具，违法经营额五万元以上的，可以处违法经营额五倍以下的罚款，没有违法经营额或者违法经营额不足五万元的，可以处二十五万元以下的罚款。对五年内实施两次以上商标侵权行为或者有其他严重情节的，应当从重处罚。销售不知道是侵犯注册商标专用权的商品，能证明该商品是自己合法取得并说明提供者的，由工商行政管理部门责令停止销售。

对侵犯商标专用权的赔偿数额的争议，当事人可以请求进行处理的工商行政管理部门调解，也可以依照《中华人民共和国民事诉讼法》向人民法院起诉。经工商行政管理部门调解，当事人未达成协议或者调解书生效后不履行的，当事人可以依照《中华人民共和国民事诉讼法》向人民法院起诉。

我国《商标法》第六十二条规定，县级以上工商行政管理部门根据已经取得的违法嫌疑证据或者举报，对涉嫌侵犯他人注册商标专用权的行为进行查处时，可以行使下列职权：①询问有关当事人，调查与侵犯他人注册商标专用权有关的情况；②查阅、复制当事人与侵权活动有关的合同、发票、账簿以及其他有关资料；③对当事人涉嫌从事侵犯他人注册商标专用权活动的场所实施现场检查；④检查与侵权活动有关的物品，对有证据证明是侵犯他人注册商标专用权的物品，可以查封或者扣押。工商行政管理部门依法行使前款规定的职权时，当事人应当予以协助、配合，不得拒绝、阻挠。在查处商标侵权案件过程中，对商标权属存在争议或者权利人同时向人民法院提起商标侵权诉讼的，工商行政管理部门可以中止案件的查处。中止原因消除后，应当恢复或者终结案件查处程序。

（四）注册商标专用权的刑事保护

根据《商标法》的规定，构成犯罪的商标侵权行为主要有：①未经商标注册人许可，在同一种商品上使用与其注册商标相同的商标，构成犯罪的，除赔偿被侵权人的损失外，依法追究刑事责任；②伪造、擅自制造他人注册商标标识或者销售伪造、擅自制造的注册商标标识，构成犯罪的，除赔偿被侵权人的损失外，依法追究刑事责任；③销售明知是假冒注册商标的商品，构成犯罪的，除赔偿被侵权人的损失外，依法追究刑事责任。

《中华人民共和国刑法》（以下简称《刑法》）对侵犯注册商标的犯罪和处罚做了规定，加强了对注册商标专用权的保护。《刑法》第二百一十三条规定，未经注册商标所有人许可，在同一种商品上使用与其注册商标相同的商标，情节严重的，处 3 年以下有期徒刑或者拘役，并处或者单处罚金；情节特别严重的，处 3 年以上 7 年以下有期徒刑，并处罚金。《刑法》第二百一十四条规定，销售明知是假冒注册商标的商品，销售金额数额较大的，处 3 年以下有期徒刑或者拘役，并处或者单处罚金；销售金额数额巨大的，处 3 年以上 7 年以下有期徒刑，并处罚金。《刑法》第二百一十四条规定，伪造、擅自制造他人注册商标标识或者销售伪造、擅自制造的注册商标标识，情节严重的，处 3 年以下有期徒刑、拘役或者管制，并处或者单处罚金；情节特别严重的，处 3 年以上 7 年以下有期徒刑，并处罚金。

五、驰名商标认定及特别保护

（一）驰名商标的概念

我国国家工商行政管理总局在 2003 年 4 月 17 日发布的《驰名商标认定和保护规定》（以下简称《保护规定》）中给驰名商标下了定义：所谓驰名商标，是指在中国为相关公众广为知晓并享有较高声誉的商标。相关公众包括与使用商标所标示的某类商品或者服务有关的消费者，生产商品或者提供服务的其他经营者以及经销渠道中所涉及的销售者和相关人员等。

（二）驰名商标的认定

驰名商标应当在商标注册、评审、管理等行政处理程序和商标民事纠纷诉讼程序中，根据案件当事人的请求进行认定。根据《商标法》的规定，认定驰名商标应当考虑下列因素：①相关公众对该商标的知晓程度；②该商标使用的持续时间；③该商标的任何宣传工作的持续时间、程度和地理范围；④该商标作为驰名商标受保护的记录；⑤该商标驰名的其他因素。

需要注意的是，生产、经营者不得将“驰名商标”字样用于商品、商品包装或者容器上，或者用于广告宣传、展览以及其他商业活动中。

（三）驰名商标的特别保护

为了切实保护驰名商标所有人或者持有人的利益，根据《巴黎公约》《TRIPS 协议》的规定，我国《商标法》《中华人民共和国商标法实施条例》《驰名商标认定与保护规定》和《最高人民法院关于商标民事纠纷案件适用法律若干问题的解释》对驰名商标做出了以下几个方面的特别保护规定：

1. 不予注册和禁止使用

《商标法》第十三条规定，为相关公众所熟知的商标，持有人认为其权利受到侵害时，可以依照商标法规定请求驰名商标保护。就相同或者类似商品申请注册的商标是复制、摹仿或者翻译他人未在中国注册的驰名商标，容易导致混淆的，不予注册并禁止使用。就不相同或者不相类似商品申请注册的商标是复制、摹仿或者翻译他人已经在中国注册的驰名商标，误导公众，致使该驰名商标注册人的利益可能受到损害的，不予注册并禁止使用。

2. 撤销已注册的商标

已经注册的商标，违反商标法相关规定的，自商标注册之日起5年内，在先权利人或者利害关系人可以请求商标评审委员会宣告该注册商标无效。对恶意注册的，驰名商标所有人不受5年的时间限制。

3. 禁止他人将其驰名商标登记为企业名称

根据《商标法实施条例》第五十三条和《驰名商标认定与保护规定》第十三条的规定，驰名商标所有人认为他人将其驰名商标作为企业名称登记，可能欺骗公众或者对公众造成误解的，可以向企业名称登记主管机关申请撤销该企业名称登记。企业名称登记主管机关应当依照《企业名称登记管理规定》处理。

根据《商标法》第五十八条规定，将他人未注册的驰名商标作为企业名称中的字号使用，误导公众，构成不正当竞争行为的，依照《中华人民共和国反不正当竞争法》处理。

第五节　著作权法

一、著作权与著作权法的概念

（一）著作权的概念

著作权又称版权，是指作者对其创作的文学、科学和艺术作品依法享有的专有权。著作权通常有广义与狭义之分。狭义的著作权仅指著作权人对作品依法享有的权利；广义的著作权在狭义的著作权基础上还包括著作邻接权，即作品传播者依法享受的与著作权相邻相关的权利，主要指艺术表演者、录音录像制作者、广播电视组织、图书报刊出版者享有的权利。

著作权不同于专利权和商标权，著作权是依法自动产生的，即作品一经完成，不论是否发表，均依法取得著作权。

温故知新

关于著作权，下列表述正确的是（　　）。

A. 是基于作品而产生的权利　B. 仅是作者对作品享有的权利

C. 与“版权”系同义语　　　D. 与专利权相比，它不排除对独立创作作品的保护

【参考答案】ACD

（二）著作权法的概念

著作权法是调整著作权及相关权利的产生、行使和法律保护过程中所产生的社会关系的法律规范的总称，在我国也称为版权法，在欧洲大陆法系国家，则称作者权法。

1990年9月7日第七届人大常委会第十五次会议通过并公布了《中华人民共和国著作权法》（以下简称《著作权法》），自1991年6月1日起施行，2001年10月27

日、2010年2月26日对其进行了两次修正。1991年5月30日国家版权局发布了《中华人民共和国著作权法实施条例》（以下简称《著作权法实施条例》），自1991年6月1日起施行，2002年2月8日第359号国务院令公布了新的《著作权法实施条例》，自2002年9月15日起施行，废止了1991年版的《著作权法实施条例》。

二、著作权的主体与客体

（一）著作权的主体

著作权的主体是指享有著作权的人，即著作权人，可以分为原始主体与继受主体。

1. 原始主体

原始主体是指直接创作作品的作者。根据我国《著作权法》以及世界大多数国家的规定，作者是指直接创作作品的人。所谓直接创作，是指作者通过自己的独立构思，直接创作反映自己思想与感情、个性与特定的作品。如果仅仅是为他人创作进行组织工作，提供咨询意见、物质条件或者进行其他辅助活动（如抄稿、打字等），不视为创作。作者包括创作作品的公民和视为作者的法人或非法人单位。一般情况下，在作品上署名的公民、法人或非法人单位就是作者，有相反证明的除外。

案例 11.4

《千手观音》的作者纠纷案①

2005年7月，2005年中央电视台春节联欢晚会的舞蹈节目《千手观音》的著作权归属发生分歧：北京天唱声场文化发展有限公司舞蹈总监刘露将总政歌舞团团长张继刚告上法院，认为张继刚为该作品申请著作权登记时，将作者署名为张继刚，是对刘露应享有的《千手观音》著作权的侵犯，要求法院确认其为《千手观音》的作者。

针对刘露的意见，张继刚坚持认为刘露只是负责舞蹈排练的老师，自己才是《千手观音》的创作者。由于诉讼请求被一审法院驳回后，刘露上诉至一中院。

在此案二审开庭时，《千手观音》的领舞者邰丽华作为张继刚的证人出庭。但是刘露的代理律师却认为，邰丽华的手语翻译和其有利害关系，影响了翻译的可信性，因此邰丽华并未能于庭上做出陈述。

此案中，双方都提交了包括铅笔绘制的舞蹈手稿和排练草图、照片、文章在内的大量证据和证人的证词来证明自己才是《千手观音》的真正创作者。法院对所有的证据进行了细致审核后认为：无论是编创或是排练过程中，都有可能绘制上述草图，所以仅凭草图无法证明谁是《千手观音》的创作者。双方提交的照片、图片、文章具有普遍性，可以用于证明寻求灵感、形成创意、完成构思的内心活动，但却证明不了是谁首先将构思宣布并确立为舞蹈作品题材，进而编成舞蹈作品等问题。所以就此案而言，证人的证词是证明创作事实的主要证据。而在大量证词中，刘露方面的证词均未能具体说明刘露是“如何编排”的舞蹈，编排了哪些内容，修改部分又是什么内容；相比之下，张继刚一方的证词则指出了张继钢对《千手观音》舞蹈动作的具体设计内容。

最终，法院认定《千手观音》舞蹈是边编导、边修改、边排练而完成的，编导与排练无法截然分开，但编导的意志决定了排练者和舞蹈表演者的意志。虽不排除排练

① 资料来源：http://www.wuhanlawyer.cn/ReadNews.asp？NewsID=1244.

者在排练中也要通过智力活动完成排练过程，但该过程不具有本质上体现原创意义和主导意义的编创属性。据此，北京市第一中级人民法院终审驳回了刘露关于要求确认其为《千手观音》作者并要求张继刚承担侵权责任的诉讼请求。

2. 继受主体

继受主体是指通过继承、转让、赠与等方式取得著作权的人。在特定条件下，国家也可以成为著作权人。如国家接受著作权人的捐献、遗赠，就可成为捐献、遗赠作品的著作权人。

（二）著作权的客体

著作权的客体即著作权的保护对象，指受著作权法保护的文学、艺术和科学等作品。

1. 作品取得著作权的条件

（1）作品须具有独创性。作品独创性是作品取得著作权的必要条件，这是世界各国著作权法共同性的要求。何谓独创性，各国法律未作明确规定，我国著作权法也如此，学术界也有不同的观点。比较一致的看法是，作品的独创性是指作者独立创作完成的创造性劳动成果。这里的独创性与专利中要求的创造性不同，并不要求作品是前所未有的，而重在强调作品是作者自己独立创作完成的，而不是抄袭他人之作。

（2）作品须以法律允许的某客观形式表现出来或固定下来。这样做可以便于他人能够直接或通过仪器设备间接地看到、听到或触到该作品的内容，如果仅仅是头脑中的构思是不能享有著作权的。

（3）作品思想内容的合法性。作品内容不得违反宪法和国家法律及社会公共利益。依法禁止出版、传播的作品不受保护。

2. 作品的种类

根据我国《著作权法》第三条规定，作品包括以下列形式创作的文学、艺术和自然科学、社会科学、工程技术等作品：①文字作品；②口述作品；③音乐、戏剧、曲艺、舞蹈、杂技艺术作品；④美术、建筑作品；⑤摄影作品；⑥电影作品和以类似摄制电影的方法创作的作品；⑦工程设计图、产品设计图、地图、示意图等图形作品和模型作品；⑧计算机软件；⑨法律、行政法规规定的其他作品。

3. 除外客体

根据《著作权法》第五条的规定，著作权法不适用于：①法律、法规，国家机关的决议、决定、命令和其他具有立法、行政、司法性质的文件，及其官方正式译文；②时事新闻；③历法、通用数表、通用表格和公式。

（三）著作权的归属

《著作权法》规定，著作权属于作者，但法律另有规定的除外。

1. 演绎作品著作权的归属

改编、翻译、注释、整理已有作品而产生的作品，称为演绎作品，演绎作品是演绎作者在已有作品的基础上创作出的相对独立的新作品，演绎作者对演绎作品付出了创造性劳动，因此，演绎作者对演绎作品应享有著作权。但需要注意的是演绎作者对演绎作品行使著作权时，不得损害原作品的著作权。

2. 合作作品著作权的归属

合作作品是指两个以上合作创作的作品。我国《著作权法》第十三条规定：“两人以上合作创作的作品，著作权由合作作者共同享有。没有参加创作的人，不能成为合作作者。合作作品可以分割使用的，作者对各自创作的部分可以单独享有著作权，但行使著作权时不得侵犯合作作品整体的著作权。”

3. 汇编作品著作权的归属

汇编作品是指汇编若干作品、作品的片段或者不构成作品的数据或者其他材料，对其内容的选择或者编排体现独创性的作品。根据《著作权法》第十四条的规定，汇编人对汇编作品享有著作权，但行使著作权时，不得侵犯原作品的著作权。

4. 电影作品和以类似摄制电影的方法创作的作品的著作权的归属

电影作品和以类似摄制电影的方法创作的作品的著作权由制片者享有，但编剧、导演、摄影、作词、作曲等由作者享有署名权，并有权按照与制片者签订的合同获得报酬。电影作品和以类似摄制电影的方法创作的作品中的剧本、音乐等可以单独使用的作品的作者有权单独行使其著作权。

5. 职务作品著作权的归属

职务作品是指公民为完成法人或其他组织工作任务所创作的作品。我国《著作权法》第十六条分别对不同职务作品，规定了其著作权的归属。

（1）有下列情况之一的职务作品，作者享有署名权，著作权的其他权利由法人或者非法人单位享有，法人或者非法人单位可以给予作者奖励：①主要是利用法人或者非法人单位的物质技术条件创作，并由法人或非法人单位承担责任的工程设计图、产品设计图、地图、计算机软件等职务作品；②法律、行政法规规定或者合同约定著作权由法人或其他组织享有的职务作品。

（2）除上述职务作品外，其他职务作品著作权由作者享有，但法人或其他组织有权在其业务范围内优先使用。作品完成两年（自作者向单位交付作品之日起计算）内，未经单位同意，作者不得许可第三人以与单位使用的相同方式使用该作品；职务作品经单位同意，作者许可第三人以与单位使用的相同方式使用作品所获报酬，由作者与单位按约定的比例分配。

6. 委托作品著作权的归属

委托作品是指受托人按照委托人的委托而创作的作品。我国《著作权法》第十七条规定：“受委托创作的作品，著作权的归属由委托人和受托人通过合同约定。合同未作明确约定或者没有订立合同的，著作权属于受托人。”

7. 作品原件的所有权与美术作品原件展览权的归属

我国《著作权法》第十八条规定：“美术等作品原件所有权的转移，不视为作品著作权的转移，但美术作品原件的展览权由原件所有人享有。”

三、著作权的内容与保护期限

（一）著作权的内容

著作权由著作人身权和著作财产权两部分组成。

1. 著作人身权

著作人身权是指作者对其创作的作品依法所享有的以人身利益为内容的权利。该权利一般由作者终身享有，不可转让、剥夺和限制。根据《著作权法》第十条规定，著作权包括下列人身权：①发表权，即决定作品是否公之于众的权利；②署名权，即表明作者身份，在作品上署名的权利；③修改权，即修改或者授权他人修改作品的权利；④保护作品完整权，即保护作品不受歪曲、篡改的权利。

温故知新

王某创作完成一部剧本，尚未出版时王某即去世，王某的继承人可以继承该作品的如下权利（　　）。

A. 修改权　　B. 使用权

C. 署名权　　D. 获得报酬权

【参考答案】BD

2. 著作财产权

著作财产权是指著作权人依法使用作品、许可他人使用作品、转让著作权并因此获得经济利益的权利。根据《著作权法》第十条规定，著作权包括下列财产权：①复制权，即以印刷、复印、拓印、录音、录像、翻录、翻拍等方式将作品制作一份或者多份的权利；②发行权，即以出售或者赠与方式向公众提供作品的原件或者复制件的权利；③出租权，即有偿许可他人临时使用电影作品和以类似摄制电影的方法创作的作品、计算机软件的权利，计算机软件不是出租的主要标的的除外；④展览权，即公开陈列美术作品、摄影作品的原件或者复制件的权利；⑤表演权，即公开表演作品，以及用各种手段公开播送作品的表演的权利；⑥放映权，即通过放映机、幻灯机等技术设备公开再现美术、摄影、电影和以类似摄制电影的方法创作的作品等的权利；⑦广播权，即以无线方式公开广播或者传播作品，以有线传播或者转播的方式向公众传播广播的作品，以及通过扩音器或者其他传送符号、声音、图像的类似工具向公众传播广播的作品的权利；⑧信息网络传播权，即以有线或者无线方式向公众提供作品，使公众可以在其个人选定的时间和地点获得作品的权利；⑨摄制权，即以摄制电影或者以类似摄制电影的方法将作品固定在载体上的权利；⑩改编权，即改变作品，创作出具有独创性的新作品的权利；⑪翻译权，即将作品从一种语言文字转换成另一种语言文字的权利；⑫汇编权，即将作品或者作品的片段通过选择或者编排，汇集成新作品的权利；⑬应当由著作权人享有的其他权利。

著作权人可以许可他人行使以上权利，并依照约定或者著作权法有关规定获得报酬。著作权人还可以全部或者部分转让以上权利，并依照约定或者著作权法有关规定获得报酬。

（二）著作权的保护期限

著作权的保护期限是指著作权受法律保护的期限。因著作人身权和财产权两种权利的性质不同，法律对它们规定了不同的保护期限。

根据《著作权法》第二十条的规定，著作人身权除发表权外，其他的署名权、修改权、保护作品完整权的保护期不受限制。

《著作权法》第二十一条规定了发表权和财产权的保护期限，具体包括以下三个内容：

（1）公民的作品，其发表权、上述财产权的保护期为作者终生及其死亡后 50 年，截止于作者死亡后第 50 年的 12 月 31 日；如果是合作作品，截止于最后死亡的作者死亡后第 50 年的 12 月 31 日。

（2）法人或者其他组织的作品、著作权（署名权除外）由法人或者其他组织享有的职务作品，其发表权、上述财产权的保护期为50年，截止于作品首次发表后第50年的12月31日，但作品自创作完成后50年内未发表的，著作权法不再保护。

（3）电影作品和以类似摄制电影的方法创作的作品、摄影作品，其发表权、上述财产权的保护期为50年，截止于作品首次发表后第50年的12月31日，但作品自创作完成后50年内未发表的，著作权法不再保护。

著作权的保护期届满，著作权即告终止，作品成为社会公有财富，人们可以无偿使用。

四、著作权的权利限制

著作权保护的目的不仅在于保护作者的正当权益，同时还在于促进作品的传播与使用，从而丰富人们的精神文化生活，提高人们的科学文化素质，推动经济的发展和人类社会的进步。因此，世界各国著作权法都相应地规定了著作权人对社会所承担的义务，这些义务主要通过对著作权的限制来体现。

1. 合理使用

所谓合理使用，是指他人依法律的明文规定，不必经著作权人许可而无偿使用其作品的行为。但须注意的是即使是合理使用，使用人也应当指明作者姓名、作品名称，并且不得侵犯著作权人依照著作权法享有的其他权利。根据《著作权法》第二十二条的规定，使用人可以在下列情况下合理使用作品：①为个人学习、研究或者欣赏，使用他人已经发表的作品；②为介绍、评论某一作品或者说明某一问题，在作品中适当引用他人已经发表的作品；③为报道时事新闻，在报纸、期刊、广播电台、电视台等媒体中不可避免地再现或者引用已经发表的作品；④报纸、期刊、广播电台、电视台等媒体刊登或者播放其他报纸、期刊、广播电台、电视台等媒体已经发表的关于政治、经济、宗教问题的时事性文章，但作者声明不许刊登、播放的除外；⑤报纸、期刊、广播电台、电视台等媒体刊登或者播放在公众集会上发表的讲话，但作者声明不许刊登、播放的除外；⑥为学校课堂教学或者科学研究，翻译或者少量复制已经发表的作品，供教学或者科研人员使用，但不得出版发行；⑦国家机关为执行公务在合理范围内使用已经发表的作品；⑧图书馆、档案馆、纪念馆、博物馆、美术馆等为陈列或者保存版本的需要，复制本馆收藏的作品；⑨免费表演已经发表的作品，该表演未向公众收取费用，也未向表演者支付报酬；⑩对设置或者陈列在室外公共场所的艺术作品进行临摹、绘画、摄影、录像；⑪将中国公民、法人或者其他组织已经发表的以汉语言文字创作的作品翻译成少数民族语言文字作品在国内出版发行；⑫将已经发表的作品改成盲文出版。上述规定也适用于对出版者、表演者、录音录像制作者、广播电台、电视台的权利的限制。

2. 法定许可使用

法定许可使用是指法律明文规定，可以不经著作权人许可，以特定的方式有偿使用他人已经发表的作品的行为。值得指出的是，如果著作权人声明不许使用的，则排除在法定可以使用的范围之外，即法定许可使用一般受到著作权人声明的限制。此外，在使用作品时，不得影响作品的正常使用，也不得不合理地损害著作权人的合法利益。与合理使用的重要区别是法定许可使用是有偿的。

根据《著作权法》第二十三条的规定，法定许可使用的情形是：为实施九年制义务教育和国家教育规划而编写出版教科书，除作者事先声明不许使用的外，可以在教科书中汇编已经发表的作品片段或者短小的文字作品、音乐作品或者单幅的美术作品、摄影作品，但应当按照规定支付报酬，指明作者姓名、作品名称，并且不得侵犯著作权人依照本法享有的其他权利。前述规定也适用于对出版者、表演者、录音录像制作者、广播电台、电视台的权利的限制。

五、邻接权

（一）邻接权的概念

邻接权，是指作品传播者对在传播作品过程中产生的劳动成果依法享有的专有权利，又称为作品传播者权或与著作权有关的权益。广义的著作权可以包括邻接权。狭义的著作权与邻接权的关系极为密切。没有作品，就谈不上作品的传播，因而邻接权以著作权为基础。

邻接权与著作权的主要区别是：邻接权的主体多为法人或其他组织，著作权的主体多为自然人；邻接权的客体是传播作品过程中产生的成果，而著作权的客体是作品本身；邻接权中除表演者权外一般不涉及人身权，而著作权包括人身权和财产权两方面的内容。

（二）邻接权的种类

1. 出版者权

出版者权是指书刊出版者与著作权人通过订立出版合同约定，在一定的期限内，对交付出版的作品所享有的专有出版权。

（1）出版者的权利。其权利主要包括两个方面：①版式设计专有权。版式设计是指出版者对其出版的图书、期刊的版面和外观装饰所做的设计。版式设计是出版者，包括图书出版者（如出版社）和期刊出版者（如杂志社、报社）的创造性智力成果，出版者依法享有专有使用权，即有权许可或者禁止他人使用其出版的图书、期刊的版式设计。②专有出版权。图书出版者对著作权人交付出版的作品，按照双方订立的出版合同的约定享有专有出版权。专有出版权是依出版合同而产生的权利而非法定权利，因而从严格意义上讲，它不属于邻接权范畴。

（2）图书出版者应承担如下主要义务：①按合同约定或国家规定向著作权人支付报酬；②按照合同约定的出版质量、期限出版图书；③重版、再版作品的，应当通知著作权人，并支付报酬；④出版改编、翻译、注释、整理已有作品而产生的作品，应当取得演绎作品的著作权人和原作品的著作权人许可，并支付报酬；⑤对出版行为的授权、稿件来源的署名、所编辑出版物的内容等尽合理的注意义务，避免出版行为侵犯他人的著作权等民事权利。

2. 表演者权

表演者权是指表演者对他人作品的艺术表演依法享有的专有权利。

根据《著作权法》第三十八条规定，表演者对其表演享有下列权利：①表明表演者身份；②保护表演形象不受歪曲；③许可他人从现场直播和公开传送其现场表演，并获得报酬；④许可他人录音录像，并获得报酬；⑤许可他人复制、发行录有其表演的录音录像制品，并获得报酬；⑥许可他人通过信息网络向公众传播其表演，并获得报酬。

使用他人作品演出，表演者（演员、演出单位）应当取得著作权人许可，并支付报酬。演出组织者组织演出，由该组织者取得著作权人许可，并支付报酬。使用改编、翻译、注释、整理已有作品而产生的作品进行演出，应当取得改编、翻译、注释、整理作品的著作权人和原作品的著作权人许可，并支付报酬。

3. 音像制作者权

音像制作者权是指录音录像制作者对其制作的录音录像制品享有许可他人复制、发行、出租、通过信息网络向公众传播并获得报酬的权利。

音像制作者依法应承担下列义务：①录音录像制作者使用他人作品制作录音录像制品，应当取得著作权人许可，并支付报酬；②录音录像制作者使用演绎作品，应当取得演绎作品的著作权人和原作品著作权人许可，并支付报酬；③录音制作者使用他人已经合法录制为录音制品的音乐作品制作录音制品，可以不经著作权人许可，但应当按照规定支付报酬；著作权人声明不许使用的不得使用；④录音录像制作者制作录音录像制品，应当同表演者订立合同，并支付报酬。

4. 广播电视节目制作者权

广播电视节目制作者权是指广播电视组织对其播放的广播电视节目，依法享有允许或禁止他人进行营利性的转播、录制和复制的权利以及获得经济利益的权利。广播电视节目是指广播电台、电视台通过载有声音、图像的信号传播的节目。

广播电视组织依法应承担下列义务：①广播电台、电视台使用他人未发表的作品，应当取得著作权人的许可，并支付报酬。②广播电台、电视台使用他人已发表的作品，可以不经著作权人许可，但应当支付报酬。③广播电台、电视台播放已经出版的录音制品，可以不经著作权人许可，但应当支付报酬。④广播电台、电视台播放他人的电影作品和以类似摄制电影的方法创作的作品、录像制品，应当取得制片者或者录像制作者许可，并支付报酬；播放他人的录像制品，还应当取得著作权人许可，并支付报酬。

（三）邻接权的保护期

出版者权的保护期是由著作权人与出版者在图书出版合同中加以约定，但版式设计权的保护期为 10 年，截止于使用该版式设计的图书、期刊首次出版后第 10 年的 12 月 31 日。

表演者对其表演所享有的人身权（即表明表演者身份、保护表演形象不受歪曲），著作权法永久保护。表演者享有的财产权保护期为 50 年，截止于该表演发生后第 50 年的 12 月 31 日。

录音录像制作者享有的财产权保护期为 50 年，截止于该制品首次制作完成后第 50 年的 12 月 31 日。

广播电台、电视台对其制作的广播、电视节目的财产权保护期为 50 年，截止于该广播、电视首次播放后第 50 年的 12 月 31 日。

五、著作权的法律责任

（一）侵犯著作权的民事责任

根据《著作权法》第四十七条规定，有下列侵权行为的，应当根据情况，承担停止侵害、消除影响、赔礼道歉、赔偿损失等民事责任：①未经著作权人许可，发表其作品的；②未经合作作者许可，将与他人合作创作的作品当作自己单独创作的作品发表的；③没有参加创作，为谋取个人名利，在他人作品上署名的；④歪曲、篡改他人作品的；⑤剽窃他人作品的；⑥未经著作权人许可，以展览、摄制电影和以类似摄制电影的方法使用作品，或者以改编、翻译、注释等方式使用作品的，本法另有规定的除外；⑦使用他人作品，应当支付报酬而未支付的；⑧未经电影作品和以类似摄制电影的方法创作的作品、计算机软件、录音录像制品的著作权人或者与著作权有关的权利人许可，出租其作品或者录音录像制品的，本法另有规定的除外；⑨未经出版者许可，使用其出版的图书、期刊的版式设计的；⑩未经表演者许可，从现场直播或者公开传送其现场表演，或者录制其表演的；⑪其他侵犯著作权以及与著作权有关的权益的行为。

（二）侵犯著作权的行政责任与刑事责任

《著作权法》第四十八条规定，有下列侵权行为的，应当根据情况，承担停止侵害、消除影响、赔礼道歉、赔偿损失等民事责任；同时损害公共利益的，可以由著作权行政管理部门责令停止侵权行为，没收违法所得，没收、销毁侵权复制品，并可处以罚款；情节严重的，著作权行政管理部门还可以没收主要用于制作侵权复制品的材料、工具、设备等；构成犯罪的，依法追究刑事责任：①未经著作权人许可，复制、发行、表演、放映、广播、汇编、通过信息网络向公众传播其作品的，本法另有规定的除外；②出版他人享有专有出版权的图书的；③未经表演者许可，复制、发行录有其表演的录音录像制品，或者通过信息网络向公众传播其表演的，本法另有规定的除外；④未经录音录像制作者许可，复制、发行、通过信息网络向公众传播其制作的录音录像制品的，本法另有规定的除外；⑤未经许可，播放或者复制广播、电视的，本法另有规定的除外；⑥未经著作权人或者与著作权有关的权利人许可，故意避开或者破坏权利人为其作品、录音录像制品等采取的保护著作权或者与著作权有关的权利的技术措施的，法律、行政法规另有规定的除外；⑦未经著作权人或者与著作权有关的权利人许可，故意删除或者改变作品、录音录像制品等的权利管理电子信息的，法律、行政法规另有规定的除外；⑧制作、出售假冒他人署名的作品的。

本章思考

1. 理解下列术语：

知识产权　专利权　商标权　著作权　专利申请优先权

2. 简述《保护工业产权巴黎公约》确定的基本原则。
3. 简述《保护文学和艺术作品伯尔尼公约》的基本内容。
4. 简述我国专利的实质性审查。
5. 简述专利国际申请及审查程序。
6. 试述我国商标注册的条件及国际注册程序。
7. 试述我国驰名商标的特殊保护。
8. 试述我国对著作权予以权利限制的意义和具体规定。

第十二章 国际商事仲裁

■本章要点

1. 国际商事仲裁的概念与特点
2. 联合国《国际商事仲裁示范法》基本内容
3. 国际商事仲裁裁决的承认与执行
4. 我国的仲裁立法与仲裁机构

第一节 概述

在国际贸易活动中，由于交易主体有着不同的经济利益和处分方式，加上所属国家的法律制度有着差异，发生争议在所难免。国际贸易争议解决的方式有四种：协商、调解、仲裁和诉讼。其中仲裁作为与诉讼并列的争议解决方式，具有许多诉讼难以实现的优势，其已成为最常用的选择性争议解决方式（alternative dispute resolution，ADR）[①]。鉴于此，很多国家都制定了相关的仲裁立法。

一、国际商事仲裁的概念与特点

（一）国际商事仲裁的概念

国际商事仲裁，是指国际商事关系的双方当事人，根据争议发生前或发生后所达成的协议，自愿将争议提交仲裁机构，由其做出对双方均有约束力的仲裁裁决的一种国际商事争议解决机制。

对国际商事仲裁中“国际性”的界定，各国有不同的理解，根据联合国《国际商

---

① 选择性争议解决方式，也称为“替代性争议解决方式”，一般指以诉讼以外的方式解决争议。即发生争议后，当事人可以选择双方协商，或者选择由无利害关系的第三方主持下进行的调解，还可以选择依据当事人订立的仲裁条款或仲裁协议，提交仲裁庭仲裁。

事仲裁示范法》的规定，下列情况下可以界定为具有“国际性”：①仲裁协议的当事人在缔结协议时，营业地位于不同国。②下列地点位于当事各方营业地点所在国之外的：仲裁协议中确定的或根据仲裁协议而确定的仲裁地点，履行商事关系主要义务的地点或与争议标的具有最密切联系的地点。③双方当事人已经明确约定仲裁协议的标的与一个以上的国家有联系。

我国关于“国际性”的规定：凡民事关系的一方或者双方当事人是外国人、无国籍人、外国法人的；民事关系的标的物在外国领域内的；产生、变更或者消灭民事权利义务关系的法律事实发生在外国的，均为涉外民事关系。涉我国港、澳、台地区的仲裁也应参照涉外仲裁处理。

总之，凡仲裁当事人一方或双方为外国人或无国籍人或合同中的仲裁条款或仲裁协议订立时，双方当事人的住所、营业地位于不同国家，或双方当事人位于同一国家，但仲裁地位于该国之外，或仲裁涉及的法律关系的内容发生在国外，或争议的标的位于国外，其仲裁均应视为国际仲裁。

（二）国际商事仲裁的特点

1. 广泛的国际性

广泛的国际性是有效解决国际商事纠纷的基础。这主要表现在两个方面：①几乎所有的常设仲裁机构都聘用了许多不同国家的专业人员作仲裁员，许多国际仲裁案件是由不同国籍的仲裁员组成仲裁庭来进行审理；②由于已有100多个国家参加了1958年《承认与执行外国仲裁裁决公约》（简称《纽约公约》），仲裁裁决的承认和执行便有了可靠基础，使仲裁裁决比较容易地在国外得到承认与执行。

2. 高度的自治性

高度的意思自治性是有效解决国际商事纠纷的优势。这种自治性主要体现在以下四个方面：①双方当事人可以选择仲裁机构或仲裁的组织形式。②双方当事人可以选择仲裁地点。尽管常设仲裁机构一般都在其机构所在地进行仲裁活动，但双方当事人选择了仲裁机构，并不一定就是选择了仲裁机构所在地作为仲裁地点。③双方当事人可以选择审理案件的仲裁员。双方当事人可以合意选择任何人作为仲裁员审理他们之间的争议。④双方当事人可以选择进行仲裁的程序和适用的法律。在进行仲裁的过程中，仲裁机构、当事人和其他参与人以及仲裁庭从事仲裁活动所必须遵循的程序，都可以由双方当事人在其仲裁协议中约定。除了解决争议应予适用的实体法外，双方当事人可以选择仲裁适用的程序法。

3. 执行的强制性

执行的强制性是有效解决国际商事纠纷的保证。虽然国际商事仲裁具有民间性，国际商事仲裁机构是一种民间性质的组织，不是国家司法机关，但各国的立法和司法都明确承认仲裁裁决的法律效力，并赋予仲裁裁决和法院判决同等的强制执行效力。如果一方当事人不按照事先的约定自觉地履行仲裁裁决，另一方当事人可以依照有关的国际公约、协议或执行地国家的法律规定申请强制执行仲裁裁决。

4. 很强的权威性

仲裁裁决的权威性是正确处理国际商事纠纷的前提。由于仲裁员是由各行各业的专家或具有丰富实践经验的人组成的，因此许多仲裁案件实际都是由有关问题的专家来审理，仲裁庭做出的裁决也就具有了很强的权威性。仲裁程序结束后所做出的判决一般都是终局的，任何一方当事人均不得向法院起诉，也不得向其他机构提出变更仲裁裁决的请求。

二、国际商事仲裁与调解、诉讼的异同

（一）仲裁与调解的异同

仲裁与调解都是有第三者介入的民间解决纠纷的方法。但仲裁的力度比调解大，能够比较彻底地解决纠纷。

二者的区别主要体现在以下几方面：

1. 当事人的合意程度不同

调解的进行，自始至终必须得到双方的同意；仲裁则只要双方当事人合意达成了仲裁协议，即使后来一方当事人不愿意，他方仍可依仲裁协议提起仲裁程序，仲裁庭所做的裁决也无须征得双方当事人的同意。

2. 第三人所起的作用不同

调解人主要起疏通、说服、劝解和协商的作用；仲裁员则主要起裁判的作用。

3. 法律效力不同

在调解的情况下，当事人达成了调解协议，也是可以反悔的，法院不能强制执行调解协议；仲裁则得到了国家权力的支持，即仲裁裁决具有强制执行力。

（二）仲裁与诉讼的异同

民商事争议通常可以采取向法院起诉和申请仲裁机构审理两种方法。仲裁和司法诉讼的处理决定都是由第三者独立自主做出的，并对当事人具有约束力。

二者的区别主要体现在以下几方面：

1. 机构的性质不同

国际商事仲裁机构只具有民间团体的性质，而审理国际民商事纠纷的法院，则是国家司法机关。

2. 管辖权来源不同

国际商事仲裁机构的管辖权完全来自双方当事人的合意，而法院审理国际民事诉讼的管辖权则来自国家的强制力。

3. 审理程序的公开性不同

国际商事仲裁程序一般都是不公开进行的，而法院审理国际民商事争议，除极少数涉及国家秘密或个人隐私的外，原则上是必须公开进行的。

4. 当事人的自治性不同

国际商事仲裁中当事人的自治性大大超过国际民事诉讼中当事人的自治性。

5. 审级制度不同

国际商事仲裁裁决一般实行一裁终局制，而国际民事诉讼则一般实行二审终审制。

温故知新

下列选项中关于仲裁的描述正确的是（　　）。

A. 以当事人自愿为基础　　B. 仲裁机构不受理没有仲裁协议的案件

C. 排除法院对争议案件的管辖权　　D. 仲裁裁决是终局的，对双方均有约束力

【参考答案】A、B、C、D

三、国际仲裁规则与仲裁示范法

（一）联合国国际贸易法委员会仲裁规则

1976年4月28日，《联合国国际贸易法委员会仲裁规则》（UNCITRAL Arbitration Rules）由联合国第31次大会正式通过。该规则适用于国家与私人间的投资争议仲裁、多方仲裁、第三人加入仲裁程序、仲裁员的指定、仲裁员责任的豁免、仲裁费用的控制等问题。规则对各国并不具有普遍的约束力，仅供合同双方当事人自愿以书面方式约定。但当事人也可在书面协议中指定一个常设仲裁机构，委员会负责关于仲裁的行政管理工作。

2010年该规则做了重要修订，主要涉及仲裁协议书面形式、仲裁规则如何更适用于国家与私人间的投资争议仲裁、多方仲裁、第三人加入仲裁程序、仲裁员的指定、仲裁员责任的豁免及仲裁费用的控制等问题。修订后的仲裁规则更加符合国际商事仲裁的实践需要，并为其他仲裁机构仲裁规则的修订起到更好的示范作用。

（二）联合国《国际商事仲裁示范法》

仲裁在解决各种社会纠纷和协调社会经济关系方面，发挥着越来越重要的作用，受到世界各国和国际社会的普遍重视并得到广泛采用。为指导各国的仲裁立法，1985年6月21日，联合国通过了《国际商事仲裁示范法》（以下简称《示范法》），得到了国际社会的热烈响应。该《示范法》共8章36条，虽然没有强制执行力，仅供各成员国制定国内法时参考之用，但世界范围内，出现了支持仲裁的立法和司法实践潮流，已有俄罗斯、保加利亚等超过40个以上的国家和地区以《示范法》为蓝本，修改了各自的仲裁立法。

《示范法》的主要内容包括：

1. 适用范围

该法适用于国际商事仲裁。但须服从在本国与其他任何一国或多国之间有效力的任何协定。该法不得影响规定某些争议不可以交付仲裁或只有根据非该法规定的规定才可以交付仲裁的本国其他任何法律。

2. 仲裁协议

仲裁协议是指当事各方同意将在他们之间确定的不论是在契约性或非契约性的法律关系上已经发生或可以发生的一切或某些争议提交仲裁的协议。仲裁协议可以采取合同中的仲裁条款形式或单独的协议形式。仲裁协议应是书面的。

3. 仲裁庭

（1）根据《示范法》第十六条规定，仲裁庭有对自己的管辖权做出裁定的权力：①仲裁庭可以对它自己的管辖权包括对仲裁协议的存在或效力的任何异议，做出裁定。为此目的，构成合同的一部分的仲裁条款应视为独立于其他合同条款以外的一项协议。仲裁庭做出关于合同无效的决定，不应在法律上导致仲裁条款的无效。②有关仲裁庭无权管辖的抗辩不得在提出答辩书之后提出。当事一方已指定或参与指定仲裁员的事实，不得阻止该当事一方提出这种抗辩。有关仲裁庭超越其权力范围的抗辩，应在仲裁程序过程中提出越权的事情后立即提出。在这两种情况下，仲裁庭如认为推迟提出抗辩有正当理由，均可准许待后提出抗辩。③仲裁庭可以根据案情将第②款所指的抗辩作为一个初步问题裁定或在裁决中裁定。如果仲裁庭作为一个初步问题裁定它有管辖权，当事任何一方均可以在收到裁定通知后30天内要求第六条规定的法院对这一问题做出决定。该决定不容上诉，在等待对这种要求做出决定的同时，仲裁庭可以继续进行仲裁程序和做出裁决。

（2）仲裁庭命令采取临时措施的权力。《示范法》第十七条规定：“除非当事各方另有协议，仲裁庭经当事一方请求，可以命令当事任何一方就争议的标的采取仲裁庭可能认为有必要的任何临时性保全措施。仲裁庭可以要求当事任何一方提供有关此种措施的适当的担保。”

4. 仲裁程序

仲裁中应对当事各方平等相待，应给予当事每一方充分的机会陈述其案情。

（1）程序规则的确定。①以服从该法的规定为准，当事各方可以自由地就仲裁庭进行仲裁所应遵循的程序达成协议；②如未达成这种协议，仲裁庭可以在本法的规定的限制下，按照它认为适当的方式进行仲裁。授予仲裁庭的权力包括确定任何证据的可采性、相关性、实质性和重要性的权力。

（2）仲裁地点。当事各方可以自由地就仲裁地点达成协议。如未达成这种协议，仲裁地点应由仲裁庭确定，要照顾到案件的情况，包括当事各方的方便。除非当事各方另有协议，仲裁庭可以在它认为适当的任何地点聚会，以便在它的成员间进行磋商，听取证人、专家或当事各方的意见或检查货物、其他财产或文件。

（3）仲裁程序的开始。《示范法》第二十一条规定：“除非当事各方另有协议，特定争议的仲裁程序，于应诉人收到将该争议提交仲裁的请求之日开始。”

5. 在获取证据方面的法院协助

仲裁庭或当事一方在仲裁庭同意之下，可以请求本国主管法院协助获取证据。法院可以在其权限范围内并按照其获取证据的规则的规定执行上述请求。

第二节　国际商事仲裁机构与协议

一、国际商事仲裁机构的分类

（一）仲裁机构的组成形式

1. 临时仲裁

又称特别仲裁，是指根据双方当事人的仲裁协议，在争议发生后由双方当事人推荐的仲裁人临时组成仲裁庭，负责按照当事人约定的程序规则审理有关争议，并在审理终结做出裁决后即不再存在的仲裁。

临时仲裁与机构仲裁相比较，有自治性、灵活性更强、费用更低和速度更快等优点。

2. 常设仲裁机构

常设仲裁机构是指依国际公约或一国国内法成立的，有固定的名称、地址、组织形式、组织章程、仲裁规则和仲裁员名单，并具有完整的办事机构和健全的行政管理制度，用以处理国际商事争议的仲裁机构。

（二）仲裁庭是否必须按照法律做出裁决

1. 依法仲裁

依法仲裁是指仲裁庭依据一定的法律规定对纠纷进行裁决。

2. 友好仲裁

友好仲裁也称友谊仲裁，是指在国际商事仲裁中，允许仲裁员或仲裁庭根据公平和善意原则或公平交易和诚实信用原则对争议实质问题做出裁决。是否进行友好仲裁主要取决于当事人的愿望与授权。同时，是否能进行友好仲裁还得受“仲裁地法”或有关国际公约的制约。

二、重要的国际商事仲裁机构

国际商事仲裁机构是由国际商事关系中的当事人自主选择，用以解决其商事争议的民间性机构。下面介绍几个常设的、影响较大的商事仲裁机构。

（一）国际商会仲裁院

国际商会仲裁院是附属于国际商会的一个全球性国际常设仲裁机构，成立于1923年，总部设在巴黎。中国已于1996年参加国际商会。仲裁院于1997年4月通过了一个程序规则《国际商会仲裁规则》，该规则于1998年实施，共7章35条，规则中明确规定了仲裁申请、仲裁庭的组成、仲裁程序的进行、法律的适用、仲裁裁决的做出等事项。

国际商会仲裁院的管辖范围很广，就案件的性质而言，国际商会仲裁院的管辖范围几乎包括因契约关系而发生的所有争议，是目前世界上每年受案最多的一个常设仲裁机构。申请主体也不限于国际商会的会员国，任何国家的当事人均可通过仲裁协议将有关商事争议提交该仲裁院仲裁，因而在世界范围内为各国广为采纳。

（二）世界知识产权组织仲裁中心

世界知识产权组织仲裁中心成立于1994年，总部设在日内瓦，其在仲裁程序中有一些特殊性。当事人可以利用“名单程序”选择仲裁员。所谓名单程序，是指在各方当事人选择仲裁员时，仲裁中心提供当事人一份候选仲裁员名单，要求当事人将其反对的仲裁员换掉，然后在剩下的候选人中按优先顺序标记，仲裁中心依此选择组成仲裁庭人员。

（三）瑞典斯德哥尔摩商事仲裁院

瑞典斯德哥尔摩商会仲裁院是目前东西方国家之间国际经济贸易仲裁的中心。其成立于1917年，与其他仲裁机构相比，其具有特殊性，原因在于瑞典在政治上的中立地位。仲裁院除了可以适用自己的规则外，还可以根据《联合国国际贸易法委员会仲裁规则》等其他任何仲裁规则来审理裁决当事人提交的商事争议，当事人在指定仲裁员时也可不受仲裁员名册的限制。

（四）伦敦国际仲裁院

伦敦国际仲裁院是成立最早的常设国际仲裁机构之一，其前身为1892年成立的伦敦仲裁厅，它的海事仲裁在国际社会享有很高的声誉，世界各国的大多数海事案件都提请该院仲裁。

为了适应国际性仲裁的需要，该仲裁院于1978年设立了伦敦国际仲裁员名单，是由主要的贸易国家挑选出来的仲裁员组成的。仲裁庭通常依据1998年修订的仲裁规则来裁决，该规则相较于其他机构的规则而言更为详尽，因而为当事人和仲裁庭提供了可靠的指引。

（五）美国仲裁协会

美国仲裁协会成立于1926年，总部设于纽约。《美国仲裁协会国际仲裁规则》于1991年3月1日生效。仲裁庭除做出终局裁决外，亦可做出临时裁决、中间裁决或部分裁决。

三、国际商事仲裁协议

（一）概念

国际商事仲裁协议，是指当事人之间以解决国际商事争议为目的，在争议发生前或者争议发生后，达成的一致同意采取仲裁形式解决相互间商事争议的书面意思表示。

国际商事仲裁协议是国际商事仲裁的基石。通常仲裁协议涉及仲裁地点、仲裁机构、仲裁规则、裁决的效力和提交仲裁的事项五个方面的内容。

（二）种类

仲裁协议有两种形式：

1. 仲裁条款

仲裁条款一般是双方当事人在争议发生之前订立的，包含在主合同中，作为主合同的一项条款而存在。仲裁条款一般较短，因为是事前制定的，不知道之后会发生什么争议，所以不可能拟定详细的仲裁条文。

2. 仲裁协议书

仲裁协议书是双方当事人在争议发生之后订立的，表示同意将已经发生的争议提交仲裁解决的协议，这是独立于主合同之外的一个单独的协议。

（三）仲裁协议的法律效力

1. 对当事人的效力

仲裁协议一经成立即对当事人产生法律效力：①当争议发生时，任何一方当事人都有权将争议提交仲裁；②当事人只能采取仲裁方式解决商事争议。如果一方当事人就仲裁协议规定范围内的商事争议向法院提起诉讼，另一方当事人可以仲裁协议为抗辩事由要求法院终止司法诉讼程序并将案件发还仲裁解决。

2. 对仲裁庭和仲裁机构的效力

仲裁协议对仲裁庭和仲裁机构的法律效力体现在：①仲裁协议是仲裁庭或仲裁机构行使仲裁管辖权的依据。如果没有仲裁协议，其就无权受理商事争议案件。②仲裁庭或仲裁机构的受案范围受到仲裁协议的严格限制。对任何超出协议范围的事项均无权受理。

3. 对法院的效力

仲裁协议排除了法院对商事争议案件的司法管辖权，即一旦双方当事人达成了仲裁协议，并且争议发生后一方当事人向法院提起诉讼，法院不应受理，或者根据另一方当事人的请求停止司法诉讼程序，将案件发还仲裁庭或仲裁机构审理。

第三节　国际商事仲裁裁决的承认与执行

一、国际仲裁裁决承认与执行的三种情况

一般商事仲裁裁决的承认与执行分为三种情况：国内仲裁裁决、涉外仲裁裁决、外国仲裁裁决：

（1）国内仲裁裁决和涉外仲裁裁决。这两种都是我国仲裁机构做出的仲裁裁决，前者是对没有涉外因素的案件做出的仲裁裁决，后者是对具有涉外因素的案件做出的裁决。

（2）外国仲裁裁决。外国仲裁裁决是指外国仲裁机构做出的仲裁裁决，对于外国仲裁裁决，我国法院无权撤销，只能在符合法定事由的情况下拒绝承认和执行。而拒绝承认与执行外国仲裁裁决的法定事由，与涉外仲裁裁决的撤销理由是相同的。

二、《纽约公约》

（一）《纽约公约》的制定背景

1958 年 6 月 10 日在纽约召开的联合国国际商业仲裁会议上签署了《承认及执行外国仲裁裁决公约》（the New York Convention on the Recognition and Enforcement of Foreign Arbitral Awards），又称《纽约公约》。该公约处理的是外国仲裁裁决的承认和仲裁条款的执行问题。截止到 2018 年 3 月，加入这个公约的国家和地区有 158 个。我国于 1986 年 12 月正式加入该公约，1987 年 4 月 22 日该公约对我国生效。

（二）《纽约公约》的主要内容

1. 相互承认与国民待遇

缔约国有义务相互承认仲裁裁决具有约束力，并应依照承认与执行地的程序规则予以执行，执行时不应在实质上比承认与执行本国的仲裁裁决规定更繁琐的条件或更高的费用。

2. 我国的两项保留

我国根据《纽约公约》第一条第三款提出了两项保留：

（1）互惠保留，即我国只对在另一缔约国领土内做出的裁决适用该公约。根据公约第一条，公约适用于在一个国家做出的而在另一个国家要求承认与执行的仲裁裁决，只要该裁决是因自然人或法人间的争执而引起的冲裁裁决即可。公约并不要求该裁决做出地是公约缔约国，这就意味着对来自非缔约国的裁决，缔约国也有义务适用公约承认执行。而我国只希望对在公约缔约国做出的裁决适用公约，因为这样我国的裁决在那个国家承认与执行也可以适用该公约，所以我国提出了互惠保留。这就意味着非缔约国的裁决在我国申请承认与执行时，我国不负有适用公约的义务。

（2）商事保留，即我国仅对那些按照我国法律属于契约性或非契约性商事法律关系所引起的争议所做的裁决适用公约。对于针对非商事性争议所做的仲裁裁决在我国的承认执行，我国不适用公约。如离婚协议、家庭事宜等方面的问题所做的仲裁裁决，或就国家间的争端所作的仲裁裁决等，不适用公约。

3. 拒绝承认与执行外国仲裁裁决的理由

拒绝承认与执行外国仲裁裁决的理由有两类情形：

（1）应由被申请执行人证明的五项理由。《纽约公约》第五条第一款规定，被请求承认或执行裁决的主管机关只有在被申请执行人提出有关下列情况的证明的时候，才可以根据该当事人的请求，拒绝承认和执行该项裁决：①仲裁协议无效；②未给予适当通知；③仲裁庭超越权限；④仲裁庭的组成或仲裁程序不当；⑤仲裁裁决不具有约束力或已被撤销或停止执行。

（2）主管机关依职权主动审查的两项理由。《纽约公约》第五条第二款规定，被请求承认和执行仲裁裁决的国家的主管机关如果查明有下列情况，也可以拒绝承认和执行：①争议事项不具有可仲裁性；②违反主管机关所在国的公共秩序。

三、中国涉外仲裁裁决在中国的承认与执行

（一）管辖法院

根据我国《民事诉讼法》第二百五十七条的规定，当事人可以向被申请人住所地或者财产所在地的中级人民法院申请执行。

（二）拒绝执行的事由

根据《民事诉讼法》第二百五十八条第一款的规定，被申请提出证据证明仲裁裁决有下列情形之一的，经人民法院组成合议庭审查核实，裁定不予执行：①当事人在合同中没有定有仲裁条款或者事后没有达成书面仲裁协议的；②被申请人没有得到指定仲裁员或者进行仲裁程序的通知，或者由于其他不属于被申请人负责的原因未能陈述意见的；③仲裁庭的组成或者仲裁程序与仲裁规则不符的；④裁决的事项不属于仲裁协议的范围或者仲裁机构无权仲裁的。该条第 2 款规定：人民法院认定执行该裁决违背社会公共利益的，裁定不予执行。

《民事诉讼法》第二百五十八条的两款都是拒绝执行的事由，两款的区别在于：第一款的情形由被申请人举证证明；第二款是法院认定，无须当事人举证。

根据我国《民事诉讼法》第二百五十九条的规定，仲裁裁决被人民法院裁定不予执行的，当事人可以根据双方达成的书面仲裁协议重新申请仲裁，也可以向人民法院起诉。

四、中国涉外仲裁的报告制度

（一）报告制度概述

人民法院在受理在定有仲裁协议的涉外争议的当事人起诉之前，以及在撤销或不予执行中国涉外仲裁裁决、拒绝承认与执行外国仲裁裁决之前，应将其审查意见报告所辖区高级法院审查，如高级法院也同意下级法院的做法，则须报最高人民法院批准。在最高法院未做答复前，有关下级法院暂不予受理相关起诉或不发出撤销仲裁裁决、不予执行做出裁决的制度。

（二）报告制度的主要内容

1. 涉外仲裁协议

法院认为涉外仲裁协议无效、失效或内容不明无法执行的，在决定受理一方当事人起诉前，必须报本辖区高级法院审查，如果高级法院同意受理，应将其审查意见报

最高人民法院。在最高法院答复前，法院可暂不予受理。

2. 不予执行中国涉外仲裁裁决

对当事人的仲裁执行申请，如受理案件的法院认为具有不予执行理由的，在裁定不予执行前，必须报辖区高级法院审查，如高级法院同意不予执行的，应当将其意见报最高法院，待最高法院答复后，方可裁定不予执行的仲裁裁决。

3. 承认与执行外国仲裁裁决

法院拒绝承认与执行外国仲裁裁决前，应当报辖区高级法院审查，如高级法院同意拒绝承认与执行的，应将其意见报最高法院，待最高法院答复后，方可拒绝承认与执行。

4. 撤销涉外仲裁机构裁决

受理申请撤销裁决的人民法院如认为应予撤销裁决或通知仲裁庭重新仲裁的，在受理申请后30日内报其所属高级法院，高级法院同意后，15日报最高法院。

第四节　中国的仲裁立法与仲裁机构

一、中国国际商事仲裁立法

（一）立法的基本情况

改革开放之前，我国并存着两种截然不同的仲裁制度——涉外仲裁和国内仲裁。涉外仲裁由中国国际贸易促进会组建，包括国际经济贸易仲裁和海事仲裁。涉外仲裁机构按国际惯例设立和运行，在设立之初是一套比较完善、科学的仲裁制度。而国内仲裁制度的发展情况则要复杂得多，其主要以经济合同仲裁为主，使仲裁的民间性、自愿性等特点无法体现。国内仲裁制度具有较浓的行政色彩，本质上是以行政手段解决经济合同纠纷，是国家实行严格的计划经济体制的产物。

改革开放政策确立后，随着市场经济体制及法制的不断完善，中国的国际商事仲裁立法逐步走向成熟和完善，具体表现为：

1. 制定并颁布了单行的仲裁立法

为了适应改革开放和建立市场经济体制的新形势，统一我国仲裁立法，以国际通行的做法仲裁，我国权力机关于1994年8月31日讨论通过了《中华人民共和国仲裁法》（以下简称《仲裁法》），并于1995年9月1日起正式施行。这部法律确立了协议仲裁、或裁或审、独立仲裁和一裁终局的基本原则，恢复了仲裁的本来面目。

2005年1月11日，中国国际贸易促进委员会、中国国际商会修订并通过了《中国国际经济贸易仲裁委员会仲裁规则》（以下简称《仲裁规则》），为仲裁提供了切实可行的规制。

2. 参加重要的国际公约

中国仲裁制度一直重视国际化的发展问题和与国际的接轨。1986年，中国加入《纽约公约》，为中外缔约方相互承认和执行仲裁裁决提供了坚实的法律基础，标志着中国在国际商事仲裁方面开始走上国际化和统一化的道路。1989年，CIETAC新仲裁规则施行，进一步推动了中国国际商事仲裁的现代化与国际化。1992年，全国人大常委会还批准了《关于解决国家和他国国民之间投资争端公约》。

（二）中华人民共和国仲裁法

《中华人民共和国仲裁法》（以下简称《仲裁法》）于1994年8月31日通过，自1995年9月1日起施行，2009年8月27日和2017年9月1日进行了两次修正，其基本内容如下：

1. 适用范围

平等主体的公民、法人和其他组织之间发生的合同纠纷和其他财产权益纠纷，可以仲裁。当事人采用仲裁方式解决纠纷，应当双方自愿，达成仲裁协议。没有仲裁协议，一方申请仲裁的，仲裁委员会不予受理。当事人达成仲裁协议，一方向人民法院起诉的，人民法院不予受理，但仲裁协议无效的除外。

下列纠纷不能仲裁：①婚姻、收养、监护、扶养、继承纠纷；②依法应当由行政机关处理的行政争议。

2. 基本原则

仲裁的基本原则有：①仲裁委员会应当由当事人协议选定。仲裁不实行级别管辖和地域管辖；②仲裁应当根据事实，符合法律规定，公平合理地解决纠纷；③仲裁依法独立进行，不受行政机关、社会团体和个人的干涉；④仲裁实行一裁终局的制度。裁决做出后，当事人就同一纠纷再申请仲裁或者向人民法院起诉的，仲裁委员会或者人民法院不予受理；⑤裁决被人民法院依法裁定撤销或者不予执行的，当事人就该纠纷可以根据双方重新达成的仲裁协议申请仲裁，也可以向人民法院起诉。

3. 仲裁委员会和仲裁协会

仲裁委员会可以在直辖市和省、自治区人民政府所在地的市设立，也可以根据需要在其他设区的市设立，不按行政区划层层设立。

仲裁委员会应当具备下列条件：①有自己的名称、住所和章程；②有必要的财产；③有该委员会的组成人员；④有聘任的仲裁员。仲裁委员会独立于行政机关，与行政机关没有隶属关系。仲裁委员会之间也没有隶属关系。

中国仲裁协会是社会团体法人，是中国仲裁协会的会员。这是仲裁委员会的自律性组织，根据章程对仲裁委员会及其组成人员、仲裁员的违纪行为进行监督。

4. 仲裁协议

仲裁协议包括合同中订立的仲裁条款和以其他书面方式在纠纷发生前或者纠纷发生后达成的请求仲裁的协议。仲裁协议应当具有下列内容：①请求仲裁的意思表示；②仲裁事项；③选定的仲裁委员会。

有下列情形之一的，仲裁协议无效：①约定的仲裁事项超出法律规定的仲裁范围的；②无民事行为能力人或者限制民事行为能力人订立的仲裁协议；③一方采取协迫手段，迫使对方订立仲裁协议的。

仲裁协议对仲裁事项或者仲裁委员会没有约定或者约定不明确的，当事人可以补充协议；达不成补充协议的，仲裁协议无效。仲裁协议独立存在，合同的变更、解除、终止或者无效，不影响仲裁协议的效力。仲裁庭有权确认合同的效力。

当事人对仲裁协议的效力有异议的，可以请求仲裁委员会做出决定或者请求人民法院做出裁定。一方请求仲裁委员会做出决定，另一方请求人民法院做出裁定的，由人民法院裁定。当事人对仲裁协议的效力有异议，应当在仲裁庭首次开庭前提出。

5. 仲裁的申请与保全措施

当事人申请仲裁应当符合下列条件：①有仲裁协议；②有具体的仲裁请求和事实、理由；③属于仲裁委员会的受理范围。

仲裁申请书应当载明下列事项：①当事人的姓名、性别、年龄、职业、工作单位和住所，法人或者其他组织的名称、住所和法定代表人或者主要负责人的姓名、职务；②仲裁请求和所根据的事实、理由；③证据和证据来源、证人姓名和住所。

当事人达成仲裁协议，一方向人民法院起诉未声明有仲裁协议，人民法院受理后，另一方在首次开庭前提交仲裁协议的，人民法院应当驳回起诉，但仲裁协议无效的除外；另一方在首次开庭前未对人民法院受理该案提出异议的，视为放弃仲裁协议，人民法院应当继续审理。

一方当事人因另一方当事人的行为或者其他原因，可能使裁决不能执行或者难以执行的，可以申请财产保全。当事人申请财产保全的，仲裁委员会应当将当事人的申请依照民事诉讼法的有关规定提交人民法院。申请有错误的，申请人应当赔偿被申请人因财产保全所遭受的损失。

6. 仲裁员回避制度

仲裁员有下列情形之一的，必须回避，当事人也有权提出回避申请：①是本案当事人或者当事人、代理人的近亲属；②与本案有利害关系；③与本案当事人、代理人有其他关系，可能影响公正仲裁的；④私自会见当事人、代理人，或者接受当事人、代理人的请客送礼的。

7. 仲裁的开庭与证据保全

仲裁应当开庭进行。当事人协议不开庭的，仲裁庭可以根据仲裁申请书、答辩书以及其他材料做出裁决。仲裁不公开进行。当事人协议公开的，可以公开进行，但涉及国家秘密的除外。

当事人应当对自己的主张提供证据。仲裁庭认为有必要收集的证据，可以自行收集。证据应当在开庭时出示，当事人可以质证。在证据可能灭失或者以后难以取得的情况下，当事人可以申请证据保全。当事人申请证据保全的，仲裁委员会应当将当事人的申请提交证据所在地的基层人民法院。

8. 和解与调解

当事人申请仲裁后，可以自行和解。达成和解协议的，可以请求仲裁庭根据和解协议做出裁决书，也可以撤回仲裁申请。当事人达成和解协议，撤回仲裁申请后反悔的，可以根据仲裁协议申请仲裁。

仲裁庭在做出裁决前，可以先行调解。当事人自愿调解的，仲裁庭应当调解。调解不成的，应当及时做出裁决。调解达成协议的，仲裁庭应当制作调解书或者根据协议的结果制作裁决书。调解书与裁决书具有同等法律效力。调解书经双方当事人签收后，即发生法律效力。在调解书签收前当事人反悔的，仲裁庭应当及时做出裁决。

9. 仲裁裁决的撤销

裁决书自做出之日起发生法律效力。当事人提出证据证明裁决有下列情形之一的，可以向仲裁委员会所在地的中级人民法院申请撤销裁决：①没有仲裁协议的；②裁决的事项不属于仲裁协议的范围或者仲裁委员会无权仲裁的；③仲裁庭的组成或者仲裁的程序违反法定程序的；④裁决所根据的证据是伪造的；⑤对方当事人隐瞒了足以影响公正裁决的证据的；⑥仲裁员在仲裁该案时有索贿受贿，徇私舞弊，枉法裁决行为的。另外人民法院认定该裁决违背社会公共利益的，也应当裁定撤销人民法院经组成合议庭审查核实裁决有前款规定情形之一的，应当裁定撤销。人民法院认定该裁决违背社会公共利益的，应当裁定撤销当事人申请撤销裁决的，应当自收到裁决书之日起6个月内提出。

10. 裁决的执行

当事人应当履行裁决。一方当事人不履行的，另一方当事人可以依照民事诉讼法的有关规定向人民法院申请执行。受申请的人民法院应当执行。一方当事人申请执行裁决，另一方当事人申请撤销裁决的，人民法院应当裁定中止执行。人民法院裁定撤销裁决的，应当裁定终结执行。撤销裁决的申请被裁定驳回的，人民法院应当裁定恢复执行。

11. 涉外仲裁的特别规定

涉外仲裁委员会可以由中国国际商会组织设立。涉外仲裁委员会可以从具有法律、经济贸易、科学技术等专门知识的外籍人士中聘任仲裁员。

涉外仲裁的当事人申请证据保全的，涉外仲裁委员会应当将当事人的申请提交证据所在地的中级人民法院。涉外仲裁委员会做出的发生法律效力的仲裁裁决，当事人请求执行的，如果被执行人或者其财产不在中华人民共和国领域内，应当由当事人直接向有管辖权的外国法院申请承认和执行。涉外仲裁规则可以由中国国际商会依照本法和民事诉讼法的有关规定制定。

涉外经济贸易、运输和海事中发生的纠纷的仲裁，适用以上规定。

资料卡 12.1

我国商事仲裁的一般程序

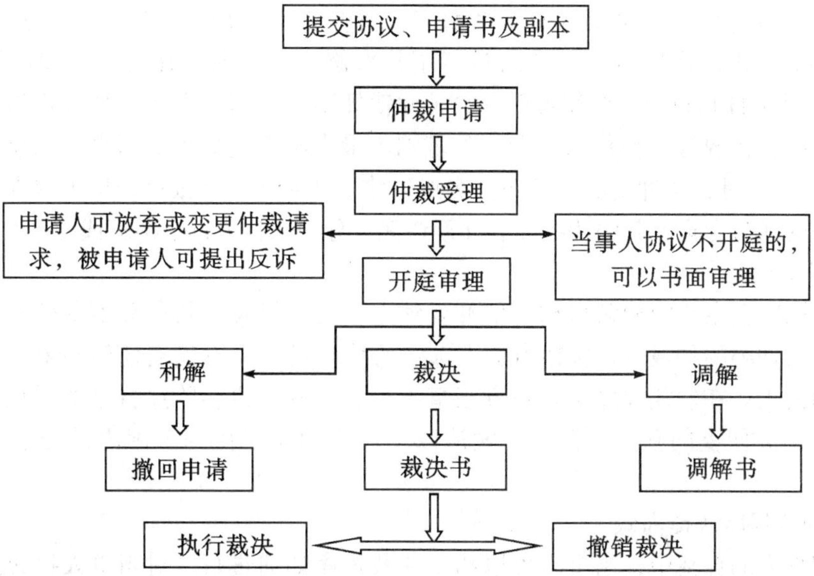

二、中国国际经济贸易仲裁委员会

（一）设立背景

中国国际经济贸易仲裁委员会（英文简称 CIETAC，中文简称“贸仲委”）是世界上主要的常设商事仲裁机构之一。根据 1954 年 5 月 6 日中央人民政府政务院第 215 次会议通过的《关于在中国国际贸易促进委员会内设立对外贸易仲裁委员会的决定》，贸仲委于 1956 年 4 月由中国国际贸易促进委员会（简称“中国贸促会”）组织设立，当时名称为对外贸易仲裁委员会。中国实行对外开放政策以后，为了适应国际经济贸易关系不断发展的需要，根据国务院发布的《国务院关于将对外贸易仲裁委员会改称为对外经济贸易仲裁委员会的通知》，对外贸易仲裁委员会于 1980 年改名为对外经济贸易仲裁委员会，又于 1988 年根据《国务院关于将对外经济贸易仲裁委员会改名为中国国际经济贸易仲裁委员会和修订仲裁规则的批复》，改名为中国国际经济贸易仲裁委员会。2000 年，中国国际经济贸易仲裁委员会同时启用中国国际商会仲裁院的名称。

贸仲委以仲裁的方式，独立、公正地解决国际国内的经济贸易争议及国际投资争端。贸仲委在香港特别行政区设立贸仲委香港仲裁中心，在加拿大温哥华设立北美仲裁中心，在奥地利维也纳设立欧洲仲裁中心。

（二）CIETAC 仲裁的特点

1. 受案范围宽，程序国际化

贸仲委既可受理涉外案件，也可受理国内案件；同时，其受理案件的范围也不受当事人行业和国籍的限制。自从 2007 年贸仲委年受案数量突破千件以来，受案数量逐年上升，2019 年达到了 3 333 件，其中涉外案件受案量为 617 件，始终位居世界知名仲裁机构前列，其裁决在美国、加拿大、日本、以色列、法国、新西兰、澳大利亚和香港等国家和地区得到承认和执行。

从《仲裁规则》和仲裁员的角度而言，贸仲委也实现了国际化。贸仲委第一套《仲裁规则》制定于 1956 年，之后进行了数次修改，其现行有效的《仲裁规则》自 2015 年 1 月 1 日起施行。贸仲委现行的《仲裁规则》与国际上主要仲裁机构的仲裁规则基本相同，在现行《仲裁法》允许的范围内最大限度地尊重了当事人意思自治。截止到 2020 年 1 月，贸仲委的《仲裁员名册》中有 1 439 名仲裁员，均为国内外仲裁或相关行业的知名专家，其中 300 多名外籍仲裁员分别来自近百个国家或地区①。

2. 独立公正

作为国际上主要的仲裁机构，贸仲委独立于行政机关，其办案不受任何行政机关的干涉。贸仲委的仲裁员，包括当事人选定的仲裁员，均不代表任何当事人，必须保持独立和公正。在仲裁程序中，各方当事人均有平等的机会陈述自己的意见。在过去几十年中，贸仲委的独立、公正、廉洁以及裁决的质量得到了国内外当事人的广泛赞誉。

3. 仲裁程序快捷高效

在贸仲委的仲裁中，当事人可以约定仲裁程序如何进行。对当事人提交的证据和陈述，贸仲委将以书面形式在当事人之间进行充分的交换，贸仲委的开庭审理一般只

---

① 资料来源：http://www.cietac.org.cn/，中国国际经济贸易仲裁委员会

需1~3天。因此，贸仲委的仲裁程序具有快捷高效的特点，其受理的仲裁案件绝大多数均在仲裁庭组成之后6个月内结案。

4. 仲裁费用相对低廉

作为国际仲裁机构，贸仲委的仲裁收费标准在世界主要仲裁机构中相对较为低廉。与国内其他仲裁机构相比，同等条件下收费基本相同。与诉讼相比，由于仲裁一裁终局、程序快捷等特点，使得采用仲裁这种争议解决方式对当事人而言更为经济。

5. 仲裁与调解相结合

仲裁与调解相结合是贸仲委仲裁的显著特点。该做法将仲裁和调解各自的优点紧密结合起来，不仅有助于解决当事人之间的争议，而且有助于保持当事人的友好合作关系。

仲裁和调解相结合可以在仲裁程序中进行，即经当事人请求或在征得当事人同意后，仲裁庭在仲裁程序进行过程中担任调解员的角色，对其审理的案件进行调解，以解决当事人之间的争议。如果任何一方当事人认为调解没有必要或者不会成功，可以随时要求终止调解，恢复仲裁程序。

此外，当事人在贸仲委之外通过调解达成和解协议的，可以凭当事人达成的由贸仲委仲裁的仲裁协议和他们的和解协议，请求贸仲委主任指定一名独任仲裁员，按照和解协议的内容做出仲裁裁决。此时，贸仲委可以视工作量的大小和实际开支的多少，减少仲裁收费。

案例12.1

能否仅凭涉外仲裁条款未明确约定仲裁机构而认定无效①？

案情：3月26日，中国厦门象屿集团有限公司（买方，下称“象屿公司”）与瑞士米歇尔贸易公司（Mechel Trading AG）（卖方，下称“米歇尔公司”）签署一份钢材买卖合同。合同就法律适用规定：“与本合同相关的一切法律争议应当受1980年4月11日制定的《联合国国际货物销售合同公约》管辖并据以解释。上述公约未规定的事项，则应参照国际统一私法协会1994年颁布的《国际商事合同通则》。如上述公约及通则仍未有规定的，则应当根据国际惯例及出卖方主要营业地的法律进行管辖和解释。”合同仲裁条款内容：“与本合同相关或由本合同引起的任何争议应根据国际商会仲裁院仲裁规则，并由依据可从网址www. iccwbo. org获得的上述规则指定的一名或多名仲裁员进行最终裁决。仲裁地点为中国北京，仲裁语言为中文或英文。”

当年8月13日，国际商会仲裁院受理由米歇尔公司作为申请人与象屿公司作为被申请人的买卖钢材合同仲裁纠纷案。

9月14日，象屿公司向厦门市中级人民法院提出申请，要求判定米歇尔公司签订合同中的仲裁条款无效。

本案争议的焦点是：有关裁定其与仲裁条款效力争议应如何适用法律？讼争仲裁条款对于仲裁机构有无约定及其对仲裁条款效力的影响？对此，申请人认为，讼争仲裁条款约定仲裁地点为北京，依照最密切联系地的法律适用原则，本案争议应适用中国法律。根据我国仲裁法以及最高人民法院有关司法解释的规定，仲裁条款必须约定

① 资料来源：http://china.findlaw.cn/falvchangshi/guojizhongcai/shangshi/anli/77741.html.

明确的仲裁机构，否则仲裁条款无效。被申请人则认为，讼争仲裁条款系依照国际商会仲裁院推荐的条款制作，该条款依照仲裁惯例应当被认定为有效。即使依照中国法，该条款亦应认定为有效。

小结：我国承认国际性的临时仲裁。在涉外仲裁合同或合同中的仲裁条款的文字表达清楚，不会让人产生任何歧义，无须当事人补充约定就能推导出对双方之间的仲裁案有管辖权的唯一仲裁机构的情况下，根据诚实信用原则和通行的国际仲裁理论，法院不能仅凭讼争仲裁条款未明确约定仲裁机构而认定该条款无效。

本章思考

1. 理解下列术语：

仲裁　　仲裁协议　　涉外民事诉讼

2. 试述仲裁与诉讼的区别，并说明仲裁的优势。

3. 试述联合国《国际商事仲裁示范法》的主要内容与影响。

4. 简述我国商事仲裁的主要程序。

5. 试述我国承认与执行外国法院判决的基本规定。

参考文献

［1］田东文. 国际商法［M］. 2 版. 北京：机械工业出版社，2014.

［2］曹祖平. 新编国际商法［M］. 5 版. 北京：中国人民大学出版社，2018.

［3］韩玉军. 国际商法［M］. 2 版. 北京：中国人民大学出版社，2017.

［4］李秀芳. 国际商法［M］. 北京：中国人民大学出版社，2017.

［5］陈安. 国际经济法［M］. 7 版. 北京：北京大学出版社，2017.

［6］余劲松，吴志攀. 国际经济法［M］. 4 版. 北京：北京大学出版社，2014.

［7］沈四宝，王军，焦津洪. 国际商法［M］. 北京：对外经济贸易大学出版社，2003.

［8］徐康平. 国际商法［M］. 北京：机械工业出版社，2007.

［9］施新华. 国际商法［M］. 成都：西南财经大学出版社，2010.

［10］邹建华. 国际商法［M］. 5 版. 北京：中国金融出版社，2006.

［11］司玉琢. 海商法［M］. 4 版. 北京：法律出版社，2018.

［12］张圣翠. 国际商法［M］. 7 版. 上海：上海财经大学出版社，2016.

［13］宁烨，杜晓君. 国际商法［M］. 北京：机械工业出版社，2011.

［14］刘惠荣. 国际商法学［M］. 2 版. 北京：北京大学出版社，2009.

［15］邓瑞萍. 国际经济法［M］. 2 版. 重庆：重庆大学出版社，2005.

［16］张旭. 国际商法理论与实务［M］. 北京：科学出版社，2005.

［17］理查德·谢弗，贝弗利·厄尔，菲利伯多·阿格斯蒂，国际商法［M］. 邹建华，译. 北京：人民邮电出版社，2003.

［18］克利夫·M 施米托夫. 施米托夫论出口贸易：国际贸易法律与实务（上册）［M］. 11 版. 冷相军，译. 北京：中国人民大学出版社，2014.

［19］倪受彬，等. 国际贸易法论丛（第 8 卷）［M］. 北京：中国政法大学出版社，2018.

［20］雷·奥古斯特，唐·迈耶，迈克尔·比克斯比. 国际商法（英文版）［M］. 6 版. 高瑛玮，译注. 北京：机械工业出版社，2018.

［21］高晋康. 经济法［M］. 8 版. 成都：西南财经大学出版社，2018.

［22］於向平，邱艳，赵敏燕．经济法理论与实务［M］．3版．北京：北京大学出版社，2009.

［23］卓武扬，彭景，柳秋红．经济法［M］．3版．成都：西南财经大学出版社，2019.

［24］卓骏．国际贸易理论与实务［M］．3版．北京：机械工业出版社，2012.

［25］杨志刚．国际货运代理实务与法规指南［M］．北京：化学工业出版社，2014.

［26］黎孝先，王健．国际贸易实务［M］．6版．北京：对外经济贸易出版社，2016.

［27］邓旭．国际贸易术语解释与国际货物买卖合同［M］．北京：经济管理出版社，2012.

［28］余庆瑜．国际贸易实务：原理与案例［M］．北京：中国人民大学出版社，2014.

［29］王传丽．国际经济法［M］．4版．北京：中国人民大学出版社，2015.

［30］王利明，房绍坤，王轶．合同法［M］．北京：中国人民大学出版社，2002.

［31］李永军．合同法［M］．2版．北京：法律出版社，2005.

［32］刘晓霞．合同法学［M］．兰州：兰州大学出版社，2006.

［33］崔建远．合同法［M］．6版．北京：法律出版社，2016.

［34］刘玮．海上保险［M］．天津：南开大学出版社，2006.

［35］杨巧．知识产权国际保护［M］．2版．北京：北京大学出版社，2015.

［36］吴汉东．知识产权法［M］．北京：北京大学出版社，2006.

［37］刘春田．知识产权法［M］．2版．北京：高等教育出版社，2003.

［38］世界知识产权组织．保护文学和艺术作品伯尔尼公约指南［M］．刘波林，译．北京：中国人民大学出版社，2002.

［39］邓杰．商事仲裁法［M］．北京：清华大学出版社，2008.

［40］刘东根，谢安平．民事诉讼法与仲裁制度［M］．北京：法律出版社，2007.

［41］加里·B博恩．国际仲裁：法律与实践［M］．白麟，陈福勇，等，译．北京：商务印书馆出版社，2015.

［42］林一．国际商事仲裁中的意思自治原则：基于现代商业社会的考察国［M］．北京：法律出版社，2018.